Dennis Pausch

Virtuose Niedertracht

Dennis Pausch

Virtuose Niedertracht

Die Kunst der Beleidigung
in der Antike

C.H.Beck

Mit 11 Abbildungen

© Verlag C.H.Beck oHG, München 2021
www.chbeck.de
Umschlaggestaltung: geviert.com, Michaela Kneißl
Umschlagabbildung: Theaterszene, römische Wandmalerei, Pompeji,
Museo Nazionale Archeologico, Neapel. © akg-images/Erich Lessing
Satz: Janß GmbH, Pfungstadt
Druck und Bindung: CPI – Ebner & Spiegel, Ulm
Gedruckt auf säurefreiem und alterungsbeständigem Papier
Printed in Germany
ISBN 978 3 406 76623 7

myclimate

klimaneutral produziert
www.chbeck.de/nachhaltig

Meinen Kindern

Inhalt

I.

Vorwort

11

II.

Zwischen Verbot und Vergnügen:
antike Reaktionen auf verbale Aggressionen

15

III.

Ars invectiva oder: Die ‹Schule der Schmähung›
in der antiken Rhetorik

25

IV.

*Blütenlese der Bosheit: kunstvolle Beleidigungen
und virtuose Schmähduelle*

35

1. *Feder oder Schwert? Die Macht des Wortes gegen die Befehle
   der Mächtigen*   37
   Natürlich ein Meteller 37 – Wer ist nochmal Lupus? 39 –
   Caesar und Mamurra 41 – Caesar und Nicomedes 45 – Neros
   Eselsohren 47 – Hadrian, Florus und Favorinus 52

2. *Eine Krähe hackt der anderen doch ein Auge aus: Politiker
   gegen Politiker*   54
   Cato, der Zensor: *name and shame* 55 – Der virtuelle
   Verres 57 – Ciceros Sieg: *king for a day* 60 – ‹In your face,

Piso› 63 – *In tyrannos*: Hassreden für die Republik 66 –
Rollentausch: Cicero als Opfer 69 – Caesars Anticato 71 –
Commodus, der Gladiator 73

3. *Der schönen Muse hässliche Sprache: Schriftsteller gegen
   Schriftsteller*   76
   #epicfail #notmyconsul 76 – Catull vs. Cicero? 79 – Nur wer von
   Catull gedisst wird, gehört dazu 81 – Mevius, der Stinker 83 –
   Cassius Severus und die *Cloaca Maxima* 86 – Persius und die
   Modepoeten 88 – Martial und die Erfindung des Plagiats 91

4. *Hackordnungen und Schmähduelle: vor Gericht, auf der
   Straße, überall*   94
   Der Komödie erster Teil: Wie im echten Leben 95 – Plautus zum
   Zweiten: Virtuosen der Verspottung 98 – Lucilius und die
   Folgen eines Wortes 103 – Das Gericht als Arena 105 – Horaz,
   der König und der Essig 107 – Seneca, der Kaiser und der
   Kürbis 110

5. *Kleine Verhältnisse, ausländische Abstammung: Herkunft als
   Herabsetzung*   114
   Ein Karthager im Kleid 116 – Ein Iberer mit weißen
   Zähnen 120 – Ein Gallier von Geburt 121 – Ein Grieche kommt
   überall hin 124 – Horaz und der Emporkömmling im
   Spiegel 127

6. *Fehlende Bildung, der falsche Beruf: Broterwerb als Beleidigung*   131
   Ihr wollt doch nur mein Bestes! 132 – Köche oder Ärzte: alles
   ‹Handwerker› 135 – Verres, der Möbelpacker und Möchte-
   gernkenner 138 – Piso, der Pseudo-Philosoph 141 – Gefährliche
   Halbbildung oder: Der *semidoctus* im Buchladen 144

7. Auffällige Kleidung, ungewöhnliche Vorlieben: Verhalten als Vorwurf   147

Galus ist ein *callboy* 149 – ‹Lieber wollte ich Dionysia sein …› 151 – Clodius in Frauenkleidern 152 – Thallus, du Tunte: Das ist mein Mantel 155 – Encolpius vs. Ascyltos 157 – Gaurus' beispielloses Laster 159 – Entlarvte Verstellung, zum Ersten … 161 – … und zum Zweiten 162

V.
Resümee: in tam maledica civitate – damals und heute
165

Anhang

Anmerkungen   169

Literaturverzeichnis   205

Verzeichnis der abgekürzt zitierten antiken Autoren und Werke   211

Register   215

Index rerum 215 – Index nominum 216 – Index locorum 219

Bildnachweis   223

I.

Vorwort

Drastische Fälle verletzenden Spottes, wechselseitiger Schmähungen und eskalierender Beleidigungsdynamiken lassen sich in der Geschichte und Literatur des antiken Roms – wie nicht weniger in der des klassischen Griechenlands – trotz aller Versuche der moralischen Missbilligung und gesellschaftlichen Einhegung immer wieder beobachten. Dass sich hierbei namhafte und gerade für ihre philosophischen Überzeugungen bekannte Autoren wie Cicero oder Horaz sogar besonders hervorgetan haben, gehört für uns heute wohl zu den verstörenden und jedenfalls dunkleren Seiten der Antike, bestätigt aber auch ein weiteres Mal ihre treffende Charakterisierung als das «nächste Fremde», um eine bekannte Formulierung des Philologen Uvo Hölscher aufzugreifen.[1]

Dennoch hat sich die normative Kraft der antiken Literatur lange Zeit selbst auf diesen Bereich ausgewirkt, wie exemplarisch die Streitschriften zeigen können, in denen humanistische Gelehrte sich gegenseitig nach allen Regeln der rhetorischen Kunst und in der Sprache der klassischen Latinität mit heftigen Schmähungen überzogen. Wenn es daher auch möglich wäre, ein systematisches Handbuch der ‹schwarzen Kunst› der Beleidigung in der Antike, gleichsam eine *ars invectica*, zu schreiben, so ist das doch hier nicht angestrebt. Nach einigen Bemerkungen zum gesellschaftlichen Hintergrund und zur Theorie des ‹Angriffs mit Worten› im Rahmen der antiken Rhetorik soll vielmehr die Praxis selbst im Mittel-

punkt stehen, indem Beispiele für Schmähungen, die von den Zeitgenossen offenbar als besonders gelungen empfunden und daher
der Mit- und Nachwelt überliefert wurden, vorgestellt und ihr
jeweiliger virtuoser oder verletzender Charakter kurz erläutert werden. Es handelt sich also im Wesentlichen um eine Art Florilegium,
allerdings eines, das sozusagen allein aus den Blumen des Bösen
besteht.

Das Material für diese eigentümliche Blütenlese stammt – mit
Ausnahme einiger einschlägiger Graffiti – aus literarischen Werken.
Wir haben es also zumeist nicht mit Quellen zu tun, wie man sie
üblicherweise für historiographische Zwecke auswertet, sondern mit
Texten aus verschiedenen Gattungen, die die antike Realität allenfalls spiegeln, sie zumeist aber nach ihren eigenen Vorstellungen
und Gesetzmäßigkeiten verfremden und überformen. Doch dabei
handelt es sich nicht nur um ein allgemeines Problem bei der Auseinandersetzung mit allen Aspekten vergangener Epochen, sondern
um eine besondere Form der Wahrnehmung von Beleidigungen
und Schmähungen, die wir auch in unserer Zeit häufiger medial
vermittelt und nach den je eigenen Regeln – eines Romans, einer
Comedy, einer Talkshow – inszeniert erleben dürften als im eigenen
Alltag. Solche Kunstformen müssen sich einerseits an der gesellschaftlichen Realität orientieren und sie in gewissem Umfang wiedergeben, um glaubwürdig zu sein, beeinflussen aber durch die in
ihnen eingeübten Skripte zugleich wieder unser Handeln. Das wird
in der Antike bereits nicht anders gewesen sein.[2] Daher können die
im Folgenden präsentierten, durch einen rund zweitausendjährigen
Überlieferungsprozess gleichsam gefilterten Beispiele wohl tatsächlich den Anspruch erheben, in gewisser Weise exemplarische Formen der Verspottung darzustellen, deren Nachahmung nicht empfohlen werden soll, vermutlich aber durchaus möglich wäre.

Die Anregung zu diesem Büchlein verdanke ich Dr. Stefan von
der Lahr, der als ebenso erfahrener wie engagierter Lektor seine Entstehung begleitet und gefördert hat. Gleichwohl hätte es sich nicht
schreiben lassen ohne die zahlreichen und gänzlich ohne Beleidigungen verlaufenden Gespräche mit den Kolleginnen und Kollegen

am Institut für Klassische Philologie der TU Dresden und im von der DFG geförderten Sonderforschungsbereich 1285 «Invektivität. Konstellationen und Dynamiken der Herabsetzung», der sich mit diesen Phänomenen von der Antike bis in unsere eigene Zeit beschäftigt. Besonders bedanken möchte ich mich für hilfreiche Hinweise und die Mühe des Korrekturlesens bei Dr. Philipp Geitner, Tina Herrmann, Ken Heuring, Dr. Antje Junghanß, Dr. Bernhard Kaiser, Dominic Meckel, Christine Netzer (Gießen), Dr. Christoph Schwameis (Wien), Rainer C. Wierzcholowski (Wuppertal) sowie bei Michael Pluder für den entscheidenden Hinweis bei der Suche nach einem geeigneten Titel. Widmen möchte ich es aber meinen beiden Kindern, weil sie das Sitzen am Schreibtisch vor allem während des Corona-Lockdowns weniger einsam gemacht und dabei zudem von Zeit zu Zeit und ganz unaufgefordert überaus geeignetes Anschauungsmaterial zur Verfügung gestellt haben.

II.

Zwischen Verbot und Vergnügen:
antike Reaktionen auf verbale Aggressionen

In den frühen 30er Jahren des 1. Jahrhunderts v. Chr. begleitet Horaz seinen Förderer und Freund Maecenas als Teil einer größeren Entourage, zu der sich später auch Vergil gesellte, auf dem Weg von Rom nach Süditalien. Man ist zwar in diplomatischer Mission unterwegs, weiß aber die angenehmen und amüsanten Seiten dieser Reise durchaus zu genießen – jedenfalls, wenn wir dem Bild trauen dürfen, das Horaz im *iter Brundisinum*, das wir heute als fünftes Gedicht im ersten Satirenbuch lesen können, von den gemeinsamen Erlebnissen zeichnet.[1] Zum Unterhaltungsprogramm gehört auch ein Event, das eines Abends in der Villa des Lucius Cocceius Nerva stattfindet und das vom Dichter besonders detailliert geschildert wird:[2]

> Jetzt möchte ich, Muse, dass Du mir
> in wenigen Worten kündest vom Kampf zwischen Sarmentus, dem Narr,
> und Messius Cicirrus, und welchen Vater nennend beide zum Streit
>   antraten.
> Messius hat erlauchte Vorfahren – die Osker; Sarmentus hingegen –
> eine Herrin: Von solchen Ahnen abstammend schritten sie beide
> zum Kampfe. Sarmentus beginnt: «Wie ein tollwütiges Pferd

(55)

siehst Du aus!» Wir lachen, während Messius selbst «So ist es!»
sagt und seinen Kopf schüttelt. «Wenn man auf Deiner Stirn das Horn
nicht abgeschnitten hätte», darauf der andere, «was würdest Du dann
    erst tun,
wo Du uns so schon drohst, verstümmelt wie Du bist?» Hatte jenem
    doch   (60)
eine hässliche Narbe die linke Hälfte des borstigen Gesichts entstellt.
Nachdem er noch viele Witze über die kampanische Krankheit und sein
    Gesicht gemacht hatte,
bittet er ihn, doch den Kyklopen zu geben, wie er den Hirtentanz aufführt:
Das könne er ja sicherlich ganz ohne Maske und Schauspielerschuhe.
Darauf hatte Cicirrus viel zu erwidern: Er fragte ihn, ob er sein Gelübde (65)
schon eingelöst und seine Ketten den Laren geweiht habe; nur weil er
jetzt Sekretär sei, sei das Recht seiner Herrin an ihm um nichts geringer.
Schließlich fragte er ihn, warum er weggelaufen sei, obwohl ihm
ein einziges Pfund Getreide reiche, so dürr und winzig, wie er sei.
Auf diese Weise ziehen wir den Abend vergnüglich in die Länge.   (70)

Dass einige der gelehrtesten und kultiviertesten Männer ihrer Zeit
diese Art von Battle-Rap *avant la lettre* tatsächlich nicht nur ertragen, sondern sogar genossen haben sollen, hat nicht nur bei Philologen, die von Amts wegen um den guten Ruf antiker Literatur
besorgt sind, für viel Kopfschütteln gesorgt.[3] Neben dem Versuch,
Ironie zu erkennen, hat man zur Ehrenrettung der burlesken Szene
unter anderem darauf verwiesen, dass wohl schon in den nur fragmentarisch erhaltenen Satiren des Lucilius aus dem 2. Jahrhundert
v. Chr. ein ähnlicher Kampf beschrieben wurde[4] oder dass wir es
mit einem Exkurs zu den süditalischen Ursprüngen der Satire in
der atellanischen Farce – einer wohl nach der kampanischen Stadt
Atella benannten Posse – zu tun haben, es sich mit anderen Worten
also um ein intertextuelles Spiel und keineswegs um die Schilderung der zeitgenössischen Realität handelt.

    Wenn man sich jedoch von der Vorstellung einer humanistisch
idealisierten Antike freimacht, passt eine solche invektive Inszenierung ausgezeichnet in das Bild, das sich auch an vielen anderen

Stellen von der Freude, ja von der Faszination gewinnen lässt, die für viele Römer offenbar mit der virtuosen Präsentation von Spott und Schmähungen verbunden war.[5] Dieser positive Blick auf die Beleidigung als eine eigene Kunstform widerspricht allerdings der einhellig negativen Wahrnehmung jeder Form sprachlicher Aggression, wie sie vor allem in der antiken Philosophie zum Ausdruck gebracht wird.

Platon hat für die Beleidigung schon im idealen Staat seiner *Politeia* – wenig überraschend – keinen Platz vorgesehen,[6] noch deutlicher wird er jedoch in seiner späteren Schrift über die *Gesetze*. Im 11. Buch lässt er den namenlos bleibenden Athener, hinter dessen Maske, wie oft vermutet wird, der Autor seine eigene Meinung kundtat, Vorschläge zur Bekämpfung verschiedener Formen sozialen Fehlverhaltens machen. Zur Raserei rät er Folgendes:[7]

> Rasend sind nun mancherlei Leute auf mancherlei Weise; die einen, von denen wir eben gesprochen haben, infolge von Krankheiten, andere infolge einer schlimmen angeborenen Reizbarkeit und noch dazu einer schlechten Erziehung, die denn auch beim geringsten Streit ein gewaltiges Geschrei erheben und einander mit Schmähungen überhäufen, während doch so etwas in einem gut geordneten Staat unter keinen Umständen vorkommen sollte. Ein einziges Gesetz über Beleidigung soll also für alle gelten: Niemand darf einen anderen beleidigen. Wer aber bei irgendeinem Gespräch mit einem anderen in Meinungsverschiedenheit gerät, der soll den Gegner und die Anwesenden belehren und sich von ihnen belehren lassen, wobei er sich jeder Beleidigung zu enthalten hat. Denn wenn man Verwünschungen und Flüche gegeneinander ausstößt und durch Schimpfworte sich wie zänkische Weiber gegenseitig Schmähungen an den Kopf wirft, dann erwachsen zunächst aus Worten, einer leichten Ware, in der Tat die schweren Haßgefühle und Feindschaften; wer nämlich mit seinen Reden einem undankbaren und ungefälligen Ding wie dem Zorn gefällig ist und seine Erbitterung mit schlimmer Kost nährt, der läßt alles, was an seiner Seele durch Erziehung einst gezähmt worden war, wieder verwildern und wird durch ein Leben voller Unverträglichkeit zum Tier – ein bitterer Dank, den er da von seinem Zorn erntet.

Ausschlaggebend sind also vor allem die negativen Auswirkungen solcher Dynamiken auf die soziale Harmonie und auf das seelische

Gleichgewicht. Das allgemeine Verbot der Schmähung wird im Folgenden noch einmal für verschiedene Orte und Situationen des gesellschaftlichen Lebens wiederholt und nicht zuletzt auf den Bereich der Literatur übertragen. Dabei wird sogar Komödienschreibern und Jambendichtern, deren Metier Schmähgedichte waren, das Recht zum Verspotten ihrer Mitbürger abgesprochen, und als Ausnahme werden einzig und allein Rügegedichte zu erzieherischen Zwecken zugelassen, aber auch nur, sofern ihre Verfasser sich pädagogisch als besonders bewährt erwiesen haben.[8] Aus den gleichen Gründen erwägt Aristoteles in seiner *Nikomachischen Ethik* ein Verbot verletzender Scherze[9] und fordert in der *Politik* gesetzliche Regelungen vor allem gegen das ‹hässliche Reden›, die αἰσχρολογία (*aischrología*), und zwar nicht zuletzt wegen ihres jugendgefährdenden Charakters.[10] Für Rom fehlen uns zwar so ausführliche Zeugnisse, aber schon die im 5. Jahrhundert v. Chr. vermutlich unter griechischem Einfluss entstandenen Zwölftafelgesetze scheinen zumindest das Verfassen von *mala carmina*, falls damit Spottverse und nicht etwa Schadzauber gemeint waren, unter Strafe gestellt zu haben.[11]

Diesem von den Philosophen herbeigeschriebenen Idealzustand steht jedoch die antike Realität konträr gegenüber, was allerdings schon insofern wenig überraschend ist, als die vorgeschlagenen Gesetze sonst ja ganz überflüssig wären. Trotz der sicherlich auch damals von den allermeisten Zeitgenossen geteilten Wahrnehmung, dass Beleidigungen abstoßend wirken können und daher nicht zuletzt denjenigen in ein schlechtes Licht rücken, der sie äußert, spielen Phänomene der sprachlichen Herabsetzung und der verbalen Gewalt in den Gesellschaften der Antike auf vielen verschiedenen, sich gegenseitig aber wiederum beeinflussenden Ebenen eine zentrale Rolle.

So haben sich keineswegs alle Autoren im Laufe der Jahrhunderte an Platons Vorgaben gehalten, sondern neben der Rügedichtung ein breites Spektrum von Gattungen genutzt, um Spott und Schmähungen in kunstvoller Form zu präsentieren: Neben den schon erwähnten Komödien und den jambischen Texten in der

Tradition des Archilochos (7. Jahrhundert v. Chr.)[12] sind hier verschiedene Spielarten von Epigrammen und – vor allem mit Blick auf Rom – die Satire zu nennen, die zumeist ebenfalls in Versen verfasst wurde. Aber auch im Bereich der Prosa gab es vielfältige Möglichkeiten, ein echtes oder erschaffenes Gegenüber mit rauer Sprache zu belegen oder zum Ziel einer *hate speech* zu machen. Als klassisches Format stand hier die Invektive zur Verfügung, die im Rahmen der rhetorischen Ausbildung sogar ein fester Bestandteil des kaiserzeitlichen Schulsystems war, mit dessen Beitrag zu einer ‹Kunst der Beleidigung für jedermann› wir uns im folgenden Kapitel etwas näher beschäftigen wollen. Doch auch außerhalb einer solchen *oratio invectiva* in Reinkultur boten sich freilich in anderen Gattungen – etwa im Brief, einem Geschichtswerk oder auch einem philosophischen Traktat – zahlreiche Gelegenheiten, seine Gegner mit den Mitteln der Sprache lächerlich und verächtlich zu machen.

Zugleich wird hieran schon deutlich, dass wir es mit fließenden Übergängen zwischen dem Feld der Literatur und dem Alltag der antiken Gesellschaften zu tun haben, die sich gerade mit Blick auf Spott und Beleidigung in einem fortwährenden Prozess gegenseitiger Imitation und Beeinflussung befanden. Wir können davon in aller Regel nur noch die Seite greifen, die als Teil des literarischen Erbes überliefert wurde. Faszinierende Ausnahmen stellen aber die Graffiti dar, die sich vor allem in Pompeji in großer Zahl erhalten haben und die schlaglichtartig einen gewissen Eindruck davon vermitteln, wie die Schmähkultur sozusagen auf der römischen Straße ausgesehen haben mag.[13] Zwar kommen dort zumeist nur einzelne oder zum Zwecke der Verstärkung kombinierte Schimpfwörter zum Einsatz – «Albanus ist eine Schwuchtel!»[14], «Aephebus, du bist ein Faulpelz!»[15] oder «Oppius, du Pausenclown, du Dieb, du Langfinger!»[16] –, während elaborierte Versionen die Ausnahme bleiben. Ein raffinierteres Beispiel in der Form zweier jambischer Senare wurde bei den Ausgrabungen einer Taberna 1898 gesichert,[17] ist aber heute nicht mehr zu erkennen: *amat, qui scribet, pedicatur, qui leget, qui obscultat, prurit, // pathicus est, qui praeterit* («Es liebt, wer dies schreibt, dem wird's besorgt, wer dies liest, wer's hört, wird lüstern, eine Schwuchtel, wer vorbeigeht.»).[18]

Darunter befand sich, von einer anderen Hand geschrieben, sogar eine Erwiderung: *scribit pedicator Septumius* («So schrieb der Knabenschänder Septumius»), so dass sich hier tatsächlich, wenn auch gleichsam *en miniature*, ein solcher Schlagabtausch beobachten lässt, wie er ebenso für literarische Darstellungen – und nicht nur in der eingangs zitierten Satire des Horaz – typisch ist.

Doch auch für die scheinbar schlichte Beleidigung durch ein einzelnes Wort ist ein enger Austauschprozess ‹zwischen Natur und Kunst› zu vermuten, da gerade Kraftausdrücke einer ständigen Überbietung und damit Verdrängung durch möglichst originelle Neuprägungen unterliegen. Selbst Schimpfworte als solche bieten daher interessante Einblicke in die kulturelle Dynamik der Zeit, aus der sie jeweils stammen, und wurden nicht nur bereits im 2. Jahrhundert n. Chr. von Sueton zum Gegenstand einer seiner antiquarischen Abhandlungen gemacht,[19] sondern auch von der modernen Forschung intensiv behandelt.[20] Eine besondere Spielart, die gerne als Beleg für das hochgradig invektive Klima in der römischen Gesellschaft der Republik herangezogen wird, stellt die Verwendung ursprünglicher Spottnamen als offizielle und erbliche Cognomina (Beinamen) für zahlreiche Angehörige der Oberschicht dar: Man denke nur an Brutus (‹Dummkopf›), Strabo (‹Schieler›) oder Cicero (‹Kichererbse›, wohl nach einer Warze oder einer anderen äußerlichen Auffälligkeit).[21]

Tatsächlich war eine möglicherweise schmähende Konnotation des eigenen Namens, die vermutlich ohnehin im Laufe der Zeit verblasst war, bei weitem nicht die einzige Form der sprachlichen Härte, an die sich jemand gewöhnen musste, der in Rom das Licht der Öffentlichkeit suchte und sich um Ämter oder andere Aufgaben bewerben wollte. Während des ganzen Zeitraums der Republik, vor allem aber in den turbulenten letzten Jahrzehnten, war die Sphäre der Politik nicht nur von harten inhaltlichen Auseinandersetzungen, sondern auch von einer auffällig großen Freude an der sprachlichen Herabsetzung in allen Formen geprägt.[22] Deren Band-

breite reicht vom spielerischen Witz und dem selbstironisch gefärb-
ten Spott bis hin zur aggressiven, auf die vollständige Desavouie-
rung des Gegenübers zielende Diffamierung. Während leichtere
Formen von den Zeitgenossen als wichtiger Teil der *urbanitas*, der
Idealvorstellung verfeinerter Lebensart der Großstadt, angesehen
wurden,[23] verstand man die härteren Gangarten als Ausdruck einer
spezifisch römischen oder italischen Beleidigungskultur. Horaz hat
dafür in einer anderen Satire, die einen enorm verletzenden Schlagabtausch zweier Kontrahenten vor Gericht wiedergibt, ein treffen-
des und auch heute noch unmittelbar einleuchtendes Bild gefunden, wenn er einen der Streithähne am Ende ‹von italischem Essig›
überströmt dastehen lässt: *Italo perfusus aceto*.[24]

Wer im Rom der Republik politisch aktiv werden wollte, bedurfte daher nicht zuletzt zweier Fertigkeiten: Er musste die Beleidigungen seiner Gegner aushalten können, ohne die Nerven oder
die Lust an seiner Tätigkeit zu verlieren, und er musste in der Lage
sein, jedenfalls hin und wieder, auch seine eigene Kunstfertigkeit
auf dem Gebiet der sprachlichen Herabsetzung und der virtuosen
Invektive unter Beweis zu stellen. Das ist auch der Grund, wes-
wegen Spott und Schmähung in der römischen Oberschicht nicht
nur die übliche Funktion der Exklusion übernahmen und dazu
dienten, einen Gegner zum Außenseiter zu stempeln und so zu ver-
drängen, sondern auch eine auf den ersten Blick überraschende in-
tegrative Rolle spielen konnten. Dies galt natürlich für den Beleidiger selbst, der seine Kompetenz auf diesem Gebiet und damit seine
Zugehörigkeit zur Gruppe unter Beweis stellte; aber auch für denjenigen, gegen den sich die Herabsetzung richtete, konnten gerade
damit eine paradoxe Form der Anerkennung im Sinne der ‹Satis-
faktionsfähigkeit› und der Nachweis der Zugehörigkeit zur selben
peer group verbunden sein.[25]

Diese Konstellation änderte sich allerdings – wie so vieles in
Rom – mit dem Übergang zur Kaiserzeit. Dabei spielte es einerseits
eine wichtige Rolle, dass der *princeps* selbst durch Gesetze gegen
Majestätsbeleidigung besonders geschützt wurde, auf deren Grundlage es schon unter Augustus (reg. 27 v.–14 n. Chr.) und Tiberius

(reg. 14–37 n. Chr.) zu Urteilen gegen Werke und ihre Autoren gekommen war. Andererseits ist der Umstand bedeutsam, dass die neuen Alleinherrscher den Anspruch erhoben, eine nachhaltige Befriedung der durch die Bürgerkriege und viele weitere Konflikte tief gespaltenen Gesellschaft zu erreichen und dabei auch den anderen Angehörigen der Oberschicht stärkeren Schutz gegen verbale Angriffe zu gewährleisten.[26] Rückblickend erschien daher schon den Zeitgenossen die Republik als Epoche, in der es nicht nur die größte Freiheit der Rede, sondern auch das weiteste Recht zur Beleidigung gegeben hatte.

Dass Politiker, die ihre Gegner beschimpfen, Abscheu erregen und sich mit ihren verbalen Ausfällen in erster Linie selbst schaden, entspricht zwar den Postulaten der antiken Philosophie, aber nicht der Realität zumindest der römischen Politik. Über die Gründe für das erstaunlich aggressive Klima auf der politischen Bühne zumal der Späten Republik können wir natürlich nur spekulieren. Vermutlich spielt – damals wie heute – das Bestreben, sich besonders volkstümlich zu geben und sich so in populistischer Manier von einem vermeintlich abgehobenen ‹Establishment› abzugrenzen, eine gewisse Rolle. Zugleich wird auf diese Weise aber freilich der Schauwert und Unterhaltungsfaktor von politischen Entscheidungen erhöht, was sicherlich zur Steigerung der Aufmerksamkeit, vielleicht sogar der Akzeptanz geführt haben dürfte. Jedenfalls wäre das in einer Gesellschaft, die auch in anderen Bereichen – von den Graffiti an den Hauswänden Pompejis bis zur Dichtung eines Horaz – die Beleidigung als Kunstform und Ausdruck von Virtuosität zu goutieren wusste, weniger erstaunlich, als man beim Blick auf die Verdikte der Philosophen und Gesetzgeber annehmen würde.

Das gilt sicherlich für weite Teile der griechischen Geschichte[27] nicht weniger als für die verschiedenen Phasen der Entwicklung Roms von der Kleinstadt am Tiber zum Zentrum eines antiken Weltreichs. Mit Blick auf die römische Geschichte ist es neben der frühen Kaiserzeit im 1. Jahrhundert n. Chr. vor allem die ihr vorangehende Epoche der Späten Republik, aus der sich nicht nur generell eine reiche Zahl an historischen Zeugnissen und literarischen

Texten erhalten hat, sondern auch besonders viele Beispiele für reale Herabsetzungen ebenso wie für fiktionale Spott- und Schmäh-
szenen in den Werken der einschlägigen Autoren. Der quantitative
Befund entspricht im Übrigen offenbar der Selbstwahrnehmung
der Zeitgenossen. Jedenfalls spricht Cicero in seiner Rede für Caelius Rufus aus dem Jahr 56 v. Chr. davon, in einer Gesellschaft mit
einem besonderen Faible für Schmähungen zu leben: *in tam maledica civitate*.[28] Die Beispiele aus dieser Zeit werden daher auch in
dem hier vorgelegten Florilegium aus der lateinischen Hälfte der
antiken Literatur eine prominente Rolle spielen. Doch bevor wir
uns der Praxis widmen, wollen wir noch einen kurzen Blick sozusagen auf die antike Theorie der Beleidigung werfen.

Ars invectiva oder: Die ‹Schule der Schmähung›
in der antiken Rhetorik

Was konnte nun derjenige tun, dem das Talent zur Schmähung nicht bereits in die Wiege gelegt worden war, der in einer *tam maledica civitate* aber auch nicht darauf verzichten konnte oder wollte? Wenn er das Glück hatte, den gesellschaftlichen Kreisen anzugehören, die sich nicht nur den Besuch einer Schule leisten konnten, in der Lesen und Schreiben gelehrt wurde, sondern ihre Kinder danach auch noch zum Grammaticus und zum Rhetor schickten, so lernte er vor allem auf der höchsten Stufe des antiken Bildungssystems die einschlägigen Techniken intensiv kennen. Gehörte doch die Fertigkeit, sein Gegenüber mit sprachlichen Mitteln zu verspotten und herabzusetzen, durchaus zu den zentralen Inhalten und Kompetenzen, die im Rahmen der rhetorischen Ausbildung vermittelt wurden. Man könnte also innerhalb des großangelegten Bildungsprogramms der Redekunst, der *ars rhetorica*, tatsächlich von einer *ars invectica* sprechen und sie sich als eine Art ‹Schulfach Schmähung› oder – wie man heute eher sagen würde – ein ‹Modul Mobbing› vorstellen.

Paradoxerweise sind es zum Teil dieselben Denker und Philosophen, die in ihren Gesellschaftsentwürfen jede Art von Beleidigung scharf ablehnten und doch zugleich bereit waren, die einschlägigen Techniken ganz praktisch als Teil der Redekunst zu lehren. Letztlich

handelt es sich hierbei jedoch nur um einen Sonderfall der moralischen Neutralität der Rhetorik, also der stets gegebenen Möglichkeit, sie auch zum Schlechten zu verwenden, und damit um ein Problem, für das damals wie heute noch keine überzeugende Lösung
gefunden wurde. Dass sich die Autoren aber doch unwohl damit
fühlten, Ratschläge zur sprachlichen Herabsetzung zu erteilen, sieht
man daran, dass sie die Tadel- oder Scheltrede (ψόγος/*psógos* bzw.
vituperatio) zumeist als ein scheinbar weniger wichtiges Gegenstück
zur Lobrede (ἔπαινος/*épainos* bzw. *laus*) behandelten und sie auf
diese Weise hinter ihrer ‹freundlicheren Schwester› versteckten.

Dies zeigt sich besonders deutlich in der *Rhetorik* des Aristoteles
aus der Mitte des 4. Jahrhunderts v. Chr. und damit in einer der
ersten für uns noch greifbaren Schriften, die sich diesem Thema
widmen. So sind es diese beiden Formen, die er in seinem einflussreichen Schema der drei rhetorischen Gattungen – der beratenden,
der juristischen und der Festrede – als epideiktisch zusammenfasst
und darunter vor allem solche Reden versteht, die zu feierlichen
Anlässen vor der ganzen Bürgerschaft und mit der Absicht gehalten
werden, Tugenden und Laster Einzelner allen vor Augen zu führen
(der lateinische Begriff wird dann *genus demonstrativum* lauten).[1]
Sowohl an dieser Stelle als auch später in der Schrift, wenn er konkrete Ratschläge dafür gibt, wie solche Reden aufzubauen sind,
spricht er zwar nur von der lobenden Variante, hält am Ende aber
fest, dass er auch die Schmährede bereits behandelt habe, da man
hierfür einfach nur alle Empfehlungen umgekehrt befolgen müsse,
schließlich ergebe sich der Tadel ja aus dem Gegenteil des Lobes.[2]

Etwa zur selben Zeit ist die *Rhetorica ad Alexandrum* entstanden,
die als frühestes Beispiel für ein anwendungsorientiertes Lehrbuch
gilt, das vor allem die praktische Umsetzung im Blick hat.[3] Auch
hier erscheint der Tadel als Sonderform des Lobes, wird aber ausführlicher behandelt und mit konkreten Empfehlungen verbunden.[4] So wird dem Redner nahegelegt, auf direkte Angriffe zu verzichten und sich stattdessen entweder der Anspielung und Ironie zu
bedienen oder aber eine konkrete – wenn auch nicht unbedingt
wahre – Begebenheit zu schildern:[5]

Denn Geschichten sind überzeugender für die Zuhörer als Beleidigungen und kränkender für die Geschmähten: Zielen Beleidigungen doch auf ihre äußere Erscheinung und auf ihren Besitz, Geschichten aber spiegeln ihr Verhalten und ihren Charakter wider.

Wenn wir uns mit diesen Ratschlägen im Hinterkopf nun nach Rom begeben und nach den ältesten Werken Ausschau halten, die dort im Zusammenhang mit der rhetorischen Ausbildung entstanden sind und sich erhalten haben, so landen wir in den 80er Jahren des 1. Jahrhunderts v. Chr. und bei einer Jugendschrift Ciceros. Sie hört heute auf den Namen *De inventione* und behandelt mit dem Finden von Ideen für den jeweiligen Anlass nur den ersten Arbeitsschritt des Redners, weil Cicero sich später dagegen entschieden hat, weiter im Format eines systematischen Lehrbuches über die Rhetorik zu schreiben, und elaborierteren Formen wie in seinem berühmten Dialog *De oratore* den Vorzug gegeben hat.[6] Gerade die stärker praktisch geprägte Behandlung der Vorbereitung für eine *vituperatio* in diesem Lehrwerk kann aber einen guten Einblick in den zeitgenössischen Wissensstand geben, auch wenn in Rechnung zu stellen ist, dass die Vermittlung rhetorischer Kompetenzen die ganze Antike hindurch und ganz besonders in der *face to face society* der römischen Republik – in der jeder jeden sozusagen von Angesicht kannte – in erster Linie auf der Grundlage eines Meister-Schüler-Verhältnisses oder durch den Unterricht bei einem professionellen Redelehrer erfolgte.

Cicero kommt auf unser Thema im Zusammenhang mit den Argumenten zu sprechen, die sich für den Redner aus den beteiligten Personen gewinnen lassen (*ex personis*). Wie schon die griechischen Theoretiker verweist er dabei für die positive und für die negative Charakterisierung auf dieselben Gegenstandsbereiche als Stichwortgeber: *nomen* (Name), *natura* (körperliche Beschaffenheit), *victus* (Lebensführung), *fortuna* (gesellschaftliche Stellung), *habitus* (mentale Haltung), *affectio* (emotionale Verfasstheit), *studia* (geistige Interessen), *consilia* (Absichten), *facta* (Taten), *casus* (Schicksal), *orationes* (Reden).[7] Diese werden danach weiter ausdifferenziert und mit Beispielen für eine Darstellung zum Guten wie zum Schlechten veranschaulicht.[8]

Ganz ähnlich geht die zur selben Zeit entstandene und früher ebenfalls Cicero, heute aber einem anonymen Verfasser zugeschriebene *Rhetorica ad Herennium* vor, die noch stärker den Charakter eines Lehrbuchs aufweist.[9] Auch in diesem Werk werden zunächst weitgehend dieselben Themenbereiche genannt, denen der Redner inhaltliche Anregungen für die lobende oder die tadelnde Darstellung entnehmen kann. Darüber hinaus werden aber auch die weiteren Arbeitsschritte berücksichtigt und konkrete Empfehlungen dafür gegeben, wie man das Publikum von Anfang an richtig einstimmen kann und wie eine solche Rede im Einzelnen zweckdienlich aufzubauen ist.[10] Am Ende dieses Abschnittes findet sich noch der bezeichnende Hinweis, dass der angehende Redner diesen Punkt in seiner Ausbildung keinesfalls vernachlässigen soll: Zwar gebe es nur selten Gelegenheit zu Lob- oder Tadelreden in Reinform, dennoch sei die Fertigkeit, Personen gut oder schlecht aussehen zu lassen, auch bei vielen anderen Anlässen und Auftritten von großem Nutzen.[11]

Daran hat sich trotz des Übergangs von der Republik zur Monarchie in Rom offenbar nicht viel geändert, wenn Quintilian gegen Ende des 1. Jahrhunderts n. Chr. auf seine Tätigkeit als Rhetoriklehrer zurückblickt und mit seiner *Institutio oratoria* ein weit über die Antike hinaus einflussreiches Lehrwerk vorlegt.[12] Das zeigt sich nicht nur, wenn er Aristoteles' Annahme eines eigenen *genus demonstrativum* in Frage stellt und dafür auf die Allgegenwart positiver wie negativer Bewertungen in seiner Zeit verweist,[13] sondern auch, wenn er eher nebenbei festhält, dass Redner oft dann besonderen Anklang finden, wenn sie ins Schimpfen verfallen, «da die Menschen das am liebsten hören, was sie selbst nicht hätten sagen wollen».[14] Er selbst empfiehlt seinen Schülern aber, auf dieses Mittel so weit wie möglich zu verzichten, weil es unter ihrer Würde und für die vertretene Sache letztlich kontraproduktiv sei,[15] obwohl es ihre Mandanten oft erwarteten[16] und bestimmte Situationen ein gewisses Maß an Schlagfertigkeit erforderten, wie die *altercatio*, der Schlagabtausch, der sich an den Vortrag der Rede anschließen konnte.[17] Aber auch in seinen Ausführungen zum Witz als rhetorischer Technik[18] warnt er nachdrücklich davor, dass man sich nicht jene berühmte Maxime zu eigen machen solle, nach der es besser sei, einen Freund zu verlieren als eine Pointe.[19]

Allerdings räumt Quintilian der Invektive durchaus einen Platz im Rahmen der Ausbildung ein und behandelt sie daher an dem im System der antiken Rhetorik dafür vorgesehenen Ort: als negativen Sonderfall des Enkomions, der Lobrede, für den er – hier ganz in der Tradition seiner Vorgänger – einige inhaltliche Anregungen gibt, ansonsten aber erneut die Umkehr der Regeln für das Lob empfiehlt.[20] Interessanterweise ist er auf dieses Thema aber schon an einer früheren Stelle zu sprechen gekommen, nämlich im Zusammenhang der sogenannten Progymnasmata.[21] Dabei handelt es sich ursprünglich um einen Begriff aus dem Sport, mit dem das Aufwärmprogramm eines Athleten bezeichnet wurde, der aber seit hellenistischer Zeit in Griechenland und seit der frühen Kaiserzeit auch in Rom auf die rhetorische Ausbildung übertragen wurde, um damit eine Reihe vorbereitender Übungsformen zu bezeichnen, die dazu dienen sollte, den Erfolg im eigentlichen Studium sicherzustellen. Zu den kanonischen Aufgabenstellungen gehören dabei nicht nur das Erzählen einer Geschichte, die Formulierung einer Sentenz oder das Vorführen eines Beweises, sondern auch das Verfassen kleinerer Lob- und Tadelreden.[22]

Aus der späteren Kaiserzeit haben sich einige Lehrbücher erhalten, die einen guten Eindruck davon geben können, mit welch detaillierten Vorgaben angehenden Studenten der Rhetorik die notwendigen Basiskompetenzen, wie man heute wohl sagen würde, vermittelt wurden.[23] Einige dieser Werke enthalten auch Musterlösungen: So illustriert Aphthonios von Antiochia in der zweiten Hälfte des 4. Jahrhunderts n. Chr. das richtige Vorgehen bei einer Invektive mit einer fiktiven Rede gegen Philipp II. von Makedonien und greift hierfür auf die in der rhetorischen Ausbildung gängige Methode eines historischen Rollenspiels zurück.[24] Zwar haben wir für die lateinische Seite leider keinen vergleichbar direkten Einblick in den Alltag antiker Vorbereitungskurse, es gibt aber in anderen Zusammenhängen überlieferte Texte, die sich mit dieser Praxis in Verbindung bringen lassen. So haben sich zum Beispiel in der sogenannten *Appendix Sallustiana*, unter den kleinen Schriften des bekannten Historikers aus der Späten Republik, zwei Invektiven erhalten: eine, die Sallust gegen Cicero, und eine, die Cicero gegen ihn gehalten haben soll. Beide Reden werden aber heute nicht mehr für echt, sondern für Produkte des Rhetorikunterrichts wohl aus augusteischer Zeit gehalten, in denen ein Schüler oder ein Lehrer in die historischen Rollen Ciceros und Sallusts geschlüpft ist.[25] Wir werden uns dieses Redenpaar als Beispiel für die Rolle von Schmähungen auf der politischen Bühne noch näher ansehen.[26]

Abschließend kann man festhalten, dass nicht nur wir heute gut beschreiben können, welche Rolle der *ars invectiva* im Rhetorikstudium zukam, sondern dass auch die Zeitgenossen, wenn sie die dritte Stufe ihres Bildungssystems absolviert hatten, mit ihr ausführlich in Berührung gekommen sein dürften. Das gilt umso mehr, wenn wir uns vergegenwärtigen, dass es neben der Invektive als Unterkategorie der Rede freilich noch andere literarische Gattungen wie die Komödie, die Satire, die jambische Lyrik oder das Spottepigramm gab, die für die Kunst der Beleidigung einschlägig waren und ebenfalls einen festen Platz im Curriculum einer standesgemäßen Ausbildung hatten. Wurde doch die passive Kenntnis wie die aktive Beherrschung verschiedener Textsorten schon beim Grammaticus vermittelt und eingeübt, aber auch vom Rhetor noch einmal intensiv behandelt, wie nicht zuletzt der berühmte Abschnitt im 10. Buch von Quintilians *Institutio oratoria* zeigt, in dem er eine Zusammenfassung der antiken Literaturgeschichte gibt.[27]

Aus dem allgemein geteilten Wissen, wie man nach allen Regeln der Kunst beleidigt, ergibt sich jedoch beinahe zwangsläufig ein Problem hinsichtlich der Erwartbarkeit der jeweiligen Äußerungen: Wenn das Gegenüber – oder das anwesende Publikum – die vermeintlich aktuellen und auf die konkrete Situation bezogenen Schmähungen aus dem eigenen Unterricht oder einem Handbuch kennt, sind damit nicht nur erhebliche Einbußen an Originalität, sondern auch an Überzeugungs- und Durchschlagskraft verbunden.[28] Dabei handelt es sich letztlich um ein generelles Dilemma, das mit der Vermittlung von Rhetorik als Schulfach untrennbar verbunden ist. Dass ein Rezipient auf einen Vortrag, der nur *lege artis* abläuft und sich allein in den erwartbaren Bahnen bewegt, mit geringerer Begeisterung und gar mit Überdruss reagiert, kann man sich nicht nur gut vorstellen, sondern wird von antiken Autoren durchaus thematisiert[29] und dann zumeist – selbst wiederum herabsetzend – als Merkmal einer allenfalls mittelmäßigen Begabung verstanden.[30]

In unserem Fall kommt allerdings noch eine zweite Ebene hinzu: Wenn eine Beleidigung nicht als spontan geäußert, sondern als vorbereitet und geplant wahrgenommen wird, wirkt sie weniger virtuos, wird von den Betroffenen aber dennoch als schwerwiegender empfunden, weil sie sich nicht als eine emotionale Kurzschlusshandlung deuten und auf diese Weise entschuldigen lässt. Dass diese Sichtweise auch in der Antike vorherrschte, zeigt eine Stelle aus den *Tischgesprächen*, die Plutarch an der Wende vom 1. zum 2. Jahrhundert n. Chr. verfasst hat. Dabei widmet er im Anschluss an den griechischen Schriftsteller Xenophon (ca. 430–354 v. Chr.) ein Kapitel der Frage, welche Scherze beim Festmahl statthaft sind und welche nicht.[31] Am Ende des Abschnitts hält er dann Folgendes fest:[32]

Nicht zuletzt muss man aber darauf schauen und achten, dass eine spöttische Bemerkung unmittelbar und ohne weiteres auf die Fragen oder Scherze eines anderen erfolgt, jedoch nicht als von langem vorbereitet oder als einstudierte Erwiderung erscheint. Denn auf Zank und Streitigkeiten, die aus dem Gelage heraus entstehen, reagieren wir vergleichsweise nachsichtig, wenn aber jemand von außen dazukommt und lästert und Unruhe stiftet, halten ihn alle für einen Feind und hassen ihn. Ebenso wird einer spöttischen Bemerkung oder einer freimütigen Äußerung Nachsicht zuteil, wenn ihr Ursprung im Augenblick liegt und sie ohne Vorbereitung und Hintergedanken entstanden ist; wenn sie aber nicht zur Sache gehört, sondern von außen dazukommt, wird sie als Absicht und Kränkung wahrgenommen.

Während Plutarch vor allem betont, dass spontane Schmähungen weniger anstößig sind, sind sie aber auch treffender und daher effizienter. Dafür kann man sich auf Ciceros Ausführungen über den Humor berufen, denen zufolge Witze weniger Lachen hervorrufen, wenn sie vorbereitet erscheinen.[33]

Für das prinzipielle Dilemma, dass auch eine wohl präparierte Rede weniger überzeugend wirkt, sobald man ihr die Vorbereitung anmerkt, hat die antike Rhetorik die Empfehlung entwickelt, dass zu den Qualitäten eines wirklich guten Redners gerade auch die *dissimulatio artis* gehört, also die Fähigkeit, die eigene Kunstfertigkeit vor den Zuhörern zu verbergen.[34] Der Dichter Ovid (43 v.–17 n. Chr.) hat diesen Gedanken allgemein auf jede künstlerische Hervorbringung bezogen und im Kontext der Pygmalion-Geschichte in den *Metamorphosen* in der paradoxen Formulierung *ars adeo latet arte sua* – «so sehr ist die Kunst durch die Kunst selbst verborgen» – auf den Punkt gebracht.[35]

Das gilt generell auch für die Kunst der Beleidigung. Da es in diesem Fall aber noch mehr darauf ankommt, den Eindruck einer langen Vorbereitung zu vermeiden, erfreuen sich solche Strategien großer Beliebtheit, die dazu angetan sind, spontane Gefühlsausbrüche zu simulieren, die sowohl stärker wirken als auch leichter zu rechtfertigen sind. Das zeigt sich nicht zuletzt daran, dass oft auch in schriftlich abgefassten Schmähungen die konkrete Situation einer *Face-to-face*-Konfrontation – etwa durch fingierte Ansprachen an den Gegner oder das Publikum – möglichst lebhaft evoziert wird, auch wenn es sich dabei in der Regel nur um eine literarische Fiktion handelt. Für diese wichtige Technik der artifiziellen Mündlichkeit werden wir noch eine Reihe von Beispielen kennenlernen, die nicht nur aus der Dichtung, sondern auch von Cicero stammen, der von ihr gerade auch in denjenigen Reden reichlich Gebrauch macht, die er nur veröffentlicht, aber nie gehalten hat.

Doch kommen wir am Ende dieses Abschnittes nun vom Folgeproblem der Erwartbarkeit zurück zu der grundlegenden Beobachtung, dass die *ars invectiva* im antiken Bildungssystem fest verankert war und wir daher für das Verständnis der einzelnen Stellen, die wir uns im Folgenden ansehen wollen, annehmen können, dass alle Beteiligten – also der Beleidiger, sein Gegenüber und das tatsächlich anwesende oder aber als Leser mitgedachte Publikum – dieselbe ‹Schule der Schmähung› besucht haben.

IV

Blütenlese der Bosheit:
kunstvolle Beleidigungen und virtuose Schmähduelle

Für das folgende ‹Florilegium der virtuosen Niedertracht› wurden vor allem solche Stellen aus der lateinischen Literatur ausgewählt, die uns auch heute noch zumindest Vermutungen über den Kontext der konkreten Beleidigung erlauben. Im Mittelpunkt stehen also weniger einzelne Schimpfwörter, die von der Forschung im Übrigen schon gründlich gesammelt und untersucht worden sind,[1] sondern vor allem kleine Szenen, die nicht nur den Akt der Schmähung als solchen enthalten, sondern uns im besten Fall auch etwas über den Anlass, über den Erfolg oder Misserfolg und über die Reaktion der verspotteten Person verraten, die ihrerseits ja oft zum verbalen Gegenangriff übergeht. Auch wenn sich nur selten vollständige Schilderungen dieser Art finden lassen und wir daher in der Regel gleichsam mit Fragmenten arbeiten müssen, lohnt sich die Mühe doch vor allem aus zwei Gründen.

Zum einen erlauben nur solche Stellen zuverlässige Aussagen darüber, was in der römischen Gesellschaft als Beleidigung wahrgenommen wurde und wie man damit – besser oder schlechter – umgegangen ist. Denn auch wenn die Systematisierungen, die sich in den Handbüchern der Rhetoren erhalten haben, Anhaltspunkte geben können, wie Schmähungen wohl üblicherweise ausgesehen haben, so ist gerade auf diesem Feld doch – nicht anders als in unserer eigenen Zeit – mit einem steten und nicht unerheblichen Wandel zu rechnen. Ob ein verbaler Angriff ‹erfolgreich› war und sein Ziel erreicht hat oder nicht, kann daher letztlich nur aus den Reaktionen aller Beteiligten in der konkreten Situation, des Opfers und – falls vorhanden – des Publikums, geschlossen werden. Zum anderen sind die zu kleinen Szenen ausgestalteten Erzählungen natürlich auch faszinierender und unterhaltsamer, als einzelne Schimpfwörter es sein könnten. Denn je mehr man über eine Situation weiß, umso besser kann sich der Reiz der Geschichte entfalten.

Daher sollen die einschlägigen Stellen jeweils kurz in ihren historischen und literarischen Kontext eingeordnet werden, bevor es vor allem darum gehen wird – soweit das im Abstand von zweitausend Jahren noch möglich ist –, Antworten unter anderem auf die folgenden Fragen zu geben: Wie ist es zur Beleidigung gekommen? Worin besteht sie eigentlich genau? Wie wurde sie aufgenommen? Welche Folgen hatte sie für ihr Opfer – oder auch für ihren Urheber? Es bietet sich daher an, die ausgewählten Beispiele nicht nach der Chronologie zu ordnen, sondern in thematischen Rubriken zu präsentieren, die sich an den Konstellationen des Beleidigungsgeschehens orientieren und sich so untereinander besser vergleichen lassen. Der erste Abschnitt enthält diejenigen – auch heute noch klassischen – Situationen, in denen wir es mit einem Schriftsteller zu tun haben, der einen Politiker hart kritisiert und dabei verspottet. Der zweite Abschnitt wendet sich der Auseinandersetzung von Politikern untereinander zu, während der dritte den nicht weniger verletzenden Umgang von Literaten mit ihresgleichen in den Blick nimmt. Im vierten Abschnitt ändert sich dann die Perspektive, da wir es dort nicht mehr mit – echten oder fiktiven – Beiträgen der Kontrahenten selbst zu tun haben, sondern mit den Schilderungen eines verletzenden Wortwechsels zwischen anderen Personen durch einen Autor oder seinen Erzähler. Einen erneuten Wechsel der Blickrichtung bringen die letzten

Abschnitte mit sich, in denen wir uns mit drei der häufigsten inhaltlichen Muster für Schmähungen – Abstammung und Herkunft, Bildung und Beruf, Kleidung und Verhalten – beschäftigen
werden und dabei vom jeweils herabgesetzten ‹Opfer›, wenn es
sich denn überhaupt als solches versteht, ausgehen wollen.

1. Feder oder Schwert?
Die Macht des Wortes gegen die Befehle der Mächtigen

Natürlich ein Meteller

Mit dem Dichter Gnaeus Naevius war bereits einer der ersten Autoren, die wir am Beginn der lateinischen Literatur in der zweiten
Hälfte des 3. Jahrhunderts v. Chr. namentlich greifen können, für
seinen beißenden Spott und die Schmähung gerade der mächtigsten und prominentesten Politiker wie etwa Scipio des Älteren berüchtigt.[1] Das ist umso erstaunlicher, als Naevius selbst gar nicht
aus Rom stammte, sondern um 265 v. Chr. in Kampanien geboren
wurde und so in der Gesellschaft der Hauptstadt über keine starke
Stellung verfügen konnte.

   Das genaue Gegenteil galt für die alteingesessene Familie der
Caecilier, deren erfolgreichster Zweig das Cognomen Metellus
führte und die Naevius unter anderem mit einem Vers angegriffen
hat, der offenbar zu einem geflügelten Wort wurde und daher noch
am Ende der Republik als allgemein bekannt vorausgesetzt werden
konnte: *fato Metelli Romae fiunt consules*.[2] Ein Gutteil der Gemeinheit resultiert hier aus der Mehrdeutigkeit von *fatum*, die sich in
der Übersetzung nur schwer wiedergeben lässt: «Durch Schicksal
werden die Meteller in Rom Konsuln.» Dabei schwingt jedoch
zugleich ein düsteres Verständnis von *fatum* als ‹Verhängnis› mit.
Aber selbst wenn man eine solche Kritik nicht heraushört, sondern
die harmlosere Lesart im Sinne von ‹Bestimmung› bevorzugt, er-

weist sich auch diese Aussage auf den zweiten Blick als reichlich
vergiftet: Werden so die zahlreichen Erfolge der *gens Caecilia* bei
den Wahlen in Rom doch auf den Zufall oder bestenfalls auf eine
Art Gesetz der Serie zurückgeführt, während die Angehörigen der
Familie selbst diesen Umstand sicherlich mit ihrer exzellenten
Eignung und mit ihren herausragenden Leistungen erklärt haben
wollten. Es ist allerdings genau dieses Verständnis als Vorwurf, das
sich im kollektiven Gedächtnis der Römer festgesetzt hatte, so dass
Verres noch rund anderthalb Jahrhunderte später darauf anspielen
konnte, wenn er seine großzügige Unterstützung für den Wahlkampf ihrer Nachkommen – aus Ciceros Sicht nichts anderes als
eine Bestechung der Geschworenen in dem Prozess, den er gegen
Verres führte – mit der spitzen Bemerkung kommentiert haben
soll, ansonsten würden die Meteller ja durch das *fatum* Konsul,
diesmal aber durch sein Geld.[3]

Leider wissen wir nicht, in welchem Zusammenhang der Vers
ursprünglich stand, ob er also aus einem seiner Bühnenstücke oder
aus dem Epos stammt, das Naevius über Roms ersten Krieg gegen
Karthago verfasst hat, oder ob wir ihn uns als isolierten Einzeiler
vorzustellen haben, vielleicht als eine Art Graffito.[4] Umso mehr wissen wir aber in diesem Fall über die Reaktion der anderen Seite, die
zum einen darin bestand, dass Quintus Caecilius Metellus, Konsul
im Jahr 206 v. Chr., seinerseits einen Vers in Umlauf gebracht hat:
dabunt malum Metelli Naevio poetae («Die Meteller werden dem
Naevius, dem Dichter, Böses tun»), zum anderen aber in der Umsetzung eben dieser Drohung. Soll doch Naevius, wenn man der
biographischen Überlieferung aus späteren Zeiten Glauben schen-
ken will (was man nicht allzu leichtfertig tun sollte), zuerst einige
Zeit im Gefängnis verbracht[5] und dann sein Leben 201 v. Chr. als
Verbannter im nordafrikanischen Utica beendet haben.[6]

An dieser Geschichte sind zwei Punkte aufschlussreich: Einerseits leisteten die Meteller, indem sie sich dagegen entschieden, den
Vers des Naevius zu ignorieren und ins Leere laufen zu lassen, mit
ihrer Antwort wohl einen wichtigen Beitrag dazu, dass die Herabsetzung eindeutig als solche erkannt wurde und die Schmähung

somit ihr vermutliches Ziel erreichte. Andererseits wirft es ein bezeichnendes Licht auf die spezifische Kultur des virtuosen Spottes in der römischen Republik und die damit einhergehenden Erwartungen, dass die Meteller der Meinung waren, es nicht bei juristischen Maßnahmen allein bewenden lassen zu können, und sich daher auch zu einer schlagfertigen Erwiderung auf poetischem Gebiet verpflichtet fühlten – und zudem in der Lage waren, dieser Aufgabe mit einem Vers nachzukommen, der von späteren Grammatikern für seine metrische Qualität gelobt wurde.[7]

Wer ist nochmal Lupus?

Wir machen nun einen Sprung von rund einhundert Jahren und kommen mit Gaius Lucilius (ca. 180–103 v. Chr.) zu einem Autor, den man in der Antike als Erfinder der Satire angesehen hat. Jedenfalls kann er mit Fug und Recht als derjenige gelten, der dieser Gattung ihre bis zum Ende der Antike – und in vielen Fällen darüber hinaus – gültige Form gegeben hat: mittellange Gedichte im Versmaß des daktylischen Hexameter, in denen Menschen und ihre charakteristischen Verfehlungen recht harsch kritisiert und dabei (im besten Fall) auf unterhaltsame Weise an den Pranger gestellt werden. Wie Naevius erblickte Lucilius wohl in Kampanien das Licht der Welt, doch im Gegensatz zu jenem hören wir bei ihm davon, dass er als Angehöriger des Ritterstandes nicht nur über ein großes Vermögen, sondern auch über gute Verbindungen zu einflussreichen und politisch sehr erfolgreichen Familien wie derjenigen des jüngeren Scipio verfügte, während Lucilius selbst keine Ämter angestrebt und sich auf seine Tätigkeit als Schriftsteller konzentriert zu haben scheint. Er verdankte es aber dieser vergleichsweise starken Position in der römischen Gesellschaft, dass er für seine nicht weniger scharfen literarischen Angriffe auf einige der führenden Politiker seiner Zeit offenbar keine vergleichbaren Sanktionen zu gewärtigen hatte und weder im Gefängnis noch im Exil landete.[8]

Von den ursprünglich 30 Büchern seiner ‹Satiren›, die von späteren Lesern vor allem für ihren freimütigen Spott auf namentlich genannte Personen des öffentlichen Lebens geschätzt wurden, haben sich nur Fragmente erhalten, allerdings mit rund 1400 Versen genug,[9] um sich auch heute noch ein gutes Bild von ihrem aggressiven Charakter machen zu können.[10] Zu besonderer Berühmtheit haben es seine Angriffe auf Lucius Cornelius Lentulus Lupus gebracht. Dieser entstammte der *gens Cornelia* und damit einer der ältesten Familien Roms, war als Konsul und Zensor Inhaber der höchsten Ämter gewesen und hatte für einige Jahre als *princeps senatus*, der als Erster in einer Senatssitzung seine Meinung kundtun durfte, eine führende Rolle in der Politik eingenommen. Doch hat ihn das nicht davor geschützt, von Lucilius zum Gegenstand einer recht umfangreichen, wohl das ganze erste Buch seiner Sammlung einnehmenden Satire gemacht zu werden. In dieser schildert er eine Versammlung der Götter im Olymp, die ein vernichtendes Urteil über Lupus' Leistung als Politiker fällen und dann seine Abberufung aus der Welt der Lebenden beschließen.[11]

Daher wird zumeist angenommen, dass diese Generalabrechnung kurz nach Lupus' Tod, wohl um 125 v. Chr. entstanden ist. Das ist zwar angesichts der Freiheit eines jeden Autors, sich das weitere Schicksal seiner Figuren nach Belieben auszumalen, nicht zwingend, stellt aber eine plausible Vermutung dar, weil es der traditionellen, von Lucilius parodierten Verwendung solcher Szenen im Epos entspricht, dass sie stattfinden, wenn ihr heroischer Protagonist gerade verstorben ist.[12] Einen guten Eindruck vom hochgradig beleidigenden Charakter gerade dieser Satire können drei Fragmente geben, die sich zufällig in verschiedenen grammatischen Traktaten erhalten haben und der Beschreibung von Lupus' Aussehen gelten. Dieses war – und darin besteht bei einem so prominenten Politiker schon die erste Gemeinheit – den Teilnehmern der Götterversammlung offenbar nicht bekannt: *quae facies, qui vultus viro?* («Wie sieht das Gesicht des Manns aus, welche Miene hat er?»)[13] Die Antwort besteht dann aber nicht aus sachdienlichen Hinweisen, sondern verbindet die äußere Erscheinung mit einer vernichtenden Schilderung des Charakters: *vultus item ut facies: mors, icterus morbus, venenum.* («Das Gesicht wie die Miene: Tod, Gelbsucht, Gift.»)[14]

Vieles spricht dafür, dass wir diesen Steckbrief noch um ein Detail erweitern können, auch wenn das einschlägige Fragment nur aus dem Wort für ‹Geier› besteht: *vulturius.*[15] Es bietet sich aber für ein Wortspiel mit *vultus* (‹Gesicht›) geradezu an und dürfte daher die Karikatur, die Lucilius an dieser Stelle von Lupus gezeichnet hat, noch um die typischen, wenig vorteilhaften Züge dieses Vogels ergänzt haben. Auch der weitere Verlauf dieser satirischen Götterversammlung lässt sich im Großen und Ganzen rekonstruieren, während wir über die Reaktion des – möglicherweise bereits verstorbenen – Opfers nichts sagen können.

Caesar und Mamurra

Bei unserem nächsten Beispiel sind wir über die Reaktion der angegriffenen Person hingegen ungewöhnlich gut informiert und können einen geradezu privaten und familiären Blick darauf werfen, welche Folgen die Schmähung eines prominenten Politikers durch einen jungen Dichter haben konnte. Die Rede ist (natürlich) von Caesar und Catull. Letzterer wurde zwischen 87 und 84 v. Chr. in Verona geboren[16] und hatte sich mit teils frechen, teils frivolen Versen bald einen Namen als führender Vertreter der poetischen Avantgarde seiner Zeit gemacht. Während der Großteil seiner Gedichte private Themen behandelt und nicht zuletzt das Leben der hauptstädtischen *jeunesse dorée* inszeniert, finden sich in seinem Œuvre doch auch hochpolitische Texte.[17] In diesen kritisierte er scharf das Streben der Großen seiner Zeit nach immer mehr Geld und vor allem nach einer den Rahmen der Republik sprengenden Machtfülle. Besonders verletzend sind dabei seine Angriffe auf Caesar, der sich in den 50er Jahren, also der Zeit, in der Catull seine Gedichte schrieb, regelmäßig in Norditalien aufhielt, weil sich dort das Hauptquartier für seine Feldzüge in Gallien befand, und sogar

häufiger im Haus von Catulls Vater in Verona zu Besuch gewesen
sein soll.

Doch auch die nähere Bekanntschaft hielt den *angry young man*
nicht davon ab, Caesar, der zu jener Zeit neben Pompeius schon die
wichtigste Figur auf der politischen Bühne Roms war, gleich mehrfach mit heftigen Schmähungen zu überziehen. Am bekanntesten
ist das Gedicht, das in den heute gängigen Ausgaben seines Gesamtwerks an 29. Stelle steht, das ursprünglich aber sicherlich separat in
Umlauf gebracht worden war.[18] Es besteht aus 24 Versen in jambischen Trimetern[19] – einem Metrum, das als besonders aggressiv
galt – und richtet sich zunächst scheinbar gegen jemand anderen,
nämlich Mamurra, einen römischen Ritter aus Formiae (heute For-
mia in Latium). Von diesem war aber nicht nur allgemein bekannt,
dass er eine wichtige Rolle in Caesars Stab innehatte, sondern auch,
dass er seine Position als dessen rechte Hand dazu nutze, sich syste-
matisch und rücksichtslos zu bereichern.[20]

Wir können uns auf die erste Hälfte des Gedichtes beschränken, die bereits alle wesentlichen Elemente enthält. Der Einstieg
erfolgt – wie so oft in der Lyrik – direkt und unmittelbar:[21]

quis hoc potest videre, quis potest pati,
nisi impudicus et vorax et aleo,
Mamurram habere quod Comata Gallia
habebat ante[22] et ultima Britannia?
cinaede Romule haec videbis et feres?   (5)
et ille nunc superbus et superfluens
perambulabit omnium cubilia,
ut albulus columbus aut Adoneus?
cinaede Romule, haec videbis et feres?
es impudicus et vorax et aleo.   (10)

Wer kann das ansehen, wer kann es ertragen,
wenn nicht ein Lüstling, ein Vielfraß, ein Glücksspieler,
dass Mamurra besitzt, was das freie Gallien
vorher besaß und das fernste Britannien?

Schwuchtel Romulus, du kannst das sehen und ertragen?   (5)
Und jener, aufgeblasen und abgehoben,
spaziert nun durch alle Schlafzimmer,
wie ein weißer Täuberich oder ein Adonis?
Schwuchtel Romulus, du kannst das sehen und ertragen?
Du bist ein Lüstling, ein Vielfraß, ein Glücksspieler.   (10)

Spätestens mit der pointierten Anrede *cinaede Romule* in Vers 5 wird
klar, dass es nicht so sehr um die Raubzüge und erotischen Eskapaden Mamurras geht, sondern sich die Vorwürfe vor allem an denjenigen richten, der dieses Fehlverhalten durch seine Duldung erst
ermöglicht. Ihm gilt die Dreierreihe stigmatisierender Rollenbilder,
die Catull im zweiten Vers noch gleichsam im Konjunktiv formu-
liert, nur um sie am Ende unseres Abschnittes dem imaginierten
Gegenüber umso effektvoller an den Kopf werfen zu können.

Als Mamurras Vorgesetzter dürfte sich Caesar hier auch dann
angesprochen gefühlt haben, wenn er die Adressierung als Romulus nicht auf sich bezogen hätte. Es lag aber nahe, dies zu tun, da
der Vergleich mit Roms erstem König in den politischen Auseinandersetzungen der Späten Republik oft gezogen wurde und dabei
in der Regel dazu diente, allzu ehrgeizige Politiker – wie es Caesar
zweifellos war – zu kritisieren und in die Schranken zu weisen.
Es handelt sich also schon bei diesem Teil der Anrede um eine
beleidigende Rüge. Ihr herabsetzender Charakter wird durch das
vorangestellte *cinaedus* aber noch erheblich gesteigert. Wurde mit
diesem griechischen Lehnwort in Rom doch jemand bezeichnet,
der in der Beziehung zu einem anderen Mann die ‹weibliche›, passive Rolle übernahm.[23] In antiker Vorstellung war damit zugleich
ein deutliches Hierarchiegefälle verbunden, und genau darin besteht hier der eigentliche Vorwurf: In einer Affäre mit Mamurra
müsste Caesar natürlich ‹die Hosen anhaben›, und sollte das nicht
der Fall sein, braucht man sich auch nicht zu wundern, wenn jener
sich sonst von ihm nichts sagen lässt.

Das Überführen gesellschaftlicher Machtkonstellationen in
eine – durchaus plastische – sexuelle Bildsprache lässt sich in der

antiken Literatur vielfach beobachten und wurde von den Zeitgenossen wohl als metaphorische Aussage verstanden. Dennoch scheint Catull mit diesem Gedicht – und dem nicht weniger drastischen *carmen* 57[24] – eine Grenze überschritten zu haben, die sogar den für seine profunde literarische Bildung bekannten Caesar zu einer Reaktion genötigt haben soll. So wird es jedenfalls mehr als anderthalb Jahrhunderte später von Sueton in seiner Vita des ersten ‹Kaisers› erzählt:[25] «Er gab sich keinerlei Illusionen darüber hin, dass Valerius Catullus ihn mit seinen Versen über Mamurra für alle Zeit gebrandmarkt hat; er lud ihn aber, als er sich bei ihm entschuldigte, noch am gleichen Tag zum Essen ein und behielt auch die Gastfreundschaft mit dessen Vater unverändert bei.» Wenn die Geschichte so zutreffend überliefert ist, versuchte Caesar weder, dem Dichter in dessen Metier zu antworten, noch, juristische Schritte gegen ihn anzustrengen.[26] Er hielt es aber auch nicht für einen gangbaren Weg, die Schmähung zu ignorieren und darauf zu hoffen, dass sie dem Vergessen anheimfiele. Stattdessen forderte er eine – wie man annehmen darf – öffentliche Entschuldigung ein und inszenierte dann sicherlich ebenso publikumswirksam eine Art Versöhnungssoiree, die gleichermaßen seinen liberalen Umgang mit kritischen Geistern wie sein Interesse am kulturellen Austausch mit einem der aufstrebenden Poeten seiner Zeit zum Ausdruck brachte.

Was Catull davon hielt, auf diese Weise zum Teil eines PR-Coups gemacht worden zu sein, wissen wir für diese konkrete Situation nicht. Es besteht aber Grund zu der Vermutung, ein späteres Distichon als seinen nachgeholten Kommentar zu verstehen:[27] *‹nil nimium!› studeo, Caesar, tibi velle placere // nec scire utrum sis albus an ater homo.* («‹Übertreib es nicht!› Ich gebe mir Mühe, Caesar, dir gefallen und nicht wissen zu wollen, ob Du ein weißer Mensch bist oder ein schwarzer.»). Wenn dies der Fall sein sollte, hätte der Dichter mit dieser ironisch-frechen Antwort, die mit ‹schwarz oder weiß› zudem wohl erneut auf die sexuelle Rollenverteilung anspielt, am Ende doch das letzte Wort behalten.[28] Jedenfalls reagierte Caesar hierauf nicht mehr in einer Weise, die Teil unserer Überlieferung geworden ist.

Caesar und Nicomedes

Vielleicht hatte Caesar sich aber an diese Art der Schmähkritik unterdessen auch einfach gewöhnt. So sind poetische Invektiven gegen ihn nicht nur von Catull, sondern auch von Licinius Calvus[29] und Furius Bibaculus[30] bezeugt, von denen sich allerdings nur ein kurzes Fragment erhalten hat. Keineswegs weniger drastische Herabsetzungen musste er sich jedoch ausgerechnet in der Stunde seines größten Erfolgs anhören – und das, ohne dagegen vorgehen zu dürfen. Gehörte es doch zum althergebrachten Ritual des Triumphzuges, dass die siegreich heimkehrenden Soldaten Spottverse auf ihren *imperator* singen und sich auf diese Weise – zumindest ein wenig – für eine lange Zeit widerwortlosen Gehorsams revanchieren durften.[31]

Im Falle Caesars sind gleich zwei dieser kurzen Gedichte, die im Jahr 46 v. Chr. auf Roms Straßen gesungen wurden, bis heute erhalten geblieben, weil sie im 2. Jahrhundert n. Chr. von Sueton in der Vita Caesars zitiert werden. Sie stehen in einem volkstümlichen Metrum, das zumeist als *versus quadrati* bezeichnet wird, und beziehen sich inhaltlich – wie schon Catull in seinen Schmähungen – vor allem auf Caesars angebliche sexuelle Ausschweifungen:[32]

urbani, servate uxores: moechum calvom adducimus.
aurum in Gallia effutuisti, hic sumpsisti mutuum.

Städter, passt auf eure Frauen auf! Wir bringen den kahlen Buhlen.
Dein Gold hast du in Gallien verhurt, hier hast du es geliehen.

Während hier zusätzlich der ehrenrührige Umstand in Erinnerung gerufen wird, dass Caesar beim Aufbruch nach Gallien Rom hochverschuldet verlassen hatte, die ihm unterstellten Affären sonst aber in gewisser Weise durchaus antiken Erwartungen an männliches Verhalten entsprechen, ist das im zweiten Beispiel nicht der Fall. Dort spielen die Soldaten in ihren Spottversen auf eine Episode an, die sich während Caesars erstem Auslandseinsatz ereignet haben soll. Dieser führte ihn unter anderem an den Hof Nicomedes' IV., des Königs von Bithynien, wo er sich lange genug aufhielt, um Anlass zum Gerücht zu geben, dort nicht nur seine diplomatische Mission, sondern zugleich die erotischen Wünsche des Monarchen erfüllt zu haben:[33]

Gallias Caesar subegit, Nicomedes Caesarem:
ecce Caesar nunc triumphat qui subegit Gallias,
Nicomedes non triumphat qui subegit Caesarem.

Caesar hat Gallien bezwungen, Nicomedes (aber) Caesar:
Schau an: Caesar wird gefeiert, der Gallien bezwungen hat,
Nicomedes wird nicht gefeiert, der Caesar bezwungen hat.

In römischen Augen bietet wiederum weniger die amouröse Affäre als solche den Stein des Anstoßes als vielmehr der Vorwurf, dass sich der junge Aristokrat aus bester Familie – und noch dazu in offizieller Funktion – von einem bithynischen Duodezfürsten sexuell habe benutzen lassen und sich ihm damit hierarchisch klar untergeordnet habe. Die Spottverse legen daher mit der dreimaligen Verwendung des militärischen Ausdrucks *subigere*, der vor allem den gewaltsamen und den erniedrigenden Aspekt einer Unterwerfung betont, den Akzent auch genau darauf. Dass sie ihre Wirkung nicht verfehlt haben, wird durch die bei Cassius Dio, einem Historiker an der Wende vom 2. zum 3. Jahrhundert n. Chr., überlieferte Reaktion Caesars bestätigt: Während er die anderen Schmähungen ohne Ärger, ja sogar mit Freude aufgenommen habe, weil er den durch sie bewiesenen Freimut seiner Soldaten als Ausweis ihres Vertrauens in ihn und damit seiner Führungsqualitäten betrachtet habe, soll er deutlich zu verstehen gegeben haben, dass ihn diese Verse gekränkt hätten, und versucht haben, die Anschuldigungen mit einem Eid von sich zu weisen.[34] Beide Gegenmaßnahmen blieben allerdings erfolglos und führten nur dazu, dass ihn diese maliziöse Geschichte noch länger verfolgte.[35]

Neros Eselsohren

Caesars Triumphe über die Gallier und – noch mehr – über seine
Gegner im Bürgerkrieg leisteten letztlich einen wichtigen Beitrag
dazu, dass die Republik nur noch als Fassade bestehen blieb, tatsächlich in Rom aber eine Epoche der Alleinherrschaft begann, die
wir heute die Kaiserzeit nennen. Der damit verbundene Wandel
betraf neben vielen anderen Bereichen nicht zuletzt die Frage der
Redefreiheit. Offene Schmähungen der Art, wie wir sie im letzten
Beispiel kennengelernt haben, musste sich keiner der römischen
Monarchen anhören – jedenfalls nicht zu seinen Lebzeiten. Gleichwohl sind auch aus dem 1. Jahrhundert n. Chr. *versus populares* –
‹volkstümliche Verse› – überliefert, in denen anonyme, aber dafür
oft umso weitergehende und verletzendere Kritik an beinahe allen
Inhabern der kaiserlichen Gewalt geübt wurde.[36]

Dieser einseitigen Kommunikationssituation ist es auch geschuldet, dass wir wenig darüber sagen können, wie die Adressaten
auf derartige Angriffe reagierten. Sueton interessiert sich in seinen
Biographien der ersten zwölf Kaiser Roms vor allem für die Fälle,
bei denen die Provokation folgenlos blieb, gibt aber schon allein
dadurch zu erkennen, dass er ein solch tolerantes Vorgehen für die
Ausnahme hält. Dies konstatiert er sogar explizit für einige der
Herrscher, von denen er im Ganzen ein weniger freundliches Bild
entwirft. So soll nicht nur Tiberius (wenigstens zu Beginn seiner
Regierung),[37] sondern auch Nero (reg. 54–68 n. Chr.) darauf verzichtet haben, Verfasser anonymer Spottverse gegen ihn ausfindig
zu machen und verfolgen zu lassen. Als Beispiel führt Sueton unter
anderem das folgende Distichon an, in dem die angebliche Abstammung des julisch-claudischen Kaiserhauses von Aeneas, der bei
der Flucht aus Troja seinen Vater Anchises auf den Schultern aus
der brennenden Stadt getragen haben soll, mit dem Vorwurf der
Ermordung seiner Mutter Agrippina verbunden ist, dem sich Nero
häufiger[38] – und wohl zu Recht – ausgesetzt sah:[39]

quis negat Aeneae magna de stirpe Neronem?
sustulit hic matrem, sustulit ille patrem.

Wer könnte bestreiten, dass Nero ein Nachkomme des großen Aeneas ist?
Dieser schaffte seine Mutter fort, jener seinen Vater.

Das Wortspiel mit dem Verb *tollere*, das sowohl ‹heraustragen› als
auch ‹um die Ecke bringen› bedeutet, funktioniert im Original
natürlich noch besser. Die gelungene Pointe kann aber nicht verbergen, dass der Inhalt hochgradig aggressiv und das Risiko für den
Verfasser entsprechend hoch war.

Hält man sich diese Gefahren vor Augen, versteht man es vielleicht besser, dass Autoren, die ihre Werke unter ihrem eigenen Namen veröffentlichen, ihre Kritik an einem unberechenbaren Herrscher, wie Nero es zweifellos war, zwischen den Zeilen zu verstecken
suchten. Ein berühmtes Beispiel für diese Strategie stammt von
Persius (34–62 n. Chr.), der schon in der Antike für seine so voraus-
setzungs- wie anspielungsreichen Satiren berüchtigt war. Gleich im
Eröffnungsgedicht zu dem einzigen Buch, das er in seinem durch
ein Magenleiden früh beendeten Leben hat schreiben können, begibt er sich auf dünnes Eis, indem er mehrfach die Einschränkung
der Meinungsfreiheit in der Kaiserzeit anspricht. Viel Aufmerksamkeit hat dabei eine Stelle gefunden, an der er seine Ausdrucksmög-
lichkeiten mit der noch deutlich größeren künstlerischen Freiheit
des Horaz vergleicht:[40]

omne vafer vitium ridenti Flaccus amico
tangit et admissus circum praecordia ludit,
callidus excusso populum suspendere naso.
me muttire nefas? nec clam? nec cum scrobe? nusquam?
hic tamen infodiam. vidi, vidi ipse, libelle: [120]
auriculas asini quis non habet? …

Legt doch verschmitzt (Horatius) Flaccus dem Freund den Finger in alle
Wunden seiner Laster, so dass der lachen muss, und treibt, nachdem es ihm
erlaubt wurde, sein Spiel mit dessen Gefühlen und Gedanken, geschickt da-

rin, das Volk an der aufgestellten Nase durch die Manege zu führen. Und mir ist schon mucksen verboten? Noch nicht einmal heimlich? Noch nicht einmal in eine Grube hinein? Nirgendwo? Hier grabe ich es aber dennoch ein. Ich sah, sah es selbst, mein Büchlein: Eselsohren – wer hätte sie nicht?

Zum besseren Verständnis dieser Verse ist – wie so häufig bei Persius – die Kenntnis noch einer anderen Geschichte erforderlich. Erschließt sich doch erst dann richtig, warum hier von einer Grube und von Eselsohren die Rede ist, wenn man an einen der mit dem phrygischen König Midas verbundenen Mythen denkt. Dieser soll in einem musikalischen Wettstreit zwischen Apollo und Marsyas, der zugleich einer zwischen Lyra und Flöte oder auch zwischen ernster und Unterhaltungsmusik war, als Richter fungiert haben. Weil er dabei die falsche Entscheidung traf, zog der unterlegene Gott ihm ‹die Ohren lang›. Für diese Eselsohren schämte Midas sich so sehr, dass er sie stets mit einer Mütze bedeckte und als einziger Mensch sein Friseur von dieser Entstellung wusste. Dieser konnte ein solches Geheimnis aber nicht für sich behalten und musste es wenigstens in ein Erdloch hineinrufen. Dabei belauschte ihn allerdings das Schilf, aus dem Hirtenflöten gemacht wurden, welche die Kunde wiederum verbreiteten, so dass Midas am Ende doch blamiert dastand.[41]

Stellt man diesen Zusammenhang her und ist bereit – was in einer Monarchie naheliegen wird – den König aus der Geschichte mit dem aktuellen Herrscher gleichzusetzen, ergibt sich ein dreifacher Angriff auf Nero: Nicht nur werden ihm analoge körperliche Deformationen unterstellt, die er auch noch – durch geschönte Porträts oder andere Formen der Selbstdarstellung – zu verbergen suche, sondern die Identifikation mit dem ausgerechnet für eine musikalische Geschmacksverirrung bestraften Midas lässt sich als Kritik an dem Selbstbild Neros als ‹Künstler auf dem Kaiserthron› verstehen, auch wenn seine eigenen (berühmt-berüchtigten) Auftritte als Kitharöde, bei denen er seinen Gesang auf der Kithara selbst begleitete, zur Entstehungszeit der Satire noch in der Zukunft lagen. Der dritte mitschwingende Vorwurf ist zwar nicht so persönlich und verletzend, geht aber inhaltlich viel weiter: Bietet sich diese Geschichte doch besonders an, um Zensur und andere Redeverbote, die mit einer Monarchie einhergehen, indirekt, aber nicht weniger eindringlich zu kritisieren – und zugleich in ihrer finalen Wirkungslosigkeit vorzuführen, da es Midas ja gerade nicht gelingt, die Existenz seiner Eselsohren zu verheimlichen.[42] Auch Nero ist sie nie wieder ganz losgeworden, wie eine Illustration aus den im 13. Jahrhundert entstandenen *historiae Romanorum* zeigt (Abb. 1).

Erneut können wir nicht sagen, was der Kaiser selbst hiervon hielt. Dafür hören wir aber interessanterweise davon, was ein anderer Zeitgenosse dachte, was Nero gedacht haben könnte: Die Rede ist von Lucius Annaeus Cornutus, dem väterlichen Freund des Persius, der nach dessen frühem Tod offenbar für die Herausgabe seiner Texte verantwortlich war. Dabei sollen dem stoischen Philosophen, so berichtet es zumindest die antike Vita, Bedenken gekommen sein und er soll genau den Vers, den das satirische *Alter Ego* des Dichters an der oben angeführten Stelle in die Grube ruft, korrigiert haben.[43] Dieser habe ursprünglich ‹*auriculas asini Mida rex habet!*› («Eselsohren hat König Midas!») gelautet und sei von ihm aus Sorge, dass Nero diese konkrete Aussage auf sich beziehen könnte, zu der allgemeinen Feststellung entschärft worden, die wir an der Stelle noch lesen können: *auriculas asini quis non habet?* («Wer hat keine Eselsohren?»)[44]

Wenn die Geschichte stimmt, haben wir es mit einem bemerkenswerten Fall von Selbstzensur durch den Nachlassverwalter zu tun, mit der die Provokation des Kaisers postum vermieden werden sollte. Angesichts der Bekanntheit des Midas-Mythos, der etwa von Ovid ausführlich in den *Metamorphosen* erzählt wird,[45] erscheint dieser Versuch einer Verharmlosung aber wenig zielführend zu sein: Für einen literarisch einigermaßen bewanderten antiken Leser – wozu wir Nero in jedem Fall zählen müssen – dürften schon die Stichworte Grube und Eselsohren genügt haben, um sich die Handlung auch ohne die Nennung des Namens in Erinnerung zu rufen. Bei Cornutus' angeblichem Eingriff in das Manuskript han-

Abb. 1: Nero mit Eselsohren (aus den Historiae Romanorum, um 1280)

delt es sich daher wohl um eine der – in antiken Dichterviten häufig anzutreffenden – Anekdoten, die weniger eine historische Begebenheit überliefern als vielmehr eine bestimmte Interpretation
des Textes plausibel machen wollen.[46] Der vermeintliche Original-
vers wird so zu einer Lesehilfe, die das invektive Potential von Persius' erster Satire deutlicher hervortreten lässt. Doch auch die Ver-
sion, die bis heute – und wohl zu Recht – in unseren Editionen
steht, muss als eine erstaunlich mutige und direkte Thematisierung
der beschränkten Redefreiheit im Rom der Kaiserzeit gelten.

Hadrian, Florus und Favorinus

Die meisten Schriftsteller scheinen es stattdessen vorgezogen zu haben, sich auf die Zunge zu beißen und Kritik an den mächtigsten Männern der antiken Welt lieber hinunterzuschlucken. Einige von ihnen kommentierten diesen Vorgang jedoch mit so spitzen Bemerkungen, dass diese beinahe doch einer Beleidigung gleichkamen. So begründete schon Asinius Pollio, der berühmte Redner und Historiker (ca. 76 v.–5 n. Chr.), seinen Verzicht darauf, weitere Spottverse auf Octavian, den Erben Caesars, der sich dann bald Augustus nennen sollte, zu verfassen, mit den Worten: *at ego taceo: non est enim facile in eum scribere qui potest proscribere* («Ich schweige aber: Ist es doch nicht einfach, gegen den etwas zu schreiben, der Todesurteile schreiben kann.») und spielte dabei auf die Proskriptionslisten an, mit denen die herrschenden Triumvirn Octavian, Antonius und Lepidus ihre Gegner für vogelfrei erklären konnten.[47] Noch deutlicher wurde es rund zweihundert Jahre später von Favorinus von Arelate, einem nicht weniger bekannten Philosophen und Gelehrten, auf den Punkt gebracht, der sich dem Drängen seiner Freunde, in einer philologischen Streitfrage mit Kaiser Hadrian nicht klein beizugeben, mit der Bemerkung entzog, dass er lieber denjenigen für gebildeter als alle anderen halten wolle, der über dreißig Legionen verfüge.[48]

Gerade Hadrian (76–138 n. Chr.), der als der dritte der sogenannten Adoptivkaiser 117 n. Chr. den Thron bestiegen hatte, dürfte sich von dieser Verweigerung einer gelehrten Auseinandersetzung aber missverstanden – vielleicht sogar tatsächlich beleidigt – gefühlt haben. Hatte er doch nicht nur seine profunde Bildung zu einem integralen Bestandteil der Selbstdarstellung als Herrscher gemacht, sondern offenbar auch den Versuch unternommen, freiere Formen der Rede und des schlagfertigen Spotts ihm gegenüber zu erlauben und auch selbst zu praktizieren. Eine solche partielle Rückkehr zu den Traditionen der Republik würde sich gut in das allgemeine Bild der Adoptivkaiserzeit fügen, die sich in ihrer Anfangszeit gerne als

eine besonders bürgerliche Form der Monarchie präsentierte. Ein
gewisses Maß an Vorsicht ist aber angebracht, da sich unsere Informationen über Hadrian und seine Freude an invektiven Wortwech-
seln zu großen Teilen der sogenannten *Historia Augusta* verdanken,
einer Sammlung von Kaiserbiographien aus der Spätantike, deren
Verfasser sich bis heute erfolgreich hinter gleich sechs Pseudonymen
verbirgt, denen er die einzelnen Viten in den Mund gelegt hat, und
der auch sonst so ziemlich das Gegenteil eines seriösen und zuver-
lässigen Quellenautors darstellt.[49]

Der Schlagabtausch in Versform, der sich im 16. Kapitel der *vita
Hadriani* findet, wird aber in der Regel für authentisch gehalten.[50]
Dieser wird durch ein kurzes Gedicht ausgelöst, das ein nicht näher
vorgestellter, also den Zeitgenossen offenbar bekannter *Florus poeta*[51]
an Hadrian gerichtet hat:[52]

ego nolo C‹a›esar esse,	Ich wollte nicht Caesar sein,
ambulare per Brittanos,	marschieren durch Britannien,
‹latitare per ...›	‹mich verstecken in ...›
Scythicas pati ‹p›ruinas.	unterm skythischen Winter leiden.

Der Kaiser hat den auf diese Weise formulierten Wunsch des Dichters, nicht an seiner Stelle stehen zu wollen, offenbar nicht als Ausdruck mitfühlenden Verständnisses für die Schwere seiner Aufgabe
im Allgemeinen und die mit den militärischen Einsätzen zur Siche-
rung der Reichsgrenze im Besonderen verbundene Mühe verstanden, sondern als herabsetzende Distanzierung.[53] So jedenfalls ist
seine im Folgenden überlieferte Antwort zu verstehen, die auch
formal eng auf die Vorlage des Florus Bezug nimmt, so eng, dass
man zumeist annimmt, dass dort eine Zeile verloren gegangen sein
muss:[54]

ego nolo Florus esse,	Ich wollte nicht Florus sein,
ambulare per tabernas,	marschieren durch die Gasthöfe,
latitare per popinas,	mich verstecken in den Kneipen,
culices pati rutundos.	unter fetten Mücken leiden.

Man könnte zugespitzt sagen, dass Florus Hadrian keinen größeren Gefallen tun konnte, als ihm eine (zudem noch so harmlose) Vorlage für seine Replik zu liefern und damit die Möglichkeit zu geben, sowohl unter Beweis zu stellen, dass er in der Lage ist, einen Dichter mit dessen eigenen Waffen zu schlagen, als auch zu behaupten, dass mit seiner Regierung die Freiheit der Rede nach Rom zurückgekehrt ist. Ja, so ließe sich der Gedanke fortsetzen, im Gegensatz zur Zeit der Republik und der Meteller drohen nun kritischen Geistern noch nicht einmal juristische Konsequenzen wie Gefängnis oder Exil. Der Wahrheit dürfte allerdings Favorinus nähergekommen sein.

2. Eine Krähe hackt der anderen doch ein Auge aus: Politiker gegen Politiker

Der von Macrobius in seinen *Saturnalien* überlieferten und vom Tierleben auf das menschliche Miteinander übertragenen Beobachtung, dass doch eine Krähe der anderen in der Regel kein Auge aushacke,[1] scheint eine zeitlose Wahrheit innezuwohnen, die wir noch heute oft im Verhalten verschiedener Berufsgruppen, nicht zuletzt von Politikern, wiederzuerkennen meinen. Für die Akteure auf der politischen Bühne des antiken Roms, bei denen es sich angesichts des Fehlens fester Parteien ohnehin um Einzelkämpfer handelte, kann diese ‹Faustformel› aber nur bedingt Geltung beanspruchen. Vielmehr war es durchaus üblich, bereits inhaltliche Auseinandersetzungen mit einem gerüttelt Maß an verbaler Aggression auszutragen, woraus dann nicht selten zusätzlich eine persönliche und bleibende Feindschaft entstand. Man könnte sogar sagen, dass der richtige Umgang mit harter Kritik und Beleidigungen eine Grundbedingung war, um in Rom politisch erfolgreich sein zu können.[2] Interessanterweise scheinen beide Seiten gleich wichtig gewesen zu sein: Zum einen wurde damals wie heute erwartet, dass

Abb. 2: «Ciceros Rede gegen Catilina» – Fresko im Palazzo Madama,
dem Sitzungssaal des italienischen Senats in Rom von Cesare Maccari (1889)

man in der Lage war, solche Angriffe auszuhalten und dabei nicht
die Contenance zu verlieren. Zum anderen wurde aber von den
Zeitgenossen in stärkerem Maße, als wir es tun würden, zumindest
hin und wieder auch eine aktive Betätigung eingefordert. Es reichte
also nicht, die Schmähungen eines Gegners einfach immer nur zu
erdulden, gelegentlich mussten auch die eigenen Fähigkeiten unter
Beweis gestellt werden, und zwar natürlich in möglichst ‹treffender›
Form. Beide Aspekte wurden von Cesare Maccari in seinem berühmten Fresko für den Palazzo Madama als Sitzungssaal des italienischen Senates (1889) am Beispiel von Ciceros Rede gegen Catilina
ebenso gut eingefangen wie die damit verbundenen Reaktionen der
Zuhörer (Abb. 2).

Cato, der Zensor: *name and shame*

Wenn die Römer ein Paradebeispiel eines Politikers hätten anfüh-
ren sollen, der sich gleichermaßen durch besondere sprachliche
Schroffheit wie durch den Mut, die Folgen seiner verletzenden

Äußerungen zu tragen, auszeichnete, wäre ihre Wahl mit großer
Wahrscheinlichkeit auf Marcus Porcius Cato, genannt «der Ältere»,
gefallen. Dieser bekleidete in der ersten Hälfte des 2. Jahrhunderts
v. Chr. eine ganze Reihe hochrangiger Ämter in Rom und ging dabei offenbar keinem Konflikt aus dem Weg. Das wird eindrücklich
durch die große Zahl an Prozessen belegt, in die er verwickelt war:
Laut Plinius dem Älteren wurde er nicht weniger als 44-mal angeklagt, allerdings auch jedes Mal freigesprochen.[3] Diese erstaunliche
Erfolgsquote verdankte er nicht zuletzt seiner außerordentlichen
Sprachmächtigkeit, die nicht nur viele raue Töne, sondern durchaus auch Elemente verbaler Gewalt enthielt. Das können wir deswegen so genau sagen, weil sich mehr als 200 Fragmente seiner
Reden bis heute erhalten haben, vermutlich da Cato diese selbst
veröffentlichte – als Ausweis seiner rhetorischen Kompetenz, aber
eben auch seiner virtuosen Schlagfertigkeit.[4] Dass er selbst vor den
prominentesten Zeitgenossen nicht zurückschreckte, wenn er diese
für weniger prinzipientreu hielt, als er es für sich in Anspruch
nahm, zeigt das Wortspiel, das er sich mit dem Namen von Marcus
Fulvius Nobilior, dem Konsul von 189 v. Chr. und einem gefeierten
Triumphator, erlaubte, indem er dessen Cognomen zu *mobilior*
änderte und ihn damit als jemanden tadelte, der mit seiner Meinung allzu beweglich war.[5]

Es war aber nicht so sehr der urbane Spott, für den Cato der
Ältere bekannt war, sondern verbale Frontalangriffe auf seine Gegner und vernichtende Kritik an seinen Standesgenossen. Gute Gelegenheiten dafür boten sich ihm nicht zuletzt während seiner Amtsführung als Zensor im Jahre 184 v. Chr., die aufgrund der rigiden
Überprüfung und der schonungslosen Bloßstellung von Fehlverhalten in das kollektive Gedächtnis der Römer einging und ihm das
inoffizielle Cognomen Censorius einbrachte.[6] Auch hierzu scheint
Cato selbst einen nicht unerheblichen Beitrag geleistet zu haben,
indem er seine als Zensor gehaltenen Reden, die *orationes censoriae*,
offenbar als separate Edition publizierte, aus der spätere Autoren
mit einer Mischung aus Bewunderung und Irritation zitierten.[7] Dabei halten sowohl Livius als auch Gellius den ungewöhnlich schar-

fen Ton seiner Ausführungen fest, der sich deutlich von den ansonsten üblichen zensorischen Rügen unterschieden habe.[8]

Besonderen Eindruck hinterließ offenbar die Begründung,
warum Cato im Rahmen der vom Zensor durchzuführenden Musterung dem römischen Ritter Lucius Veturius sein Staatspferd entzogen und ihn so symbolisch aus dem zweitvornehmsten Stand
ausgestoßen hatte.[9] Cato ging zu diesem Zweck unter anderem recht
konkret auf die Korpulenz des Kandidaten ein und ließ in karikatur-
artiger Zuspitzung einerseits dessen Bauch den ganzen Oberkörper
einnehmen[10] und andererseits das Pferd unter dem Gewicht des Rei-
ters schwanken: *sedere not potest in equo trepidante*.[11] Für Cato war
Veturius also nicht nur außerstande, seinen Aufgaben in der Kaval-
lerie nachzukommen, sondern noch nicht einmal in der Lage, ord-
nungsgemäß an der Parade zur Musterung teilzunehmen. In dieser
mangelnden militärischen Tauglichkeit ist sicherlich das primäre
Ziel von Catos Schmähkritik zu vermuten, und nicht in der Abweichung von einem Körperideal als solchem. Allerdings werden sich
auch für ihn Versäumnisse auf diesem Feld nahtlos mit dem Vorwurf
eines allzu üppigen und luxuriösen Lebensstils verbunden haben, zumal diese Diskussion in Rom ohnehin bevorzugt anhand der Frage
richtiger und falscher Ernährung geführt wurde.[12] Auch wenn eine
gewisse Vorsicht geboten ist, den Kern der Beleidigung in dem zu
suchen, was man heute *fat shaming* nennen würde, und die römische
Republik auf diese Weise zu nahe an unsere Zeit heranzurücken,
erweist sich der Vorwurf mangelnder Fitness hier doch als ebenso
zeitlos wie deren invektive Visualisierung über die Körperform.[13]

Der virtuelle Verres

Wie wird Lucius Veturius auf den öffentlichen Entzug seines Staats-
pferdes und seines Status als Ritter reagiert haben? Was wird er sich
gedacht haben, als Catos beleidigende Begründung später von ihm
und seinen Mitbürgern auch noch nachgelesen werden konnte?
Darüber können wir in diesem Fall nur spekulieren und froh sein,

dass sich aus einer so frühen Zeit überhaupt einige wenige Fragmente erhalten haben. Wenn wir aber nun um etwas mehr als hundert Jahre voranschreiten und mit der Mitte des 1. Jahrhunderts v. Chr. in der Zeit Ciceros landen, befinden wir uns in einem Abschnitt der Geschichte, der für vormoderne Zeiten erstaunlich gut dokumentiert ist. Dass wir in der Späten Republik häufig sagen können, welche Folgen eine Schmähung hatte und wie der Herabgesetzte reagierte, liegt auch daran, dass sich ein Großteil der Briefe erhalten hat, die Cicero über mehrere Jahrzehnte an viele seiner Zeitgenossen geschrieben hat.[14] Dort berichtet er freilich nicht nur über die Skandale, die andere mit Beleidigungen ausgelöst haben, sondern trägt auch selbst seinen Teil dazu bei, dass diese Epoche heute als Blütezeit der Invektive erscheint. Dieser Eindruck wird durch die Überlieferung, die seine Schriften begünstigt hat, noch verstärkt, doch kann kein Zweifel bestehen, dass der große Redner auch ein Meister der *hate speech* war und die *ars invectiva* für ihn selbstverständlich zu den Talenten des *orator perfectus* gehörte.[15]

Während die Aussagen zu diesem Thema in seinen theoretischen Schriften zur Rhetorik von derselben Zurückhaltung geprägt sind, wie sie sich bei den Philosophen in der Antike generell beobachten lässt,[16] hat sich Cicero in den Reden, die er als Anwalt und als Politiker gehalten hat, nur sehr wenige Beschränkungen auferlegt. Bei Ersteren muss man in Rechnung stellen, dass nach allem, was wir über die konkrete Gerichtspraxis wissen, die möglichst positive Darstellung der Persönlichkeit des eigenen Mandanten eine ebenso zentrale Rolle spielte wie die umfassende Diskreditierung des Widersachers und dass solche Argumente *ad hominem* oft entscheidender für den Erfolg waren als die eigentlichen Sachgründe.[17] Doch auch im Senat oder vor der Volksversammlung ging Cicero seine Gegenspieler überaus hart und für unsere Begriffe unterhalb der Gürtellinie an, sei es, dass diese noch heute bekannte Namen wie Catilina[18] trugen (der als Opfer von Ciceros Redekunst etwa im Palazzo Madama verewigt ist, Abb. 2), sei es, dass sie wie Aulus Gabinius,[19] Publius Vatinius[20] oder Gaius Scribonius Curio[21] eher Fachleuten geläufig sind.[22]

Viele dieser Reden hat Cicero anschließend publiziert, und im Gegensatz zu denjenigen Catos des Älteren ist eine große Zahl von ihnen mehr oder weniger vollständig überliefert.[23] Auf diese Weise erhalten wir heute einen faszinierenden Einblick sowohl in viele Facetten des Alltags im Rom der Späten Republik als auch in die enorme Bedeutung der Redekunst in dieser Gesellschaft. Dennoch sollte man natürlich nicht davon ausgehen, dass es sich bei den veröffentlichten Reden gleichsam um ‹Livemitschnitte› aus dem Gericht oder dem Senat handelt. Auch wenn Art und Umfang der Überarbeitung in der Forschung umstritten sind,[24] würde doch kaum jemand bestreiten, dass Cicero von der Möglichkeit, in der schriftlichen Fassung ein möglichst vorteilhaftes Bild seiner Auftritte und seiner Person zu erzeugen, ausgiebig Gebrauch gemacht hat. Wie weit seine Freiheit dabei ging, kann nichts besser zeigen als der Umstand, dass er auch Reden in der gleichen Weise veröffentlicht hat, die er nie gehalten hat.

Das prominenteste Beispiel hierfür bildet der zweite Teil der Reden gegen Verres (70 v. Chr.). Dieser war schon nach der ersten Verhandlung freiwillig ins Exil gegangen, um einer Verurteilung zuvorzukommen. Das hat Cicero aber nicht davon abgehalten, zusammen mit der tatsächlich gehaltenen Rede auch die *actio secunda* zu veröffentlichen, in der er recht ausführlich seinen Auftritt während des fiktiven weiteren Prozessverlaufs imaginiert und dabei zahlreiche Witze auf Kosten des Verres und andere Beleidigungen zum Besten gibt («Tempelräuber», «Vergewaltiger», «Henker römischer Bürger» sowie anderes mehr).[25] So dürfte auch der große Erfolg, der den Verrinen schon in der Antike beschieden war und der unter anderem in der Anzahl der erhaltenen Papyri,[26] zum Ausdruck kommt (für ein Beispiel s. Abb. 3),[27] nicht zuletzt auf ihren unterhaltsamen Charakter, und zwar insbesondere auf die virtuosen, wenn auch virtuellen Schmähungen zurückzuführen sein.

Abb. 3: Der sog. Cicero-Papyrus (P. Iandana 210, heute in der Universitätsbibliothek Gießen) mit einem Auszug der Reden gegen Verres (Verr. 2,2,3–4)

Ciceros Sieg: *king for a day*

Zu besonderer Hochform lief Cicero aber immer dann auf, wenn er
es mit dem Dreigestirn seiner Erzfeinde – Clodius Pulcher, Calpurnius Piso und Marc Anton – zu tun hatte. Nähern wir uns diesen
Konstellationen nun in chronologischer Reihenfolge und beginnen
mit einer Passage aus einem Brief, den Cicero im Juli des Jahres
61 v. Chr. an Atticus geschrieben hat. Er berichtet seinem guten
Freund bei der Gelegenheit unter anderem von einem heftigen

Wortgefecht mit Clodius, das sich am 15. Mai in einer Sitzung des Senats abgespielt hatte.[28] Für ein besseres Verständnis der zum Großteil nur in knappen Andeutungen ausgetauschten Beleidigungen ist es ratsam, zuerst kurz zu resümieren, wie es zu einer so erbitterten Feindschaft zwischen den beiden kommen konnte.[29] Ausschlaggebend war, dass Clodius, der mit rund 30 Jahren noch als junger Mann gelten konnte, sich gegen Ende des Jahres 62 v. Chr. in Frauenkleidern in das Haus des Pontifex Maximus, des obersten Priesters, geschlichen und dort an den Feierlichkeiten zu Ehren der Göttin *Bona Dea* teilgenommen hatte, zu denen Männern der Zutritt verwehrt war.[30] Im folgenden Prozess wegen Religionsfrevels hatte er zunächst gehofft, mit einem Alibi im eigentlichen Sinne des Wortes Haut und Karriere retten zu können, und behauptete, zur fraglichen Zeit in einem italischen Städtchen namens Interamna gewesen zu sein. Als jedoch eine Reihe von Zeugen, von denen Cicero der gewichtigste war, aussagte, ihn in Rom gesehen zu haben, scheint er die Strategie seiner Verteidigung geändert und nun stattdessen die Geschworenen bestochen zu haben. Jedenfalls wurde er letztlich freigesprochen und betrachtete Cicero seither als seinen geschworenen Gegner und Intimfeind.[31]

Doch nun zurück zu der *altercatio* zwischen beiden im Senat, wie die Römer diese besondere Form der Kommunikation nannten.[32] Die Szene spielte sich nur wenige Wochen nach der Gerichtsverhandlung ab, ihr waren aber bereits einige weitere Schritte der Eskalation vorangegangen: So hatte Clodius in einer Rede vor der Volksversammlung Cicero politisch angegriffen, worauf Cicero seinerseits, als er nach der streng reglementierten Redeordnung des Senates an der Reihe war, diesen in eine Reihe mit Catilina stellte und ihm die Hinrichtung als Staatsfeind androhte.[33] Was nun folgte und von den Zeitgenossen offenbar als besonderes Schauspiel und als Steigerung dessen wahrgenommen wurde, was in diesem ehrwürdigen Haus an Beleidigungen üblicherweise ausgetauscht wurde, schildert Cicero Atticus in seinem Brief, und zwar mit diesen Worten:[34]

surgit pulchellus puer, obicit mihi me ad Baias fuisse.

falsum, sed tamen ‹quid? hoc simile est› inquam ‹quasi in operto dicas fuisse?›

‹quid› inquit ‹homini Arpinati cum aquis calidis?›

‹narra› inquam ‹patrono tuo, qui Arpinatis aquas concupivit› (nosti enim Marianas).

‹quousque› inquit ‹hunc regem feremus?›

‹regem appellas,› inquam ‹cum Rex tui mentionem nullam fecerit?› – ille autem Regis
    hereditatem spe devorarat.

‹domum› inquit ‹emisti.›

‹putes› inquam ‹dicere: iudices emisti.›

‹iuranti› inquit ‹tibi non crediderunt.›

‹mihi vero› inquam ‹XXV iudices crediderunt, XXXI, quoniam nummos ante acceper-
    unt, tibi nihil crediderunt.› magnis clamoribus adflictus conticuit et concidit.

Erhebt sich da der süße Junge[35] und wirft mir an den Kopf, ich sei in Baiae gewesen.[36] Stimmt zwar nicht; aber wenn schon! «Na, das ist ungefähr dasselbe, als wenn du sagtest, ich sei an einem verbotenen Ort gewesen.»[37] antwortete ich. – Er: «Was will ein Mensch aus Arpinum überhaupt mit Warmbädern?» – Ich: «Sag das doch einmal deinem Patron, der war doch darauf aus, sich die Bäder eines Arpinaten anzueignen.» (Du weißt ja, die des Marius).[38] – Er: «Wie lange wollen wir diesen König noch ertragen?» – Ich: «Du nennst mich König, wohl weil ein Rex dich in seinem Testament nicht bedacht hat?» (Er hatte ja das Erbe des Rex schon in der Tasche zu haben geglaubt.)[39] – Er: «Du hast ein Haus gekauft.»[40] – Ich: «Du meintest wohl: ‹Du hast die Geschworenen gekauft.›»[41] – Er: «Sie haben dir nicht geglaubt, trotz Eid.» – Ich: «Mir haben aber 25 Geschworene geglaubt, dir haben 31 nichts geglaubt, sonst hätten sie vorher nicht Geld genommen.» Er wurde niedergeschrien, gab auf und sagte daraufhin nichts mehr.

Nach Ciceros Darstellung bescherte seine Schlagfertigkeit ihm an diesem 15. Mai 61 v. Chr. einen triumphalen Erfolg, der nicht zuletzt in der klaren Positionierung der anderen Senatoren zum Ausdruck kommt, die mit ihren Rufen Clodius am Ende zum Schweigen brachten. Es wird sich dabei jedoch nicht nur um Empörung über die ihm unterstellten Fehltritte, sondern auch um echtes

Vergnügen an diesem Schlagabtausch gehandelt haben. Dessen besonderen Reiz dürften sowohl die Schärfe der einzelnen Beleidigungen als auch die rasche Abfolge der Anspielungen und die spontanen Reaktionen beider Kontrahenten ausgemacht haben. Dabei versucht Clodius, selbst ein Angehöriger der altadeligen *gens Claudia*, zunächst Ciceros wunden Punkt zu treffen, indem er ihm seine Herkunft aus der Kleinstadt Arpinum und die für einen Senator eher bescheidenen Vermögensverhältnisse – mit anderen Worten: seine Aufsteigerbiographie – zum Vorwurf macht.[42]

Als es Cicero aber gelingt, die Unterstellungen zu parieren und auf Clodius' unerlaubte Teilnahme am Ritual der *Bona Dea* anzuspielen, wechselt dieser das Thema und kritisiert die dominierende Stellung Ciceros in der Politik, indem er ihn als König schmäht und dabei den Beginn der ersten Rede gegen Catilina parodiert (*quousque …*). Da Cicero erneut mit dem Verweis auf ein aktuelles Missgeschick seines Gegners kontern kann, kommt dieser auf das großzügige Anwesen auf dem Palatin zu sprechen, dessen Finanzierung Anlass zu Bestechungsvorwürfen gegeben hatte. Cicero greift nun dasselbe Verb – *emere* – in seiner doppelten Bedeutung (etwas oder eben jemanden ‹kaufen›) auf und stellt so die direkte Verbindung zum erst wenige Wochen zurückliegenden Prozess gegen Clodius her. Diese letzte Volte brachte ihm den Applaus der Senatoren ein und Cicero war der Meinung, damit einen Erfolg auch über den Augenblick hinaus errungen zu haben. Letztlich wurde ihm die Feindschaft, die durch eine solche Demütigung noch vertieft wurde, aber zum Verhängnis: Gelang es Clodius doch, Cicero ins Exil zu treiben.[43]

‹In your face, Piso›

Cicero empfand seine Verbannung, die von März 58 v. Chr. bis September 57 v. Chr. dauern sollte, nicht nur als den größten Rückschlag seiner politischen Karriere, sondern auch als eine völlig unverdiente Kränkung. Es kann daher nicht überraschen, dass er nach seiner Rückkehr Clodius als den eigentlichen Urheber zum Ziel fortgesetzter Schmähungen machte, sich zudem aber auch bei anderen Mitgliedern des Senats revanchierte, weil er ihnen eine Mitschuld an seiner Herabsetzung gab oder sie sich nicht hinreichend für seine Rückkehr eingesetzt hatten. Das prominenteste Opfer dieser Angriffe war Lucius Calpurnius Piso Caesoninus, Konsul des Jahres 58 v. Chr. und Schwiegervater Caesars.[44] Opfer ist hier allerdings kein passender Begriff: Denn obwohl wir aufgrund der einseitigen Überlieferung erneut nur Ciceros Rede *In Pisonem* lesen können, so lässt sich in diesem Fall der Schlagabtausch zwischen den beiden doch ganz gut rekonstruieren.

Den Anfang machte Cicero, der sich gleich in mehreren der Reden nach seiner Rückkehr aus dem Exil abträglich über Pisos Persönlichkeit und seine Amtsführung als Statthalter in Makedonien äußerte. Aus Ciceros Sicht handelte es sich bei diesen Angriffen freilich nicht um ‹den ersten Stein›, sondern um eine legitime Reaktion auf die Beteiligung Pisos an seiner Verbannung und der ihm so zugefügten Schmach.[45] Als Piso schließlich vorzeitig von seinem Kommando abberufen wurde (was er wohl zu Recht auf die Agitation Ciceros zurückführte), nutzte er eine Senatssitzung im Sommer 55 v. Chr. für einen großangelegten Gegenschlag. Cicero scheint daraufhin in Abweichung vom üblichen Protokoll die Gelegenheit zu einer spontanen Erwiderung erhalten zu haben. Keinesfalls kann er in dieser Situation aber die Rede *In Pisonem* gehalten haben, die er wenig später unter diesem Titel veröffentlichte. Trotz des im Laufe der Überlieferung verlorenen Beginns wären für ihren Vortrag rund zwei Stunden erforderlich gewesen – eine unvorstellbar lange Zeit für eine *Ad-hoc*-Antwort in einer normalen Senatssitzung.[46] Wir haben es also – wie bereits bei der *actio secunda* der Verrinen – mit fiktionaler Literatur zu tun. Dennoch war es Cicero äußerst wichtig, die Illusion einer echten Rede zu erzeugen, was nicht zuletzt daran liegen dürfte, dass es die Wirkung von Beleidigungen steigert, wenn man sich vorstellt, dass sie aus einer konkreten Situation heraus dem Gegner gleichsam ins Gesicht gesagt wurden.[47]

Mit dieser Verstärkung der Wirkung geht aber – paradoxerweise – zugleich eine zumindest partielle Legitimierung der verbalen Ausfälle einher: Kann der Sprecher so doch auf den emotionalen Ausnahmezustand verweisen, in dem ihm diese Schmähungen
dann geradezu herausgerutscht sind. Dass ein solcher Versuch der
Rechtfertigung, auch wenn er von den meisten Lesern rasch durch-
schaut worden sein dürfte, nicht fehl am Platz war, liegt am hochgradig aggressiven und verletzenden Charakter dieser Rede, die daher auch bald zur antiken Musterinvektive schlechthin aufgestiegen
ist.[48] Aus vielen ähnlichen Passagen sei eine herausgegriffen, an der
sich der Zusammenhang schärfster Schmähungen mit der Illusion
von Mündlichkeit besonders gut zeigt. Cicero wendet sich an dieser
Stelle scheinbar direkt an Piso und wirft ihm die folgenden Worte
an den Kopf:[49]

> *O tenebrae, o lutum, o sordes, o paterni generis oblite, materni vix memor! ita*
> *nescio quid istuc fractum, humile, demissum, sordidum, inferius etiam est quam*
> *ut Mediolanensi praecone, avo tuo, dignum esse videatur.*

> Du schwarzes Nichts, du Stück Kot, du Schandfleck: Die Familie deines Va-
> ters hast du vergessen, an die deiner Mutter kannst du dich kaum erinnern!
> Was auch immer es ist, du hast etwas Schwächliches, Niedriges, Herunterge-
> kommenes, Schmutziges, das noch unter dem Niveau eines Marktschreiers
> von Mailand, der dein Großvater war, liegt.

So drastisch und in dieser Form singulär die Kraftausdrücke zu Beginn sind, so gängig ist die Schmähung einer Person mit Hilfe der
Herabsetzung ihrer Familie.[50] Dass ausgerechnet Cicero, dem sein
eigener Status als *homo novus*, als Aufsteiger, oft genug vorgehalten
wurde, in die gleiche Kerbe schlägt, zeigt wiederum, dass er in dieser Rede wirklich keine Beleidigung auslassen möchte.

Interessanterweise wissen wir hier sogar einmal, wie die Geschichte danach weiterging: Piso beantwortete Ciceros Invektive
seinerseits mit einer fiktiven Rede, die er ebenfalls in der Art einer
Flugschrift publizierte. Als diese Quintus Cicero in die Hände fiel,
drängte er seinen Bruder, sich mit einer erneuten Replik zu revanchieren. Der aber zog es vor, wie wir aus dem erhaltenen Antwort-

brief wissen, nicht zu reagieren und Pisos Gegenschlag ins Leere laufen zu lassen, zumal er zuversichtlich davon ausging, dass nur seine Rede Anklang beim Publikum finden werde.[51] Jedenfalls mit Blick auf die weitere Überlieferung sollte er damit Recht behalten. Die Folgen von Ciceros Invektive waren daher für Pisos Bild bei der Nachwelt beträchtlich, erstaunlich wenig scheint sie ihm allerdings in den Augen der Zeitgenossen geschadet zu haben: Er konnte seine politische Karriere ungehindert fortsetzen und wurde im Jahr 50 v. Chr. sogar zum Zensor gewählt.

In tyrannos: Hassreden für die Republik

Während der hochgradig verletzende Schlagabtausch zwischen Cicero und Piso also letztlich für beide weitgehend folgenlos geblieben ist, kommen wir mit unserem letzten Beispiel aus Ciceros eigenem Repertoire zu einer Invektive, für die er den höchsten denkbaren Preis bezahlen musste: Marc Anton wird ihn am Ende einer nicht weniger langwierigen und erbittert geführten Auseinandersetzung nicht nur für vogelfrei erklären und von seinen Schergen töten lassen, sondern danach auch den Kopf und die Hände, mit denen er die Reden gegen ihn geschrieben hatte, abschlagen und an der Rednertribüne mitten auf dem Forum zur Schau stellen lassen.[52] Auch wenn Cicero trotz aller Sprachgewalt letztlich scheiterte, handelte er in diesem Fall doch nicht aus gekränkter Ehre, sondern stand in unseren Augen sogar auf der richtigen Seite, da er die *res publica* gegen diejenigen zu verteidigen suchte, denen er – nicht zu Unrecht – unterstellte, die Nachfolge Caesars antreten und in Rom eine Diktatur errichten zu wollen.[53]

Für die 14 Reden, die Cicero zwischen September 44 v. Chr. und April 43 v. Chr. gegen Marc Anton verfasst hat, hat er selbst die heute noch übliche Bezeichnung als *Orationes Philippicae* gewählt.[54] Die Titelgebung ist als solche bereits eine raffinierte Gemeinheit, weil Cicero durch den Bezug auf die berühmten Reden, die der Athener Demosthenes im 4. Jahrhundert v. Chr. gegen Philipp II., den König von Makedonien, gehalten hat, nicht nur sich selbst mit dem größten Redner der Antike vergleicht, sondern zugleich Marc Anton mit einem aus griechischer Sicht ‹barbarischen› Potentaten auf eine Stufe stellt, der für die Erweiterung seines Machtbereichs über Leichen geht. Auf die dritte Parallele, dass beide am Ende unterliegen und ihre Niederlage mit dem Leben bezahlen müssen,[55] hätte er sicherlich gerne verzichtet.

Die heftigsten Attacken enthält dabei die Rede, die wir heute an der zweiten Stelle des Gesamtwerks lesen können und die vorgibt, in einer Senatssitzung am 19. September 44 v. Chr. als direkte Erwiderung auf eine Invektive Marc Antons gegen Cicero gehalten worden zu sein. Es handelt sich aber erneut um einen Text, der am heimischen Schreibtisch konzipiert wurde und von vornherein zur Veröffentlichung als Flugschrift gedacht war.[56] Dennoch war es Cicero auch in diesem Fall besonders wichtig, bei den Lesern die Vorstellung einer *Face-to-face*-Konfrontation mit seinem Widersacher entstehen zu lassen. Stellvertretend für viele andere Passagen wollen wir uns eine davon näher ansehen.[57] Darin spricht Cicero Marc Anton nicht nur direkt an, als ob dieser anwesend wäre, sondern beschreibt auch sein Äußeres recht detailliert und greift dafür sogar auf das Pronomen *iste* zurück, das auch im echten Leben dazu diente, auf das Gegenüber in abwertender Weise Bezug zu nehmen:[58]

Tu istis faucibus, istis lateribus, ista gladiatoria totius corporis firmitate tantum vini in Hippiae nuptiis exhausras, ut tibi necesse esset in populi Romani conspectu vomere postridie. o rem non modo visu foedam, sed etiam auditu! si inter cenam in ipsis tuis immanibus illis poculis hoc tibi accidisset, quis non turpe duceret? in coetu vero populi Romani negotium publicum gerens, magister equitum, cui ructare turpe esset, is vomens frustis esculentis vinum redolentibus gremium suum et totum tribunal inplevit!

Du da mit diesem Schlund, mit diesem Körper und mit dieser ganzen Gladiatorenstatur, du hast bei der Hochzeit des Hippias so viel Wein in dich hineingeschüttet, dass du dich am nächsten Tag vor den Augen des römischen Volks übergeben musstest. Was für eine widerliche Geschichte, nicht nur, wenn man sie anschaut, sondern auch, wenn man nur davon hört! Wenn dir das bei Tisch passiert wäre – mit deinen riesigen Bechern –, wer hätte nicht

Abb. 4: Erste Seite einer Handschrift von Ciceros 2. Philippischer Rede
(15. Jh., heute in der Sächsischen Landesbibliothek Dresden/SLUB)

das schon für peinlich gehalten? Doch in einer Versammlung des römischen
Volkes, bei der Ausübung von Staatsgeschäften, der Kommandant der Reite-
rei, bei dem schon Rülpsen peinlich gewesen wäre, ausgerechnet der hat sich
übergeben und nach Wein stinkende Essensbrocken auf seinen Schoß und
auf das ganze Tribunal verteilt!

Die von Cicero erzeugte Vorstellung, dass er diese Worte Marc
Anton direkt ins Gesicht gesagt habe, leistet sicherlich einen nicht
unerheblichen Beitrag zur Verschärfung der Wirkung. Zugleich ist
die Stelle aber auch ein gutes Beispiel für die Umsetzung des bereits
angesprochenen Ratschlages, den der anonyme Verfasser der Alexander-Rhetorik seinen Lesern gibt. Wenn sie jemanden wirklich
verletzen wollen, sollen sie nicht Schimpfworte aneinanderreihen,
sondern lieber eine konkrete Begebenheit erzählen: «Denn Geschichten sind überzeugender für die Zuhörer als Beleidigungen
und kränkender für die Geschmähten: Zielen Beleidigungen doch

auf ihre äußere Erscheinung und auf ihren Besitz, Geschichten aber spiegeln ihr Verhalten und ihren Charakter wider.»[59]

Man kann daher ganz unabhängig von der Frage, ob sich die Szene so oder so ähnlich abgespielt hat, davon ausgehen, dass es Stellen wie diese waren, die dazu führten, dass Marc Anton, nachdem er und seine Unterstützer sich militärisch und politisch durchgesetzt hatten, von der Gelegenheit Gebrauch machte, sich für Ciceros verbale Aggression nun mit ganz realer Gewalt zu revanchieren. Ein späterer Benutzer einer Handschrift unserer Rede aus dem 15. Jahrhundert, die sich heute in Dresden befindet,[60] hat diesen Zusammenhang in seinem Kommentar gleich auf der ersten Seite auf den Punkt gebracht (Abb. 4): «Die zweite Rede des Marcus Tullius Cicero gegen Marc Anton, mit der er einen wesentlichen Beitrag zu seinem gewaltsamen Lebensende geleistet hat.»[61]

Rollentausch: Cicero als Opfer

Obwohl Cicero also seinem ‹Endgegner› Marc Anton letztlich unterlag, galt er doch weiterhin nicht nur als Roms bester Redner, sondern auch als eines seiner größten Talente auf dem Feld der kunstvollen Beleidigung. Das zeigt sich zum Beispiel daran, dass es bereits zu Lebzeiten gleich mehrere Sammlungen seiner *faceta dicta*, der besonders schlagfertigen Bonmots und gelungenen Bosheiten, gab.[62] Weitaus wichtiger war aber, dass seine Reden und gerade auch seine Invektiven allgemein viel gelesen und vor allem auch im Rahmen der schulischen und rhetorischen Ausbildung intensiv verwendet wurden.[63] Umso verlockender muss der Gedanke gewesen sein, sich auch einmal mit dem Großmeister der *ars invectiva* zu messen, indem man eine Schmährede auf ihn hält. Da es ohnehin zum didaktischen Konzept des Unterrichts beim Rhetor gehörte, dass Schüler die Aufgabe erhielten, sich in historische Personen in bestimmten Situationen hineinzuversetzen und dann gleichsam als deren Verkörperung die jeweils angemessene Rede zu halten, lag ein solcher Rollentausch besonders nahe und dürfte in der Praxis der Ausbildung während der Kaiserzeit unzählige Male vorgenommen worden sein.[64]

Weil es sich dabei um mündliche Prüfungen handelte, haben diese Auftritte in der Regel keine Spuren hinterlassen. Eine Ausnahme stellen ausgerechnet zwei äußerst beleidigende Reden dar, scheinbar eine des Historikers Sallust gegen Cicero und eine von diesem gegen jenen.[65] Während Ciceros Replik recht schnell als Fälschung erkannt wurde, ist die Echtheit der ersten Invektive, die während einer Senatssitzung des Jahres 54 v. Chr. gehalten zu sein vorgibt und sich eng an diese historische Situation anlehnt, durchaus vertreten worden.[66] Inzwischen hat sich aber in beiden Fällen die Auffassung durchgesetzt, dass wir es mit einer Art Musterlösung für die sogenannten Deklamationen als Teil des Rhetorikunterrichts zu tun haben, die sich nicht genau datieren lassen, aber vielleicht aus augusteischer Zeit stammen.[67]

Wie geht der uns unbekannte Redner – wir wissen noch nicht einmal, ob es ein begabter Schüler oder ein um Ergebnissicherung bemühter Lehrer war – diese Aufgabe nun an? In seiner Rolle als Sallust beweist er in der Tat eine profunde Kenntnis vom Leben und den Werken seines imaginären Gegners, so dass er sowohl viele bekannte Vorwürfe aufgreifen kann (Ciceros Rolle als Aufsteiger, seine fehlenden Prinzipien in der Politik, sein übersteigertes Bedürfnis nach Anerkennung, sein ungeniertes Selbstlob etc.) als auch unter Rückgriff auf die üblichen Kategorien der Handbücher eine Reihe neuer, wenn auch nicht sonderlich plausibler Anschuldigungen hinzufügen kann (sexueller Missbrauch durch seine Lehrer, Inzest mit der eigenen Tochter, Erwerb seiner Villen durch Erpressung etc.).[68] Zu Beginn der Rede kritisiert er Cicero aber zunächst dafür, dass es diesem allzu viel Freude bereite, schlecht über andere Personen zu sprechen:[69]

> graviter et iniquo animo maledicta tua paterer, M. Tulli, si te scirem iudicio magis quam morbo animi petulantia ista uti. sed cum in te neque modum neque modestiam ullam animadverto, respondebo tibi, ut, si quam male dicendo voluptatem cepisti, eam male audiendo amittas.

> Deine Schmähungen, Marcus Tullius, würde ich nur schwer und mit Unwillen ertragen, wenn ich der Meinung wäre, dass du auf diese Unverfrorenheiten aus Vorsatz verfallen wärest – und nicht aus Geisteskrankheit. Da ich jedoch an dir weder irgendein Maß noch Mäßigung bemerke, werde ich dir antworten, damit dir das Vergnügen, das es dir immer bereitet hat, über andere schlecht zu sprechen, vergeht, wenn du dir das Gleiche über dich anhören musst.

Damit hat er einen besonders raffinierten Einstieg gewählt, der das offenbar etablierte Bild von Cicero als lustvollem Schmähredner *par excellence* zum Ausgangspunkt nimmt und es zugleich in einen Vorwurf verwandelt. Diese Rüge dient dann aber auch zur Rechtfertigung des eigenen Angriffs auf den Getadelten,[70] obwohl die eigene verbale Aggression natürlich nicht weniger zur emotionalen Befriedigung und Unterhaltung des Lesers erfolgt.

Caesars Anticato

Sollte bisher der Eindruck entstanden sein, dass Cicero der einzige Politiker der Späten Republik war, der als Virtuose der kunstvollen Schmähung gelten kann, ist das keineswegs zutreffend und einer Überlieferung geschuldet, die seine Werke auch aus stilistischen Gründen stark bevorzugt hat. Bereits die Schriften Caesars, in denen er nicht seine militärischen Erfolge in Gallien oder im Bürgerkrieg darstellt, hatten es deutlich schwerer und sind daher nur in Fragmenten erhalten. Das gilt auch für ein Werk, dem er den prägnanten Namen *Anticato* gegeben hat.[71] Was sollen wir uns darunter vorstellen?[72]

Am 12. April 46 v. Chr. ergriff Marcus Porcius Cato, genannt der Jüngere, sein Schwert und wollte seinem Leben dadurch ein Ende setzen, dass er sich selbst den Bauch aufschnitt. Es gelang ihm zwar erst im zweiten Anlauf, indem er die Wunde, die in der Zwischenzeit ärztlich versorgt worden war, mit bloßen Händen wieder aufriss,[73] doch die blutige Szene in Utica (im heutigen Tunesien) verfehlte nicht ihre Wirkung auf Zeitgenossen und Nachwelt.[74]

Das lag nicht zuletzt daran, dass Cato schon lange Zeit als scharfer Kritiker von Caesars Streben nach einer Alleinherrschaft in Rom hervorgetreten war. Nun, da der Bürgerkrieg endgültig verloren war, wollte er wenigstens seinen Selbstmord als Symbol dafür verstanden wissen, dass ein freier Römer auch dann nicht unter einem Diktator leben könne, wenn dieser bereit ist, seinen Feinden zu vergeben. Catos Märtyrertod zielte also darauf ab, Caesars Strategie, auch die Römer auf der Gegenseite wieder für sich zu gewinnen, indem er ihnen seine sprichwörtliche *clementia* (Milde) gewährte, zu konterkarieren und als das zu entlarven, was sie im Kern war: das Handeln eines Monarchen, der Gnade gewähren, aber eben auch entziehen konnte.

Schon der Suizid musste Caesar also höchst ungelegen kommen. Als dann aber auch noch Cicero zur Feder griff, um Catos mutiges Einstehen für seine politischen Ideale und philosophischen Überzeugungen in einer Biographie zu feiern,[75] hielt es der mächtigste Mann Roms für unerlässlich,[76] auf diese Schrift, die wohl den schlichten Titel *Cato* trug, mit einer Gegendarstellung zu reagieren und seinen toten Gegner nach Kräften zu diskreditieren. Dabei dürfte es ihm nicht zuletzt darum gegangen sein, Catos Selbstmord nicht als Akt heroischen Widerstands, sondern als Tat eines geistig verwirrten Einzelgängers erscheinen zu lassen. Hierfür griff auch er auf das Abfassen einer solchen Invektive zurück, die den Eindruck erweckte, dass er seinem Feind Auge in Auge gegenüberstand. Dieser Kontrahent scheint jedoch nicht der verstorbene Cato, sondern vielmehr dessen noch lebender Lobredner Cicero gewesen zu sein, wobei Caesar wie in einer Erwiderung vor Gericht die Leser von der Richtigkeit seiner Sichtweise überzeugen wollte.[77] Wir haben es also wohl mit einer modifizierten Form artifizieller Mündlichkeit zu tun, die aber gleichfalls damit zusammenhängt, dass man sich für Beleidigungen gern auf reale Situationen berief, um den Eindruck zu vermeiden, dass man sich diese mit kühlem Kopf am häuslichen Schreibtisch ausgedacht habe.[78]

Genauere Aussagen zum Aufbau dieser Schrift lassen sich allerdings anhand der elf überlieferten Fragmente nicht treffen. Sowohl in diesen Zitaten selbst wie auch in den Aussagen antiker Autoren, die diese Schrift noch lesen konnten, werden immerhin einige der Themen deutlich, die Caesar für seine Angriffe auf Cato genutzt hat. So scheint er ihm die Ausrichtung seines Lebens nach philosophischen Prinzipien als Selbstinszenierung und Selbstüberschätzung angekreidet zu haben.[79] Daneben griff er aber auch auf ganz handfeste und zugleich in den rhetorischen Handbüchern vielbehandelte Vorwürfe zurück, die sich auf Catos Habgier und Geiz,[80] vor allem aber auf seine angeblichen Alkoholprobleme bezogen, die offenbar detailliert dargestellt wurden.[81]

Auch wenn wir bei dieser fiktiven Invektive auf den Originalwortlaut leider verzichten müssen, so kann uns doch immerhin ihr Titel einen Eindruck von der pointierten Polemik geben, die bei ihrem Autor auch nicht überraschen kann. Dass uns mit Caesars *Anticato* durchaus ein Meisterwerk der antiken Schmähkultur verloren gegangen ist, wird auch durch die anerkennenden Bemerkungen Ciceros nahegelegt.[82] Umgekehrt hat im Übrigen auch Caesar lobende Worte für Ciceros *Cato* gefunden.[83] Auch wenn diese sich nur auf die Sprache beziehen und insofern vergiftet sind, als sie ihm ein politisches Urteilsvermögen damit absprechen, ist es doch bemerkenswert, dass Caesar sowohl auf Ciceros Provokation als auch auf die weiteren Schriften, die im Zuge dieser Debatte noch entstanden sind,[84] seinerseits nur mit Worten reagierte. Seine Nachfolger sollten schon bald zu anderen Mitteln greifen.

Commodus, der Gladiator

Eine wichtige Rolle spielte in der Kaiserzeit das Gesetz gegen Majestätsbeleidigung (*crimen laesae maiestatis*), das den Monarchen ursprünglich vor direkt gegen seine Person gerichteten Schmähungen schützen sollte.[85] Seine Anwendung wurde aber schnell erheblich ausgeweitet und umfasste dann jede Äußerung, die als Kritik an der neuen Staatsform verstanden werden konnte. So wurde es Cremutius Cordus im Jahr 25 n. Chr. zum Verhängnis, dass er in seinem

Geschichtswerk Brutus und Cassius, die zwei bekanntesten Caesar-
mörder, als die ‹letzten (echten) Römer› bezeichnete. Weil Tiberius
dies als verbalen Angriff auf sich als Nachfolger des Getöteten verstand, brachte er den Senat dazu, die Verbrennung der Schriften
des Cremutius zu verfügen, woraufhin dieser sich durch Nahrungs-
entzug das Leben nahm. Die große Rede, die ihm der Historio-
graph Tacitus bei dieser Gelegenheit in seinen etwa 110–120 n. Chr.
verfassten *Annalen* in den Mund legt, kann als Manifest ebenso der
Meinungsfreiheit gelten wie zugleich für den Willen, sich selbst
nach dem Vorbild Catos des Jüngeren zu einem Märtyrer für seine
politischen Überzeugungen zu machen.[86]

Die Mehrheit der Senatoren war freilich nicht bereit, diesen
Weg zu gehen, und hatte sich stattdessen daran gewöhnt, alle Bemerkungen, die als Kritik an den herrschenden Verhältnissen gelten konnten, lieber herunterzuschlucken oder nur in einer Weise zu
äußern, die so zweideutig war, dass sich im Fall der Fälle die Beleidigung der kaiserlichen Majestät glaubhaft bestreiten ließ. Über die
psychologischen Folgen dieser Verstellung und die Deformation,
die mit dem permanenten Gebrauch von *doublespeak* einhergeht,
lässt sich im Abstand von fast zwei Jahrtausenden natürlich nur
spekulieren.[87] Einen ebenso faszinierenden wie singulären Einblick,
wie die Zeitgenossen auf den Wegfall dieser Anspannung reagiert
haben, gibt uns ein Abschnitt in der sogenannten *Historia Augusta*.
Nachdem Kaiser Commodus am 31. Dezember 192 n. Chr. ermor-
det worden war, kam der Senat am Abend zu einer Sitzung zusammen, in der die Senatoren dem aufgestauten Druck in spontanen
Sprechchören mit den wildesten Schmähungen gegen den Verstorbenen Luft machten:[88]

> *hosti patriae honores detrahantur, parricidae honores detrahantur, parricida tra-*
> *hatur. hostis patriae, parricida, gladiator in spoliario lanietur. hostis deorum*
> *carnifex senatus, hostis deorum parricida senatus, hostis deorum, hostis senatus.*
> *gladiatorem in spoliario.*

> Entzieh dem Feind des Vaterlandes seine Ehren, entzieh dem Mörder seine
> Ehren, der Mörder werde (durch den Dreck) gezogen! Der Feind des Vater-

landes, der Mörder, der Gladiator werde im Spoliarium [dem Raum für die Toten im Keller des Amphitheaters] in Stücke gerissen! Feind der Götter, Henker des Senats, Feind der Götter, Mörder des Senats, Feind der Götter, Feind des Senats! Der Gladiator soll ins Spoliarium!

Im gleichen Ton und im Wesentlichen auch mit identischem Inhalt wird die Reihe der Schmähungen noch ungefähr zehnmal so lange fortgesetzt.[89] Mit dieser mehrstimmigen Invektive *in Commodum* liegt also die wohl längste Beschimpfung der Antike vor. Ob es sich dabei auch um das authentische Protokoll der entsprechenden Senatssitzung handelt, darf man allerdings eher bezweifeln, obwohl genau dieser Anspruch erhoben wird.[90] Doch angesichts des bereits erwähnten notorisch unzuverlässigen Charakters der *Historia Augusta*, deren bis heute unbekannter Verfasser unter sechs Pseudonymen geschrieben und sein Werk auch sonst mehr als Roman denn als Chronik verstanden hat, sollten wir davon ausgehen, es hier mit einer Erfindung zu tun zu haben.

Dennoch erreicht diese Schilderung ihre Wirkung gerade deswegen, weil sie letztlich ein historisch stimmiges Bild dieser Situation entwirft. Zwar würde man Sprechchöre in solcher Zahl und Schärfe eher im Kolosseum als in der Kurie erwarten. Da aber gerade Commodus' Auftritte als Gladiator einer der Hauptvorwürfe gegen ihn sind, ergibt sich eine enge Verbindung von Form und Inhalt.[91] Zugleich gibt der römische Senat geradezu ein ideales Beispiel für das Entstehen einer Schmähgemeinschaft, die sich immer über vorherige selbst erfahrene Demütigungen, ob diese nun real oder nur eingebildet sind, definiert. Dabei ist es damals wie heute gar nicht so entscheidend, gegen wen sich die Herabsetzung richtet, solange sie die Gemeinschaft der Gruppe stiftet.[92]

3. Der schönen Muse hässliche Sprache:
Schriftsteller gegen Schriftsteller

Im Einleitungsgedicht seines dritten Odenbuches tritt Horaz als Priester auf, weist die Menge der Uneingeweihten barsch zurück und herrscht sie an, den heiligen Musendienst nicht durch ihre unbedachten Äußerungen zu stören: *odi profanum volgus et arceo. favete linguis!* («Ich hasse den gemeinen Pöbel und halte ihn fern. Hütet Eure Zungen!»)[1] Von dem Umstand abgesehen, dass die Verse als antiker Vorläufer der Publikumsbeschimpfung selbst eine Herabsetzung darstellen, wird mit ihnen die Vorstellung von Poesie als einer beinahe religiösen Betätigung aufgerufen, deren weihevolle Stimmung nicht gestört werden darf – und schon gar nicht durch Streit und Gezänk. In der Realität beschimpfen und beleidigen sich die lateinischen Musen aber nicht weniger nach Herzenslust, als das schon ihre griechischen Schwestern taten. Dabei schauen sie auch ungeniert ‹dem Volk aufs Maul›, wie das später bei Luther heißt. Horaz selbst, der hier feierlich den göttlich inspirierten Seher (*vates*) gibt, schlüpft sonst auch gern in die Rolle derjenigen, die er an dieser Stelle scheinbar vom Heiligtum der Dichtung ferngehalten wissen will. Von den vielen Beispielen dafür, dass auch die für Schönheit und Vornehmheit bekannten antiken Musen recht hässliche Worte im Munde führen konnten, wollen wir nun solche näher ansehen, in denen auf diese Weise ein Streit zwischen zwei Poeten oder Literaten im weiteren Sinne ausgetragen wird.[2]

#epicfail #notmyconsul

Marcus Tullius Cicero ist uns bislang vor allem als Redner und als Politiker begegnet. Daneben ist er aber nicht nur als Verfasser rhetorischer Lehrwerke und philosophischer Dialoge hervorgetreten, sondern hat auch Gedichte geschrieben.[3] Diesen eilt allerdings nicht

Abb. 5: Thalia, die Muse der Komödie, und ein schockierter (?)
Zuschauer auf einem römischen Sarkophagrelief
(2. Hälfte des 1. Jh.s n. Chr.; Rom, Vatikanische Museen)

deswegen bis heute ein zweifelhafter Ruf voraus, weil er andere Personen beleidigt oder herabgesetzt hat, sondern weil er sich selbst in ihnen zur Hauptfigur gemacht und dabei offenbar ‹über den grünen Klee› gelobt hat. Es ist daher vielleicht auch nicht erstaunlich, dass die beiden autobiographischen Epen mit den bezeichnenden Titeln *De consulatu suo* (‹Über seinen Konsulat›) und *De temporibus suis* (‹Über seine Zeit›) zwar nicht erhalten sind,[4] sehr wohl aber die polemischen Reaktionen der Zeitgenossen und die harsche Kritik an der überzogenen Selbstdarstellung ihres Verfassers.[5]

Die willkommene Gelegenheit, sich bei Cicero für dessen Schmähungen zu revanchieren, haben sich langjährige Gegner wie Piso[6] und Clodius Pulcher[7] natürlich nicht entgehen lassen. Wie verbreitet ätzende Kommentare waren, zeigt sich nicht zuletzt an

Ciceros Versuchen der Gegendarstellung.[8] Selbst Autoren, die ihm
an sich wohlgesinnt waren, wie Plutarch, der zu Beginn des 2. Jahrhunderts n. Chr. eine Biographie über ihn schrieb,[9] oder Quintilian, der ihn in seinem wenige Jahre früher entstandenen Lehrwerk
als Verkörperung des idealen Redners feiert, nehmen sowohl an
seinem exzessiven Selbstlob im Allgemeinen als aber auch an den
Epen im Besonderen wiederholt Anstoß und vermitteln uns so
indirekt ein Bild der zeitgenössischen Debatte, die man sich wohl
als einen veritablen *shitstorm* vorstellen darf:[10]

in carminibus utinam pepercisset, quae non desierunt carpere maligni:
‹cedant arma togae, concedat laurea linguae›[11]
et ‹o fortunatam natam me consule Romam!›
et Iovem illum a quo in concilium deorum advocatur
et Minervam quae artes eum edocuit;
quae sibi ille secutus quaedam Graecorum exempla permiserat.

Wäre er in seinen Gedichten doch sparsamer mit solchen Formulierungen
    gewesen, die ihm von denen, die ihm übelwollten, unermüdlich vorge-
    halten wurden:
«Die Rüstung weiche der Toga, der Ruhm des Kriegers dem des Redners»,
«O glückliches Rom, das unter mir als Konsul (neu) geboren wurde»,
jener Jupiter, von dem er in den Rat der Götter berufen wurde, oder
Minerva, die ihn die Künste gründlich lehrte – diese hatte er sich in Anleh-
    nung an bestimmte Vorbilder in der griechischen Dichtung gestattet.

Da auf diese Weise zugleich die Mehrzahl der Fragmente überliefert
wurde, die wir heute noch lesen können, ist es natürlich eine berechtigte und in der Forschung zuletzt auch vermehrt gestellte
Frage, wie zutreffend eigentlich ein Bild sein kann, das man sich
von einem literarischen Werk macht, wenn man es nur aus Verrissen
kennt.[12] Ciceros Ehrenrettung als Dichter können wir hier aber getrost auf sich beruhen lassen und wollen nun vielmehr seine eigene
Rolle als Kritiker zeitgenössischer Autoren in den Blick nehmen.

Catull vs. Cicero?

Man könnte sich Cicero gut als pointierten und scharfzüngigen Rezensenten literarischer Neuerscheinungen vorstellen, bedauerlicherweise gehören aber weder das Feuilleton noch andere Besprechungsorgane zu den Erfindungen der Antike. Ihren Platz können allerdings ein Stück weit die Bemerkungen übernehmen, die Cicero in anderen seiner Werke *en passant* fallen lässt. Aus ihnen geht beispielsweise hervor, dass er mit der poetischen Avantgarde seiner Zeit eher wenig anfangen konnte. Während er im *Orator* sachlich von den *poetae novi* (‹neuen Dichtern›) spricht,[13] schmäht er sie in den *Tusculanen* als ‹Nachbeter› (*cantatores*) des hellenistischen Dichters Euphorion und stellt damit gerade ihren Anspruch in Abrede, besonders innovativ und frei von jeder Tradition zu schreiben.[14] Am folgenreichsten war aber eine Passage in einem Brief an Atticus aus dem Jahr 50 v. Chr., in dem er zunächst einen typischen Vers in parodierender Weise nachbildet und es seinem Freund dann freistellt, ob er das Ergebnis an einen der ‹Modepoeten› weiterverkaufen möchte:[15]

> *Brundisium venimus vii Kal. Dec. usi tua felicitate navigandi: ‹ita belle nobis flavit ab Epiro lenissimus Onchesmites›.*[16] *hunc* σπονδειάζοντα *si cui voles τῶν* νεωτέρων *pro tuo vendito.*

> Wir sind am 24. November in Brindisi angekommen und hatten dabei Dein Glück beim Segeln: ‹So lieblich wehte von Epirus der lindeste Onchesmites›. Diesen spondeischen[17] Vers kannst Du, wenn Du magst, einem der ganz Modernen als Deinen verkaufen.

Bedeutsam ist die Stelle nicht zuletzt deswegen, da die hier in karikierender Absicht gewählte Formulierung οἱ νεώτεροι/*hoi neóteroi* (‹die Neueren›) in der Forschung bis heute als neutraler und sogar wertschätzender Begriff zur Bezeichnung dieser ganzen Dichtungsrichtung als derjenigen der ‹Neoteriker› verwendet wird, von denen allerdings bis auf die Werke Catulls nur sehr wenig erhalten ist.

Es steht zu vermuten, dass die wiederholten Sticheleien nicht unbeantwortet geblieben sind. Das wäre auch deswegen erstaunlich, da sich die Neoteriker sicherlich als Speerspitze des künstlerischen Fortschrittes verstanden und gegenüber den etablierten ‹Klassikern› auf polemische Abgrenzung setzten. Es ist daher verführerisch, ein kurzes Gedicht Catulls in dieser Weise zu verstehen, obwohl es vermutlich vor den überlieferten Sottisen Ciceros entstanden ist. Auf den ersten Blick scheint es sich zudem nur um eine artige Danksagung und höfliche Verbeugung des jungen Poeten vor dem allgemein bekannten Großschriftsteller zu handeln. Auf den zweiten Blick fällt diese aber wohl doch ein wenig zu tief aus, um völlig ernst gemeint zu sein:[18]

Disertissime Romuli nepotum,
quot sunt quotque fuere, Marce Tulli,
quotque post aliis erunt in annis,
gratias tibi maximas Catullus
agit pessimus omnium poeta,
tanto pessimus omnium poeta,
quanto tu optimus omnium patronus.

Bester Redner unter allen Nachfahren des Romulus,
wie viele es gibt und wie viele es gegeben hat, sehr verehrter Herr Cicero,[19]
und wie viele es auch noch geben wird in den kommenden Jahren,
zu allergrößtem Dank weiß sich Dir Catull verpflichtet,
der schlechteste Dichter von allen,
um genau so viel der schlechteste Dichter von allen,
wie Du von allen der beste Anwalt bist.

Wir wissen leider nicht, wofür sich Catull hier so überschwänglich bedankt. Cicero könnte ihm eines seiner Werke geschickt oder gar gewidmet oder ihn umgekehrt für seine Gedichte gelobt haben.[20] Wahrscheinlicher ist jedoch, dass Catull sich für einen Akt Ciceros revanchiert, den er jedenfalls nicht als freundlich empfunden hat. Ohne klare Signale kann es im Abstand zweier Jahrtausende immer nur spekulativ sein, Ironie erkennen zu wollen. Da aber davon auszugehen ist, dass scheinbares Lob als Mittel der Invektive damals keine geringere Rolle spielte als heute, spricht doch einiges dafür, in diesem kurzen Text ein Beispiel für seine Anwendung zu sehen.[21]

Nur wer von Catull gedisst wird, gehört dazu

Zu den Vorteilen ironischer Invektiven gehört es fraglos, dass zumindest auf der sprachlichen Oberfläche der gute Ton gewahrt bleibt. Gerade Catull aber ist in seinen Schmähgedichten ansonsten nicht eben für seine höfliche und wohlgesittete Ausdrucksweise bekannt – eher im Gegenteil.[22] Den Dichterkollegen Suffenus verhöhnt er – in pointiertem Kontrast zu dessen pompösen Stil – als Ziegenmelker und Hinterwäldler, der noch weniger Geist versprühe als das simpelste Landei.[23] Das Geschichtswerk des uns ebenfalls ansonsten unbekannten Volusius bezeichnet Catull wegen seines bäuerlichen Stils und zweifelhaften Inhaltes rundheraus als *cacata carta*, als vollgekacktes Papier,[24] und übergibt es symbolisch dem Feuer.[25]

Noch drastischer fällt seine Wortwahl gegenüber Aurelius und Furius aus, die sich offenbar herausgenommen haben, seine Verse für ihre Laszivität zu tadeln und daraus Rückschlüsse auf den Charakter des Dichters zu ziehen:[26]

Pedicabo ego vos et irrumabo,
Aureli pathice et cinaede Furi,
qui me ex versiculis meis putastis,
quod sunt molliculi, parum pudicum.
nam castum esse decet pium poetam (5)
ipsum, versiculos nihil necesse est.
…
vos, quod milia multa basiorum (12)
legistis, male me marem putatis?
pedicabo ego vos et irrumabo.

Ich werde euch in den Arsch ficken und in den Mund,
dich, Schwuchtel Aurelius, und dich, Tunte Furius,
die ihr mich aufgrund meiner Verslein,
weil sie weichlich sind, für zu wenig anständig haltet.
Denn sittsam zu sein ziemt dem ehrfürchtigen Dichter (5)
als Person; seine Verslein haben das keineswegs nötig.
...
Ihr da – weil ihr von vielen tausend Küssen (12)
gelesen habt, haltet ihr mich für keinen richtigen Mann?
Ich werde euch in den Arsch ficken und in den Mund!

Wenn man sich von dem nachgerade zur Schau gestellten Gossen-
vokabular und der unverhohlenen Androhung sexueller Gewalt
nicht abschrecken lässt, stellt man fest, dass Catull hier zu generellen Fragen der künstlerischen Freiheit und des Umgangs mit
Literatur Stellung nimmt: Wie weit darf sich ein Kunstwerk von
den geltenden gesellschaftlichen Normen entfernen? Ist es zulässig,
Aussagen im Text auf die Person des Autors zurückzuführen? Vor
allem Letzteres beschäftigt ja nicht nur in unserer Zeit gelegentlich
noch die Gerichte, sondern ist auch der zentrale Schlüssel zum
Verständnis der ganzen römischen Liebesdichtung, auch wenn die
Forschung lange Zeit den Spuren von Aurelius und Furius folgte
und versuchte, aus den Ereignissen in den Gedichten auf Erleb-
nisse im Leben des Autors zu schließen.[27]

Aus der sprachlichen Härte, mit der hier ein Gespräch über
Literatur geführt und eine bestimmte Lesart zurückgewiesen wird,
sollte man aber nicht die Folgerung ableiten, dass wir es bei den
beiden fehlgeleiteten Interpreten mit erbitterten Erzfeinden des
Dichters zu tun haben. Ihre Erwähnung an anderen Stellen legt
vielmehr nahe, dass es sich um enge Freunde des Autors handelte,[28]
die vielleicht sogar selbst Gedichte schrieben.[29] Wenn die beiden
wirklich, wie es einmal emphatisch heißt, *comites Catulli*, also
seine Begleiter oder Parteigänger waren,[30] warum müssen sie sich
dann so drastische Beleidigungen gefallen lassen, während doch
Cicero mit leiser Ironie davongekommen ist? Gerade deswegen:

Wir haben es hier vermutlich mit einem guten Beispiel dafür zu tun, dass raue Sprache und herabsetzende Formulierungen schon in der Antike nicht nur dazu dienen konnten, Personen aus einer Gruppe auszuschließen, sondern gerade auch deren Zugehörigkeit zu markieren. Der Sprecher geht dabei davon aus, dass seine Provokationen von ihren ‹Opfern› nicht für bare Münze, sondern als Beweis ihres ebenso vertrauten wie vertrauensvollen Umgangs genommen werden. Diese Art der Kommunikation ist allerdings, wie sich auch in der Jugendkultur unserer Zeit gut beobachten lässt, stets störanfällig. Doch erhöht wohl gerade das Risiko des Missverstehens ihren Reiz und damit letztlich auch ihre Wirksamkeit.[31]

Mevius, der Stinker

Ob sich auch das nächste Beispiel als eine solche Ingroup-Kommunikation verstehen lässt und Mevius, ‹der Stinker›, es wohl als Beweis echter Freundschaft aufgefasst hat, von Horaz in dessen 10. Epode ausgerechnet mit einer so wenig schmeichelhaften Eigenschaft literarisch verewigt zu werden? Man geht in diesem Fall allerdings davon aus, dass wir es mit einer schon länger gepflegten Feindschaft und etablierten Rivalität auf dem Feld der Dichtung zu tun haben. Dabei sind wir hier noch mehr auf Vermutungen angewiesen als bei Aurelius und Furius. Kommt der Name Mevius oder Maevius – die Schreibweise variiert in den Handschriften – doch bei Horaz nur in diesem Gedicht vor, das in den 30er Jahren des 1. Jahrhunderts v. Chr. entstanden ist und dann seinen Platz unter jenen siebzehn angriffslustigen Texten gefunden hat, die wir heute als das Epodenbuch kennen.[32] Ein Maevius wird allerdings auch in der wohl nur wenige Jahre zuvor abgefassten 3. Ekloge Vergils erwähnt, und zwar gemeinsam mit einem Bavius; die Werke dieser zwei Dichter könne nur gut finden, wer auch sonst ‹nicht alle Tassen im Schrank› habe:[33]

qui Bavium non odit, amet tua carmina, Maevi,
atque idem iungat vulpes et mulgeat hircos.

Wer Bavius nicht hasst, der soll auch Deine Gedichte lieben, Maevius,
und der soll auch Füchse vor seinen Wagen spannen und Böcke melken.[34]

Da Vergil und Horaz beide von Maecenas gefördert wurden und
sich aus dieser beruflichen Bekanntschaft auch eine enge Freundschaft entwickelte, liegt es trotz der unterschiedlichen Schreibwei-
sen nahe, hinter dem Maevius der Eklogen und dem M(a)evius der
Epoden ein und dieselbe Person zu vermuten, bei dem es sich um
einen gemeinsamen Konkurrenten oder einen Vertreter einer ab-
weichenden poetischen Richtung gehandelt haben könnte.[35] Während Vergil in seinen beiden Versen den Grund ihrer Gegnerschaft
klar benennt, stellt Horaz den Bezug nur implizit her. Zunächst
erfahren wir von Mevius, abgesehen von seinem unangenehmen
Körpergeruch, nur, dass er eine Schiffsreise antreten will. Zu diesem Anlass war es üblich, Freunden gute Wünsche mit auf ihren
Weg zu geben. Geschah das Ganze in Versform, sprachen die
antiken Philologen von einem Propemptikon (προπεμπτικόν), also
wörtlich von einem ‹mitgeschickten› Gedicht. Solche Texte dürften
in Griechenland wie Rom vielfach geschrieben worden sein und
auch Horaz selbst hat die Gattung um klassische Beispiele berei-
chert.[36] Hier werden aber alle Themen, die üblicherweise Erwähnung finden, auf den Kopf gestellt:[37]

Mala soluta navis exit alite
ferens olentem Mevium.
ut horridis utrumque verberes latus,
Auster, memento fluctibus!
niger rudentis Eurus inverso mari (5)
fractosque remos differat!
insurgat Aquilo, quantus altis montibus
frangit trementis ilics!
nec sidus atra nocte amicum adpareat,
qua tristis Orion cadit! (10)

Unter bösen Vorzeichen legt das Schiff ab,
trägt es doch Mevius, den Stinker.
Dass du ihm beide Seiten schlägst, Südwind,
mit schrecklichen Fluten, denke daran!
Der schwarze Ostwind soll auf aufgewühltem   (5)
Meer Taue und zerbrochene Ruder verteilen!
Der Nordwind soll sich so hoch auftürmen,
wie er im Gebirge bebende Eichen bricht!
Und kein Stern soll freundlich in dunkler Nacht
leuchten, wenn der finstre Orion untergeht!   (10)

Im Folgenden werden weiterhin alle möglichen Unbilden des Mee-
res beschworen und schließlich das Schicksal des Schiffbrüchigen
anschaulich ausgemalt.[38] Das ist natürlich auch ohne Kenntnis der
literarischen Tradition alles unmittelbar als nachdrückliche Verwün-
schung erkennbar. Dennoch ergibt sich der besondere Reiz dieses
Textes erst daraus, dass eine feste literarische Form gleichsam gegen
den Strich gebürstet wird. Wenn man die Epode aber als Parodie eines Propemptikons wahrnimmt, wird es vielleicht doch wieder plausibler, sie als poetisches Spiel zwischen zwei Kollegen zu verstehen.[39]
Eine solche Lesart scheitert möglicherweise an einem einzigen Wort
und zugleich an der einzigen Eigenschaft, die dem Protagonisten explizit zugeschrieben wird: *Mevius olens* – Mevius, der Stinker.[40] Auch
wenn der Vorwurf an sich nicht untypisch ist,[41] erhält er seine besondere Wucht hier dadurch, dass wir ansonsten so gut wie nichts über
Mevius erfahren. Die Reduzierung auf den angeblich unangenehmen Geruch steigert die verletzende Wirkung erheblich und macht
es daher unwahrscheinlich, dass der so Charakterisierte die Beleidigung als Frotzelei unter Freunden empfunden haben wird.

Cassius Severus und die *Cloaca Maxima*

Bleiben wir noch einen Moment im gleichen Buch und blättern zurück zum 6. Gedicht. Hier gibt Horaz den Kampfhund und fletscht die Zähne so bedrohlich, dass besonders deutlich wird, warum er sich mit seinen Epoden als Vorreiter der jambischen Dichtung in Rom verstanden hat:[42] Galt diese Gattung doch seit ihrer Begründung durch Archilochos im 7. Jahrhundert v. Chr. als hochgradig aggressive Form der Dichtung.[43] Was aber hat gerade hier eine so heftige Reaktion ausgelöst und Horaz in die Rolle eines wütenden Hütehundes schlüpfen lassen? Während die meisten Forscher heute davon ausgehen, dass es eines solchen Anlasses gar nicht bedurfte und es Horaz vor allem darum ging, sich in eine poetische Tradition zu stellen und dabei sein verbales Drohpotential vorzuführen, findet sich in einigen Handschriften als Überschrift der Hinweis, die 6. Epode sei *in Cassium Severum* geschrieben. Dabei handelt es sich vermutlich weniger um eine authentische Information aus der Entstehungszeit als vielmehr um eine Vermutung späterer Interpreten, die gerne wissen wollten, wen Horaz hier eigentlich so drohend anknurrt.[44]

Wenn man aber einen konkreten Adressaten ausfindig machen möchte, ist dieser Cassius Severus allerdings eine überraschend gute Wahl, zumindest nach allem, was wir über seine Person und sein Werk wissen:[45] Er war als ebenso hochbegabter wie angriffslustiger Redner und Verfasser von Schmähschriften gegen führende Vertreter des öffentlichen Lebens unter Augustus und Tiberius aktiv. Seine wiederholten Provokationen des neuen Establishments veranlassten beide Kaiser zu harten Sanktionen gegen ihn: So wurden wohl im Jahre 8 n. Chr. seine Bücher verbrannt und er selbst ins Exil nach Kreta geschickt.[46] Da er sich aber auch von dort aus nicht mit kritischen Kommentaren zurückhielt, wurde seine Strafe später von Tiberius noch verschärft und ihm die kleine Kykladeninsel Seriphos als neuer Verbannungsort zugewiesen, wo er 32 n. Chr. gestorben sein soll.[47] Als eher schwierig erweist sich jedoch die Chronologie: Da die Epoden schon 30 v. Chr. veröffentlicht wurden, müssen wir von einem ziemlich jungen Cassius Severus und einer sehr langen Phase des Tolerierens ausgehen, wenn Horaz wirklich ihn im Blick gehabt hat.

Auch wenn es daher eher unwahrscheinlich ist, dass diese konkrete Person gemeint ist, könnte die Konstellation doch eine ganz ähnliche gewesen sein. Jedenfalls macht uns diese Notiz in den Handschriften auf ein interessantes Phänomen aufmerksam: Denn wie das Schicksal des Cassius Severus zeigt, waren mit der Etablierung der Herrschaft des Augustus als *princeps* nicht nur die Bürgerkriege vorüber, sondern zugleich die Zeit, in der soziale Konflikte mit einem Höchstmaß an verbaler Aggression ausgetragen wurden. Im Gegenteil kann man es als wichtigen Teil des ‹Deals› zwischen den führenden Kreisen und den neuen Monarchen ansehen, dass Letztere die Angehörigen der Oberschicht nicht nur vor physischer Gewalt schützten, sondern auch für Sicherheit gegenüber Beleidigungen und Herabsetzungen sorgten.[48] Solche *safe spaces* lassen sich mit Sanktionen wie Zensur und Verbannung durchsetzen, aber auch, wenn jemand bereit ist, sozusagen den Hofhund zu geben, der nur für die gute Sache zubeißt.

Vergleicht man jedenfalls die Wertschätzung, die Horaz auch aufgrund der von ihm verfassten Schmähgedichte erfahren hat, mit den Folgen, die sich für Cassius Severus aus seinen invektiven Texten ergeben haben, kann man zu dem Schluss kommen, dass verbale Aggression in der frühen Kaiserzeit nur noch von der richtigen Seite aus erfolgen durfte. Diese Seite setzte sich dann nicht nur politisch, sondern auch in der Überlieferung durch, so dass sich von den Schriften der anderen nur wenig erhalten hat.[49] Doch immerhin hat Seneca der Ältere (ca. 55 v. – 39/40 n. Chr.) in seinen *Controversiae*, einer Best-of-Sammlung aus verschiedenen Reden, eine Szene überliefert, die zeigt, dass Cassius Severus durchaus einen Beitrag zur Kunst der Schmähung in Rom geleistet hat. Seneca gibt dort eine Anekdote wieder, in der Cassius von einer Begegnung mit Lucius Cestius Pius[50] berichtete, einem Redner, der für seine Brillanz nicht weniger bekannt war als für die Wertschätzung, die er seiner eigenen Person entgegenbrachte:[51]

memini me intrare scholam eius, cum recitaturus esset in Milonem. Cestius ex consuetudine sua miratus dicebat: ‹si Thraex essem, Fusius essem; si pantomimus essem, Bathyllus essem; si equus, Melissio.› non continui bilem et exclamavi: ‹si cloaca esses, maxima esses!›

Ich weiß noch, wie ich seine Schule betrat, als er gerade eine Rede gegen Milo halten wollte.[52] Mit der üblichen Bewunderung für seine Leistungen sagte er: «Wenn ich ein Gladiator wäre, wäre ich Fusius.[53] Wenn ich ein Pantomime wäre, wäre ich Bathyllus; wenn ich ein Rennpferd wäre, wäre ich Melissio.» Da konnte ich meinen Ärger nicht zurückhalten und rief: «Wenn du eine Kloake wärest, wärest du die *Cloaca Maxima*!»

Wir können getrost dahingestellt sein lassen, ob die Szene sich wirklich so abgespielt und Cestius Pius sich tatsächlich in dieser selbstbewussten Weise mit verschiedenen Größen des zeitgenössischen ‹Showbusiness› verglichen hat. Falls wir es nicht mit einem Beispiel spontaner Schlagfertigkeit zu tun haben, kann man hier jedenfalls eindrücklich sehen, wie effektvoll es ist, seinen Spott scheinbar direkt aus einer konkreten Situation entstehen zu lassen.[54]

Persius und die Modepoeten

Nachdem wir gemeinsam mit Cassius Severus die Vorlesung in einer Rhetorenschule in der Zeit um Christi Geburt gestört haben, schlendern wir weiter und schauen kurz bei einer Rezitation und einem Gastmahl vorbei, bei denen zwei Dichter rund 50 Jahre später interessierten Zuhörern eine Kostprobe ihrer brandneuen Werke geben wollen. Da wir uns hierfür an die Fersen des Persius (34–62 n. Chr.) heften, ist unser Blick allerdings erneut nicht ganz unvoreingenommen. Im Einleitungsgedicht zu seinem Satirenbuch hat er das eigene poetische Programm entfaltet, aber auch mit Seitenhieben auf den zeitgenössischen Literaturbetrieb nicht gegeizt.[55] Dessen Verfehlungen und Eitelkeiten werden nicht zuletzt deswegen so ausführlich dargestellt, da sie für ihn einen wichtigen Antrieb bildeten, Satiren zu schreiben, mit denen er nicht nur generelle gesellschaftliche Missstände anprangern wollte, sondern in besonderer Weise auch solche ‹im heiligen Bezirk der Musen›.

Hierzu leisten die Karikaturen zweier seiner Konkurrenten einen wichtigen Beitrag, die er bei jeweils typischen Tätigkeiten zeigt. Waren im Laufe der frühen Kaiserzeit doch Rezitationen, bei denen die Autoren Einblicke in ihr aktuelles Schaffen gaben, zu einem so beliebten gesellschaftlichen Ereignis geworden, dass sie sich für eine satirische Behandlung geradezu anboten.[56] Entsprechende Schilderungen solcher Lesungen finden sich daher nicht nur in den Briefen des jüngeren Plinius oder den Kaiserviten Suetons, sondern auch in Juvenals Eröffnungssatire.[57] Persius interessiert sich vor allem für den Auftritt des Autors selbst, den er mit viel Liebe zum Detail schildert:[58]

scribimus inclusi, numeros ille, hic pede liber,
grande aliquid, quod pulmo animae praelargus anhelet.
scilicet haec populo pexusque togaque recenti   (15)
et natalicia tandem cum sardonyche albus
sede leges celsa, liquido cum plasmate guttur
mobile collueris, patranti fractus ocello.

Wir (alle) schreiben eingesperrt zu Hause, jener Verse, dieser frei von
    Metren,
jedenfalls ’was Großartiges, das auch eine Lunge mit reichlich Luft zum
    Keuchen bringt.
Das wirst du dann öffentlich – natürlich elegant frisiert, in frischge-
    waschener Toga   (15)
und schließlich auch noch mit dem Geburtstagsedelstein am Finger –
    bleich im Gesicht
von hohem Stuhl herab vorlesen, nachdem du die Kehle noch mit einem
    Gurgelmittel
weichgespült hast, und lässt die Augen gebrochen in Tränen schwimmen.

Während Persius sich anfangs mit der ersten Person Plural noch in den Kreis der für ihre zu großen Ambitionen getadelten Poeten einschließt, distanziert er sich danach deutlich von einem typischen

Vertreter seines Berufsstandes, den er nun in der zweiten Person Singular anspricht[59] und dem er vorwirft, bei der Präsentation seiner Gedichte zu viel Wert auf Äußerlichkeiten zu legen. Auch in seinem zweiten Beispiel, das den Auftritt eines Dichters als Teil der Abendunterhaltung beim Symposion eines reichen Römers schildert, kritisiert er vor allem die Art und die übertriebene Bedeutung der Performance:[60]

hic aliquis, cui circum umeros hyacinthina laena est,
rancidulum quiddam balba de nare locutus
Phyllidas, Hypsipylas vatum et plorabile siquid,
eliquat ac tenero supplantat verba palato.   (35)

Hier macht ein anderer, den hyazinthenen Umhang um die Schultern
    gelegt,
sich bereit, um klebrige Verse in lispelnder Nasalierung von sich zu
    geben,
presst eine Phyllis, eine Hypsipyle oder was sonst Dichter zum Weinen
    bringt,
hervor und lässt die Worte ungeordnet aus seinem weichen Gaumen
    fallen.   (35)

Wie an den erwähnten Sujets – die Namen der Protagonistinnen Phyllis und Hypsipyle stehen stellvertretend für unglückliche Liebesgeschichten aus der Welt des griechischen Mythos – schon deutlich wird, nimmt Persius nicht nur an der Kleidung und dem Vortragsstil Anstoß, sondern auch an den melodramatischen Themen, mit denen ‹Modepoeten› sich die Gunst des Publikums erschleichen wollen. Weil sich aber auch inhaltliche Auseinandersetzungen mit despektierlichen Äußerungen über die betroffene Person stets besonders gut befeuern lassen, erfreut sich diese invektive Technik der Zuspitzung damals wie heute großer Beliebtheit – nicht nur, aber leider auch ‹im heiligen Bezirk der Musen›.

Martial und die Erfindung des Plagiats

Im selben Milieu professioneller Literaten bewegte sich wenige Jahre später auch Martial (40 – ca. 104 n. Chr.), nachdem er aus seiner spanischen Heimat in den 60er Jahren nach Rom gekommen war. Dem Bild zufolge, das er selbst von seinem Leben als Dichter entwirft, war es trotz aller Begeisterung der führenden Kreise der Gesellschaft für Kultur und Bildung auch im Rom der frühen Kaiserzeit ein hartes Stück Arbeit, als freischaffender Künstler sein Auskommen zu finden.[61] Das Image des talentierten, jedoch vom Mainstream verkannten Bettelpoeten mag eher verkaufsfördernd gemeint als der Wahrheit verpflichtet gewesen sein.[62] Es kann aber, auch wenn es für ihn nicht zutrifft, die generelle Problematik vor Augen führen, wie schwer es in einer Zeit, die kein Copyright und keinen anderen verlässlichen Schutz geistigen Eigentums kannte, zwangsläufig war, den Lebensunterhalt mit Literatur zu bestreiten.[63]

Vor diesem Hintergrund versteht man dann besser, warum sich Martial in seinen Epigrammen wiederholt besonders abschätzig über andere Autoren äußert, denen er unterstellt, seine Gedichte als die ihren ausgegeben und damit die Gunst des Publikums oder die Förderung eines Mäzens erlangt zu haben.[64] Ja, er hat für diese Personengruppe sogar einen eigenen Namen geprägt, mit dem er seine Entrüstung und seine moralische Missbilligung dieses Vorgehens bildlich zum Ausdruck bringen will: Er vergleicht sie mit ‹Menschendieben›, die freie Bürger entführen, um sie gegen alles Recht als Sklaven zu verkaufen, und bezeichnet sie mit einem dafür üblichen Wort als ‹Plagiatoren›.[65] Die erstmals von Martial in dieser übertragenen Bedeutung verwendete Formulierung hat seitdem eine erstaunliche Karriere gemacht, was vermutlich nicht zuletzt auf die Zeitlosigkeit des Problems zurückzuführen ist. Verloren gegangen ist dabei allerdings ein Stück weit die persönliche Herabsetzung, die mit dem Vorwurf, ein gewissenloser Seelenverkäufer zu sein, verbunden war.

Die gleiche Schärfe legt Martial aber auch sonst in den nicht
gerade wenigen Auseinandersetzungen mit Kollegen oder Konkurrenten an den Tag.[66] Diese kann sich hinter scheinbarer Freund-
lichkeit verbergen, wenn er etwa Attalus versichert, dass er all dies
‹ganz hübsch› mache, um aus der wiederholten Bekräftigung seiner
Mittelmäßigkeit dann den Vorwurf abzuleiten, dass er nur ein
Faulpelz und Wichtigtuer sei;[67] oder sie kann die pointierte Kürze
annehmen, die für Martial generell charakteristisch ist, wie in dem
Distichon, mit dem er auf die Angriffe eines Cinna antwortet oder
zu antworten vorgibt:[68]

versiculos in me narratur scribere Cinna:
    non scribit, cuius carmina nemo legit.

Es heißt, Cinna schreibe Verse auf mich:
    Es schreibt aber nicht, wessen Gedichte niemand liest.

Zur Hochform läuft Martial als Schmähdichter ohnehin immer
dann auf, wenn sein Gegenüber gleichsam den ersten Stein gewor-
fen hat. Er erweckt in diesen Fällen gerne den Eindruck, als stünde
er seinem Gegner direkt gegenüber und schleudere ihm seine Verse
sozusagen unmittelbar ins Gesicht, obwohl nicht nur die konkrete
Situation, sondern auch die vorangegangene Provokation wohl Erfindungen des Dichters sind, mit denen er der verbalen Aggression
einen erklärenden Kontext geben will.[69] Im nächsten Beispiel besteht dieser darin, dass ein anonym bleibender Zeitgenosse seine
Gedichte kritisiert hat, die doch so vielen anderen – darunter sogar
dem Kaiser – gut gefallen:[70]

Sed tibi plus mentis, tibi cor limante Minerva
acrius et tenues finxerunt pectus Athenae.
ne valeam, si non multo sapit altius illud,
quod cum panticibus laxis et cum pede grandi
et rubro pulmone vetus nasisque timendum   (20)
omnia crudelis lanius per compita portat.

audes praeterea, quos nullus noverit, in me
scribere versiculos miseras et perdere chartas.
at si quid nostrae tibi bilis inusserit ardor,
vivet et haerebit totoque legetur in orbe   (25)
stigmata nec vafra delebit Cinnamus arte.

Du hast ja aber mehr Verstand, du einen schärferen Geist, geschliffen von
Minerva persönlich, und deinen Geschmack hat das feine Athen geformt.
Ich will sterben, wenn nicht jenes noch viel besser ‹schmecken› kann,
was mit heraushängenden Gedärmen, mit einem riesigen Fuß
und mit blutroter Lunge, alt und der Nase zuwider,   (20)
der gefühllose Fleischergeselle über alle Kreuzungen trägt.
Außerdem wagst du es, mickrige Verse, die keiner kennt,
auf mich zu schreiben und deine Seiten zu verschwenden.
Doch wenn die Glut meiner Wut dir nur ein wenig entgegenschlägt,
wird sie auflodern und an dir hängen bleiben und die ganze Stadt
     wird es lesen: (25)
Diese Brandmale wird kein Cinnamus[71] mit seiner cleveren Kunst
     verschwinden lassen.

Die Schmähung scheint mit ihrer unappetitlich-eindringlichen
Bildlichkeit und ihrer Androhung von stigmatisierender Gewalt
zwar tatsächlich Protest von Lesern ausgelöst zu haben, jedenfalls
verteidigt sich Martial im direkt folgenden Gedicht gegenüber
einem gewissen Tucca.[72] Dieser soll aber vor allem daran Anstoß
genommen haben, dass es sich hierbei um kein richtiges Epigramm
handele, und zwar weil es zu lang sei und im falschen Versmaß
stehe (in Hexametern statt in Distichen). Daraus lässt sich wohl
umgekehrt schließen, dass der Inhalt nicht erklärungsbedürftig war
und dass Hass und Herabsetzung auch bei den Musen auf den
Hängen des Helikons ihren Platz hatten.

Abb. 6: *Streit um die Waffen Achills auf einer Kylix des Duris (um 490 v. Chr.;
gefunden in Cerveteri, heute im Kunsthistorischen Museum Wien)*

4. Hackordnungen und Schmähduelle:
vor Gericht, auf der Straße, überall

Wie soll man reagieren, wenn man beleidigt wird? Oft wird empfohlen, die Herabsetzung gar nicht zu beachten, falls man die Nerven dafür hat, und sie ins Leere laufen zu lassen. Sollte einem das
aber doch nicht genügen, kann man das Ignorieren selbst wiederum zur Schmähung werden lassen, wie es Martial im 1. Jahrhundert n. Chr. machte, der einem Gegner auch nach wiederholten
Provokationen eine Antwort verweigerte und dies schließlich so
begründete: *nam te cur aliquis sciat fuisse? // ignotus pereas, miser,
necesse est.* («Denn warum sollte irgendjemand wissen, dass es dich
gegeben hat? // Unbekannt, Jammerlappen, musst du zugrunde gehen.»)[1] So effektiv diese Strategie, die Karl Valentin mit ‹des igno-
riern ma net amoi› auf den Punkt bringen sollte, auch sein mag, sie
stellt im Allgemeinen eher die Ausnahme dar. In aller Regel fühlen

wir uns doch genötigt, eine Schmähung nicht auf uns sitzen zu lassen und Schimpfwort für Schimpfwort, Beleidigung für Beleidigung zu vergelten. Die Folge davon sind dann oft Schmähduelle, aber auch handfestere Auseinandersetzungen, wie sie der athenische Vasenmaler Duris im 5. Jahrhundert v. Chr. auf der Außenseite einer Trinkschale festgehalten hat, die zwar den Streit der Helden um die Waffen des gefallenen Achill und damit eine mythologische Szene zeigt, die sich im antiken Alltag aber nicht viel anders abgespielt haben dürfte (Abb. 6).

In diesem Kapitel wollen wir uns Beispiele für Situationen ansehen, die in dieser mal mehr, mal weniger vorhersehbaren Weise eskalieren, und uns dabei auch verstärkt Konstellationen zuwenden, in denen die Autoren selbst weder Täter noch Opfer der Herabwürdigung sind, sondern nur die Position eines Beobachters einnehmen – oder einzunehmen vorgeben. Denn weil es sich dabei in der Regel um fiktive Szenen handelt, liegt die Verantwortung für die verbale Gewalt letztlich doch wieder beim Schriftsteller.

Der Komödie erster Teil: Wie im echten Leben

Stellen wir uns hierfür vor, wir gingen die Straße einer antiken Stadt entlang und sähen einen noch recht jungen Sklaven aus einer Tür treten, vor sich hin murmelnd, dass er seinen Auftrag nun erledigt habe und so schnell wie möglich zurück nach Hause wolle. In diesem Augenblick wird er jedoch von einem älteren Sklaven aufgehalten, der von ihm dringend wissen will, wo er seinen Herrn finden könne. Paegnium, so der Name des jüngeren Mannes, wie wir aus der Anrede des anderen, der seinerseits auf den Namen Sagaristio hört, erfahren haben, denkt aber nicht daran, die Frage zu beantworten oder auch nur seinen Schritt zu verlangsamen. Als dies von seinem Verfolger mit einer ersten Beleidigung (*scelerate* – «du Schuft!») quittiert wird, beginnt die Situation zu eskalieren und die Schimpfwörter fliegen nur so hin und her:[2]

Paegnium: *scio ego quid sim aetatis, eo istuc maledictum impune auferes.*

Sagaristio: *ubi Toxilus est tuus erus?*

Paeg.: *ubi illi libet, neque te consulit.*

Sag.: *etiam dicis ubi sit, venefice?*

Paeg.: *nescio, inquam, ulmitriba tu.*

Sag.: *male dicis maiori?*

Paeg.: *prior promeritus perpetiare.* (280)

servam operam, linguam liberam erus iussit med habere. (280a)

Sag.: *dicisne mi, ubi sit Toxilus?*

Paeg.: *dico ut perpetuo pereas.*

Sag.: *caedere hodie tu restibus.*

Paeg.: *tua quidem, cucule, causa?*

non hercle, si os perciderim tibi, metuam, morticine.

Sag.: *video ego te: iam incubitatus es.*

Paeg.: *ita sum. quid id attinet ad te?*

at non sum, ita ut tu, gratiis. Sag.: *confidens.*

Paeg.: *sum hercle vero.* (285)

nam ego me confido liberum fore, tu te numquam speras.

Sag.: *potin ut molestus ne sies?*

Paeg.: *quod dicis facere non quis.*

Sag.: *abi in malam rem.*

Paeg.: *at tu domum: nam ibi tibi parata praestost.*

Paegnium: Ich weiß, wie alt ich bin, nur deswegen beleidigst du mich
　　　ungestraft.

Sagaristio: Wo ist Toxilus, dein Herr?

Paeg.: Wo er will, dich fragt er da nicht.

Sag.: Sagst du's endlich, du Giftmischer?

Paeg.: Keine Ahnung, sag ich, du Prügelknabe.

Sag.: Du beleidigst den Älteren?

Paeg.: Du hast angefangen: Das hast du jetzt davon. (280)

Bei der Arbeit ein Sklave, ein Freier beim Reden, so will mein Herr
　　　mich haben. (280a)

Sag.: Sagst du mir jetzt, wo Toxilus ist?

Paeg.: Ich sage, du sollst elend verrecken!

Sag.: Heute noch wirst du ausgepeitscht.

Paeg.: Deinetwegen etwa, du Einfaltspinsel?
  Bei Gott, noch nicht mal, wenn ich dir's Maul gestopft hätte, hätte ich
  Angst, du Aas.

Sag.: Ich verstehe: Du bist dir für nichts zu fein.

Paeg.: Stimmt. Aber was geht's dich an?
  Immerhin bin ich's nicht, wie du, umsonst.

Sag.: Unverschämt.

Paeg.: Stimmt, bei Gott.
  Denn ich vertraue darauf, freigelassen zu werden, worauf du nie zu hoffen
  brauchst.

Sag.: Kannst du nicht aufhören, mich zu ärgern?

Paeg.: Du sagst, was du selbst nicht kannst.

Sag.: Geh zum Henker!

Paeg.: Und du nach Haus: Da wartet schon 'was auf dich.

Auch wenn es für einen Moment so aussieht, trennen sich die Streithähne aber immer noch nicht, sondern gehen vielmehr dazu über, sich gegenseitig Schläge anzudrohen, bis sie schließlich irgendwann doch voneinander ablassen und in verschiedene Richtungen auseinandergehen.[3]

Die Szene gehört natürlich zu einer Komödie, geschrieben von Plautus im frühen 2. Jahrhundert v. Chr. für ein römisches Publikum,[4] auch wenn deren Handlung – wie schon die ihrer literarischen Vorbilder von Menander und anderen Autoren – in griechischen Städten spielt, in diesem Fall in Athen.[5] Das Stück trägt nach der Verkleidung einer der Hauptfiguren als Perser den Titel *Persa* und weist auch sonst einige eher untypische Elemente auf, wie die Verwendung des Sklaven Toxilus anstelle eines jungen Bürgersohns als Hauptfigur der Liebeshandlung.[6] Es enthält zudem besonders viele solcher Streitszenen wie die, deren Zeuge wir eben geworden sind.[7] Diese sind zwar generell ein wichtiges Element der Komödien des Plautus,[8] doch sind sie im *Persa* dramaturgisch so wenig erforderlich,[9] dass sich die Frage nach ihrem Zweck in besonderer Dringlichkeit stellt. Die Vermutung, dass es doch in erster Linie um Unterhaltung auf dem Niveau eines Bauerntheaters geht, hat lange Zeit zu einem Naserümpfen der Forschung diesem Stück gegenüber geführt.[10]

Die Frage nach dem spezifischen Reiz solcher Schilderungen lässt sich aber vielleicht gerade mit dem Unterschied erklären, der zwischen dem Beobachten einer eskalierenden Beleidigungsszene auf der Bühne und im echten Leben besteht: Während wir uns sonst zu dem eskalierenden Geschehen verhalten müssten, uns möglicherweise sogar zum schlichtenden Eingreifen verpflichtet fühlen würden, können wir die aufkochenden Emotionen im geschützten Bereich des Zuschauerraumes oder des Lesezimmers vergleichsweise entspannt betrachten. Wir genießen sie vermutlich umso mehr, je stärker wir das Geschehen auf der Bühne als realistisch wahrnehmen. Zugleich spielt aber wohl auch die ästhetische Gestaltung durch die Regeln der Metrik eine zentrale Rolle, und zwar gerade bei einer Situation, die im echten Leben nicht in geordneten Bahnen abläuft, sondern von einem spontanen und ungeplanten Schlagabtausch geprägt ist. Das wird besonders in den Versen deutlich, in denen der Sprecher zwar mehrfach wechselt, am Ende aber die Erwartungen des Metrums doch genau erfüllt werden.

Plautus zum Zweiten: Virtuosen der Verspottung

Die Simulation möglichst realistischer Szenen ist nicht das einzige Ziel, das Plautus mit den zahlreichen Darstellungen verbaler Aggression in seinen Komödien verfolgt. So stoßen wir wenig später im selben Stück, dem *Persa*, auf eine Schilderung, deren Reiz vielmehr gerade darin besteht, dass unsere alltäglichen Erfahrungen unterlaufen – oder genau genommen übertroffen – werden und auf diese Weise auch der Charakter als Schauspiel betont wird. Diesmal ist es Toxilus, die Hauptfigur selbst, die auf die Straße tritt und dort auf Dordalus trifft, jenen Zuhälter, der das Mädchen, das Toxilus liebt, besitzt und dem dieser gerade schweren Herzens das zugesagte Geld überbringen wollte:[11]

Dordalus: *oh, Toxile, quid agitur?* Toxilus: *oh, lutum lenonium,*

commixtum caeno sterculinum publicum,

impure, inhoneste, iniure, inlex labes popli,

pecuniai accipiter avide atque invide,

procax, rapax, trahax – trecentis versibus   (410)

tuas impuritias traloqui nemo potest –

accipin argentum? accipe sis argentum, impudens,

tene sis argentum, etiam tu argentum tenes?

possum te facere ut argentum accipias, lutum?

non mihi censebas copiam argenti fore,   (415)

qui nisi iurato mihi nil ausu's credere?

Dordalus: *sine respirare me, ut tibi respondeam.*

vir summe populi, stabulum servitricium,

scortorum liberator, suduculum flagri,

compedium tritor, pistrinorum civitas,   (420)

perenniserve, lurcho, edax, furax, fugax,

cedo sis mi argentum, da mihi argentum, impudens,

possum a te exigere argentum? argentum, inquam, cedo,

quin tu mi argentum reddis? nilne te pudet?

leno te argentum poscit, solida servitus,   (425)

pro liberanda amica, ut omnes audiant.

Toxilus: *tace, obsecro hercle! ne tua vox valide valet.*

Dordalus: Ah, Toxilus, wie geht's? Toxilus: Ah, du Drecksstück von
     einem Kuppler,

du vollgepisster und vollgeschissener öffentlicher Misthaufen,

du unreiner, unanständiger, unehrlicher, ungesetzlicher Schandfleck
     des Volks,

habgieriger und missgünstiger Geier des Geldes,

Frechdachs, Raffzahn, Nimmersatt – in dreihundert Versen   (410)

könnte niemand alle deine Schandtaten behandeln –,

willst du etwa Geld haben? Hier hast du Geld, du dreister Kerl,

hältst du das Geld fest, wirst du das Geld endlich festhalten?

Bekomme ich dich dahin, dass du das Geld festhältst, du Drecksstück?

Du hast wohl nicht geglaubt, dass ich so viel Geld zusammenbekomme,   (415)

da du mir nichts leihen wolltest ohne einen Eid?
Dordalus: Lass mich erstmal Luft holen, damit ich Dir antworten kann:
Bester Mann des Volkes, Liebeslager für Sklavinnen,
Freikäufer von Huren, Lieblingsopfer der Peitsche,
Großverbraucher von Fußfesseln, Dauergast der Tretmühlen,   (420)
ewiger Sklave, Schlemmer, Vielfraß, Gauner, Ausreißer,
bitte gib mir das Geld, her mit dem Geld, du dreister Kerl,
kann ich das Geld von dir bekommen? Geld, sage ich, bitteschön,
willst du mir nicht das Geld geben? Schämst du dich gar nicht?
Ein Zuhälter will Geld von dir, du Sklave durch und durch,   (425)
um Deine Freundin freizukaufen – damit es alle hören.
Toxilus: Nun sei schon still, ich beschwöre dich! Was hast du für eine
    laute Stimme.

Hier entwickelt sich also unversehens eine nicht nur sehr lautstarke,
sondern auch recht lange und vor allem kunstvoll arrangierte Streit-
szene,[12] die eine ganz Reihe origineller Beleidigungen[13] enthält und
in der offenkundig zwei Virtuosen der Verspottung am Werk sind.[14]
Obwohl ihr Meinungsaustausch durchaus in die Handlung einge-
bunden bleibt, wie vor allem die von Toxilus provozierend hinaus-
gezögerte Geldübergabe zeigt, so wird die dramatische Illusion hier
doch gleich mehrfach durchbrochen: Die Seitenbemerkung des
Toxilus, auch wenn ihm dreihundert Verse zur Verfügung stünden,
könnte er gar nicht alle Schandtaten seines Gegenübers aufzählen,
lenkt den Blick nicht nur auf die Länge des Abschnittes und den
für ihn im Gesamtaufbau des Stücks vorgesehenen Platz, sondern
auch auf den Umstand, dass die wüste Beschimpfung tatsächlich in
lupenreinen jambischen Senaren erfolgt. Das gilt nicht weniger,
wenn Dordalus die Notwendigkeit anspricht, erst einmal Luft zu
holen, bevor er zum Bravourstück seiner Replik ansetzen kann, und
wenn er sich am Ende mit der Erhöhung der Lautstärke scheinbar
an die Nachbarn in der Straße, tatsächlich aber an das Publikum im
Theater wendet.
    Noch deutlicher wird die Betonung des Charakters als Bühnen-
geschehen in unserem zweiten Beispiel, das aus dem *Pseudolus*

stammt. Diese Komödie, die ihren Namen – ‹der Lügner› – von der Figur des schlauen Sklaven erhalten hat, wurde am Fest der Göttin Magna Mater 191 v. Chr. aufgeführt und ist bis heute eines der beliebteren Plautusstücke.[15] Verliebt ist in diesem Fall Calidorus, der Sohn des vornehmen Atheners Simo, und zwar in Phoenicium, die wiederum von ihrem Zuhälter freigekauft werden muss. Dieser hört auf den Namen Ballio und hat Phoenicium entgegen seiner Zusage einem anderen Mann verkauft. Schauen wir uns nun den Moment näher an, in dem Calidorus in Begleitung seines treuen Sklaven Pseudolus genau dies gerade erfahren hat:[16]

Calidorus: quid ais, quantum terram tetegit hominum peiiurissume?

iuravistin te illam nulli venditurum nisi mihi?

Ballio: fateor.   Cal.: nempe conceptis verbis?   Bal.: etiam consutis quoque.

Cal.: periuravisti, sceleste.   Bal.: at argentum intro condidi.

ego scelestus nunc argentum promere possum domo: (355)

tu qui pius, istoc es genere gnatus, nummum non habes.

Cal.: Pseudole, adsiste altrinsecus atque onera hunc maledictis.   Pseudolus: licet.

numquam ad praetorem aeque cursim curram, ut emittar manu.

Cal.: ingere mala multa.   Ps.: iam ego te differam dictis meis:

inpudice!   Bal.: itast.   Cal.: sceleste!   Bal.: dicis vera.   Ps.: verbero!   (360)

Bal.: quippini?   Cal.: bustirape!   Bal.: certo.   Ps.: furcifer!   Bal.: factum optume.

Cal.: sociofraude!   Bal.: sunt mea istaec.   Ps.: parricida!   Bal.: perge tu.

Cal.: sacrilege!   Bal.: fateor.   Ps.: periure!   Bal.: vetera vaticinamini.

Cal.: legirupa!   Bal.: valide.   Ps.: permities adulescentum!   Bal.: acerrume.

Cal.: fur!   Bal.: babae.   Ps.: fugitive!   Bal.: bombax.   Cal.: fraus populi!

    Bal.: planissume.   (365)

Ps.: fraudulente!   Cal.: impure!   Ps.: leno!   Cal.: caenum!   Bal.: cantores probos.

Cal.: verberavisti patrem atque matrem!   Bal.: atque occidi quoque

potius quam cibum praehiberem: num peccavi quippiam?

Ps.: in pertusum ingerimus dicta dolium, operam ludimus.

Bal.: numquid aliud etiam voltis dicere?

Calidorus: Was sagst du da, größter aller Eidbrecher, so viele die Erde trägt: Hast du nicht geschworen, sie an keinen anderen zu verkaufen als an mich?

Ballio: Das gebe ich zu.   Cal.: Mit gültigen Worten?   Bal.: Mit gesiegelten
    sogar!

Cal.: Du brachst einen Eid, du Verbrecher!   Bal.: Doch habe ich mein Geld
    daheim.

Und ich Verbrecher kann es nun in Ruhe zu Hause zählen: (355)

Du aber, der du fromm bist und so hochwohlgeboren, hast keinen Heller.

Cal.: Pseudolus, stell dich da drüben hin und überhäufe ihn mit
    Spott.   Pseudolus: Gern.

Schneller würde ich noch nicht mal zum Prätor laufen, um mir die Freiheit
    zu holen.

Cal.: Lass alle Schmähungen auf ihn los!   Ps.: Jetzt zerreiß ich dich mit
    meinen Worten:

Dreister Kerl!   Bal.: Bin ich.   Cal.: Verbrecher!   Bal.: Du sprichst wahr.
    Ps.: Schurke!   (360)

Bal.: Warum nicht?   Cal.: Grabräuber!   Bal.: Sicher.   Ps.: Galgenstrick!
    Bal.: Gut gesagt.

Cal.: Kameradendieb!   Bal.: Das ist mein Beruf.   Ps.: Mörder!   Bal.: Fahr
    nur fort!

Cal.: Tempelschänder!   Bal.: Das gebe ich zu.   Ps.: Meineidiger!
    Bal.: Eine alte Leier.

Cal.: Gesetzesbrecher!   Bal.: Ganz gewiss.   Ps.: Verderber der Jugend!
    Bal.: Scharfsinnig.

Cal.: Dieb!   Bal.: Bravo.   Ps.: Ausreißer!   Bal.: Bravissimo.
    Cal.: Volksbetrüger!   Bal.: Ganz genau.   (365)

Ps.: Betrüger!   Cal.: Schuft!   Ps.: Zuhälter!   Cal.: Kot!   Bal.: Tüchtige
    Sänger seid ihr.

Cal.: Du hast Vater und Mutter geschlagen!   Bal.: Und sie auch noch
    umgebracht,

eher als dass ich sie durchfüttere: Soll das etwa ein Vergehen sein?

Ps.: Wir gießen unsere Worte in ein Fass mit Löchern. Vergebliche
    Liebesmüh!

Bal.: Gibt es sonst noch etwas, das ihr sagen wollt?

Hier wird der inszenierte Charakter eines Schmähduells auf der
Bühne auf die Spitze getrieben, indem die Schauspieler selbst die

Rollen, die sie dann übernehmen, zuvor so noch kommentieren. Die metatheatrale Rahmung[17] führt aber nicht dazu, dass die Schmähung weniger virtuos wirkt. Vielmehr wird so noch unterstrichen, dass sich ein äußerst lebendiger und scheinbar spontaner Schlagabtausch doch genau innerhalb der Regeln der Metrik abspielt[18] und daher auch solche Verse, in denen der Sprecher drei- oder viermal wechselt, sich am Ende als tadellose trochäische Oktonare herausstellen.

Inhaltlich ist bemerkenswert, dass der geschmähte Bösewicht, der am Ende des Stückes natürlich den Kürzeren ziehen wird, in dieser Szene als Sieger vom Platz gehen darf. Und das gelingt ihm interessanterweise nicht, indem er seinerseits zu Beleidigungen greift und die Angriffe der Gegner noch zu überbieten sucht, sondern indem er all ihren Vorwürfen scheinbar zustimmt. Indem er seine Schurkenrolle offensiv akzeptiert, nimmt er ihnen einerseits den Wind aus den Segeln, er führt sie andererseits aber auch als Dilettanten auf dem Gebiet der virtuosen Schmähung vor, die es mit ihren begrenzten Fertigkeiten noch nicht einmal schaffen, ihn ins Schwitzen zu bringen.

Lucilius und die Folgen eines Wortes

Kommen wir nach drei langen Passagen aus den Komödien des Plautus nun zu einer Beleidigung, die aus einem einzigen Wort bestand und dennoch zu einer lebenslangen Feindschaft führte. Mehr noch, dieses einzige Wort war nichts weiter als ein schlichtes ‹Hallo›, allerdings auf Griechisch, also ein *Χαῖρε/Chaire*.[19] Wie konnte aus einer freundlichen Begrüßung eine Herabsetzung werden, die zwei Mitglieder der römischen Oberschicht einander auf immer entfremdete und letztlich sogar einen Gerichtsprozess zur Folge hatte? Um dieses Rätsel zu lösen, müssen wir einen Blick in eine weitere der leider nur in wenigen Zitaten späterer Autoren erhaltenen Satiren werfen, die Lucilius in der zweiten Hälfte des 2. Jahrhunderts v. Chr. in Rom geschrieben hat.[20]

Rund 40 dieser Fragmente ordnet man heute dem zweiten
Buch zu, das aus der parodistisch zugespitzten Schilderung einer
realen Gerichtsverhandlung des Jahres 119 v. Chr. bestanden zu
haben scheint.[21] In dieser wurde offenbar Quintus Mucius Scaevola, der im Jahr zuvor die Provinz Asia (den Westteil der heutigen
Türkei) verwaltet hatte, von Titus Albucius angeklagt und der per-
sönlichen Bereicherung während seiner Amtszeit beschuldigt.[22] Auf
den ersten Blick haben wir es hier also mit einem Repetunden-
prozess zu tun, wie sie während der Republik gang und gäbe waren.
Angesichts der Prominenz der beteiligten Politiker dürften solche
Verhandlungen zwar oft Tagesgespräch der Stadt gewesen sein,
doch damit sie in einer literarischen Schilderung verewigt wurden,
musste wohl noch etwas hinzukommen. Das könnte hier entweder
die Tatsache gewesen sein, dass der Angeklagte und der Dichter
einander gut kannten, da beide zum illustren Freundeskreis des
jüngeren Scipio gehörten, oder aber der Umstand, dass Scaevola es
offenbar verstand, sich nicht nur erfolgreich gegen die Vorwürfe
zur Wehr zu setzen, sondern auch die Verteidigung zu einem virtuosen Angriff auf seinen Gegner zu nutzen, wobei sich beide Aspekte
natürlich nicht ausschließen müssen.

Besondere Bewunderung scheint dabei die Stelle gefunden zu
haben, an der er glaubhaft machen wollte, dass die Motivation des
Albucius, diese Klage gegen ihn einzureichen, gar nichts mit seiner
Amtsführung in Asia, sondern vielmehr mit dessen persönlichem
Groll auf ihn zu tun habe. Als Grund für diese Feindschaft erzählte
Scaevola offenbar die folgende Anekdote, die Lucilius dann für seine
Satire in Verse brachte und die schließlich von Cicero in seinem Dia-
log *De finibus* (45 v. Chr.) anerkennend zitiert wurde, so dass wir sie
heute als längstes Fragment aus Lucilius' 2. Buch lesen können:[23]

Graecum te, Albuci, quam Romanum atque Sabinum,
municipem Ponti, Tritani, centurionum,
praeclarorum hominum ac primorum signiferumque,
maluisti dici. Graece ergo praetor Athenis,
id quod maluisti, te, cum ad me accedis, saluto:

‹χαῖρε›, inquam, ‹Tite!› lictores, turma omnis chorusque:
‹χαῖρε›, hinc hostis mi Albucius, hinc inimicus.

Grieche wollest du lieber genannt werden, Albucius, als Römer oder Sabiner,
oder Landsmann eines Pontius, eines Tritanus, von Zenturionen,
tapferen Männern, Kämpfern der ersten Reihe und Adlerträgern.
Auf Griechisch habe ich dich daher als Prätor in Athen,
als du zu mir kamst, so, wie du es lieber wolltest, begrüßt:
«Chaîre», sagte ich, «Titus». Und meine Liktoren, die ganze Truppe
    wie im Chor:
«Chaîre, Titus!» Seit diesem Moment ist Albucius mein Gegner,
    seit diesem mein Feind.

Was ging in dieser auf den ersten Blick harmlosen Begrüßung zweier Römer im Ausland schief? Wie konnte ein einziges Wort – wenn wir die Geschichte für eine wahre Begebenheit halten wollen – solche gravierenden Folgen haben? Im Gegensatz zu Scaevola, der Athen nur auf der Durchreise zur Verwaltung seiner Provinz besuchte, scheint Albucius sich dort länger aufgehalten zu haben, um seinen philosophischen Interessen nachzugehen.[24] Solche Bildungsreisen oder Studienaufenthalte wurden zwar für Römer in dieser Zeit zunehmend üblich und weder Scaevola noch Lucilius waren der Beschäftigung mit der Literatur und Kultur Griechenlands *per se* abgeneigt. Zugleich reagierten viele Zeitgenossen aber offenbar sensibel darauf, wenn die Bewunderung für die intellektuellen Glanztaten mit einer Abwertung der eigenen Leistungen, vor allem im militärischen Bereich, einherging. Diesen Vorwurf der Verleugnung der Identität als Römer brachte Scaevola allein mit der Wahl der Begrüßungsformel für Albucius auf den Punkt.[25]

Das Gericht als Arena

Die Konfrontation zwischen Scaevola und Albucius zeigt auf anschauliche Weise, dass man für Beleidigungen nicht ausschließlich auf Schimpfwörter angewiesen ist, sondern dass jeder Ausdruck und jede Geste verletzende Kraft entfalten können. Zugleich lenkt der Umstand, dass diese Szene ein Nachspiel als Prozess hatte und ihre Nacherzählung dort zu einer weiteren Verspottung des Albucius führte, den Blick auf den engen und vielfältigen Zusammenhang von sprachlicher Gewalt und Gerichtsverhandlung.

Neben der erwartbaren Konfrontation der beiden Prozessparteien und dem häufig konfliktträchtigen Verhältnis zwischen Richtern und Angeklagten spielen in diesem Bereich noch andere Konstellationen wichtige Rollen.[26] So dürften etwa missliebige Zeugen nicht selten Verunglimpfungen der jeweils gegnerischen Seite ausgesetzt gewesen sein. Doch konnten sie ihren Auftritt vor Gericht auch selbst dazu nutzen, um ihrem Spott freien Lauf zu lassen. Diese Gelegenheit soll Orbilius Pupillus (113–13 v. Chr.) beherzt ergriffen haben, der in Rom als Lehrer sein Geld verdiente, seine Schüler – zu denen auch Horaz gehörte – aber offenbar gern spüren ließ, dass er sich eigentlich zu Höherem berufen fühlte.[27] So beschreibt auch Sueton, der ihn mehr als hundert Jahre später in seine Sammlung der Viten berühmter Gelehrter aufgenommen hat, seinen Charakter generell als mürrisch und streitlustig:[28]

ac ne principum quidem virorum insectatione abstinuit. siquidem ignotus adhuc, cum iudicio frequenti testimonium diceret, interrogatus a Varrone <Murena>, diversae partis advocato, quidnam ageret et quo artificio uteretur, gibberosos se de sole in umbram transferre respondit; quod Murena gibber erat.

Er nahm noch nicht einmal die führenden Männer seiner Zeit von seinen Angriffen aus. So sollte er einmal, als er noch unbekannt war, in einer gut besuchten Gerichtsverhandlung eine Aussage machen. Als ihn Varro Murena, der Anwalt der Gegenseite, da fragte, was er so tue und welchen Beruf er ausübe, gab er ihm zur Antwort, er trüge Buckelige aus der Sonne in den Schatten; der Grund dafür war, dass Murena einen Buckel hatte.

Doch auch das Publikum, das den Verhandlungen – wie gerade gehört – oft in großer Zahl beiwohnte, blieb dabei nicht ruhig.[29] Vielmehr war von dieser Seite ebenfalls immer mit spöttischen Bemerkungen zu rechnen. Catull gibt einen solchen Kommentar wieder, den sich sein Freund und Dichterkollege Caius Licinius Calvus während eines Auftritts als Anwalt anhören musste und bei dem (wieder einmal) nicht ganz klar wird, ob der Charakter als Schmähung oder als Anerkennung in Form einer scherzhaften Beleidigung überwiegt:[30]

Risi nescio quem modo e corona,
qui, cum mirifice Vatiniana
meus crimina Calvos explicasset,
admirans ait haec manusque tollens,
‹di magni, salaputium disertum!›

Ich lachte soeben über einen aus dem Publikum,
der, als ganz wunderbar gegen Vatinius
die Anklagepunkte mein Calvus ausgebreitet hatte,
voll Bewunderung dies sagte, wobei er die Hände erhob:
«Große Götter, was für ein beredter Schwanz!»

Es ist daher zu Recht bereits vielfach darauf hingewiesen worden, dass wir uns einen antiken Gerichtssaal immer auch wie eine Theaterbühne vorstellen sollten und die Akteure ihre Rollen nicht zuletzt mit Blick auf das Publikum spielten.[31] Doch angesichts des für uns ungewohnten Umstands, dass die Zuschauer in Rom weder der Aufführung eines Bühnenstücks noch dem Fortgang eines Prozesses mit andächtigem Schweigen folgten, sondern sich nicht selten zu anfeuernden oder abfälligen Kommentaren hinreißen ließen, ist mit Blick auf unsere Erfahrungswelt vielleicht der Vergleich mit einem Sportstadion oder einer Arena für den Kampf mit Worten passender.

Horaz, der König und der Essig

Eine eindrucksvolle Schilderung eines solchen verbalen Duells vor Gericht verdanken wir Horaz, dem wir eben schon als Schüler des Orbilius begegnet sind, in dem Text, den wir heute an siebter Stelle im ersten Satirenbuch lesen können. Sollte er allerdings unmittelbar nach dem Ereignis verfasst worden sein, das es schildert, wäre es eines seiner ältesten Gedichte;[32] es spielt nämlich noch während des Bürgerkrieges zwischen den Mördern Caesars und seinen Erben, der 42 v. Chr. mit dem Sieg Letzterer bei Philippi endete. Der junge Horaz hatte sich direkt von seinem Studium in Athen weg für die Seite der Republikaner anwerben lassen und diente als Offizier im Heer des Brutus.[33]

In dessen Feldlager in Kleinasien (also der heutigen Türkei) und vor ihm als Richter soll auch die Verhandlung stattgefunden haben, die aber angeblich schon Stadtgespräch war, ehe Horaz sie in seinem Gedicht unsterblich machte.[34] Dort werden zuerst die zwei Prozessgegner, Publius Rupilius Rex, römischer Bürger aus Praeneste (heute Palestrina in Latium), und Persius, Geschäftsmann aus dem nahe dem Feldlager gelegenen Klazomenai, in ihrem unversöhnlichen Grimm aufeinander vorgestellt und mit epischen Helden verglichen.[35] Nach dieser pompösen Präsentation, die uns bereits an den Einzug von Boxern in ihre Arena erinnern mag, werden die beiden Kontrahenten tatsächlich noch ganz explizit mit zwei Gladiatoren verglichen.[36] Dann folgt die Schilderung ihres ‹Kampfes› vor Gericht:[37]

>   *in ius*   (20)
> *acres procurrunt, magnum spectaculum uterque.*
> *Persius exponit causam; ridetur ab omni*
> *conventu: laudat Brutum laudatque cohortem,*
> *solem Asiae Brutum appellat stellasque salubris*
> *appellat comites excepto Rege; Canem illum,*   (25)
> *invisum agricolis sidus, venisse. ruebat*
> *flumen ut hibernum, fertur quo rara securis.*
> *tum Praenestinus salso multoque fluenti*
> *expressa arbusto regerit convicia, durus*
> *vindemiator et invictus, cui saepe viator*   (30)
> *cessisset magna conpellans voce cuculum.*
> *at Graecus, postquam est Italo perfusus aceto,*
> *Persius exclamat: ‹per magnos, Brute, deos te*

oro, qui reges consueris tollere, cur non
hunc Regem iugulas? operum hoc, mihi crede, tuorum est.› (35)

Zum Prozess
eilen sie voller Streitlust, ein großes Schauspiel bieten sie beide.
Persius legt seinen Fall dar; von der ganzen Versammlung erschallt
Gelächter: Lobt er doch Brutus und lobt sein Gefolge,
nennt Brutus die Sonne Asiens und nennt seine Begleiter
helfende Sterne – mit Ausnahme von Rex; jener sei über sie gekommen (25)
wie der Hundsstern, als den Bauern verhasstes Himmelszeichen. Er sprach
in einem fort wie ein Fluss im Winter, der die menschenleeren Berge
hinabstürzt.
Darauf zahlt der Mann aus Praeneste es ihm, der mit vielen Schmähungen
schäumt,
mit Beleidigungen heim, die aus dem Weinberg gekeltert sind, ein harter
Winzer
und ein unbesiegter, bei dem oft schon ein Wanderer klein beigeben
musste, (30)
wenn er ihm mit lauter Stimme ein provozierendes ‹Kuckuck› zugerufen
hatte.
Doch der Grieche Persius, nachdem er so mit italischem Essig
übergossen wurde,
ruft laut aus: «Bei den mächtigen Göttern, Brutus, beschwöre ich dich,
du, der du gewohnt bist, Könige aus dem Weg zu räumen, warum
schneidest du
nicht auch diesem Rex die Kehle durch? Das ist, glaube mir, deine
Bestimmung.» (35)

Persius' Verteidigungsstrategie besteht zunächst darin, Brutus in der Manier eines hellenistischen Monarchen zu schmeicheln, worauf das vor allem aus Römern bestehende Publikum mit Lachen reagiert, das vermutlich Persius gilt. Nachdem er auch noch die anderen wichtigen Personen in Brutus' Gefolge wortwörtlich in den Himmel gelobt hat, stellt er nun Rupilius Rex in einen scharfen Gegensatz dazu: Er allein ist die Ausnahme, die den Einheimischen

Verderben bringt. Diesen Versuch, ihn als schwarzes Schaf zu brandmarken und von seinen Landsleuten zu trennen, beantwortet Rupilius mit besonders aggressiven Beleidigungen, für die ihn Horaz mit einem Winzer vergleicht, die in Rom im Ruf standen, sich die Zeit bei der Arbeit im Weinberg gerne mit Schmähduellen zu vertreiben und dabei selten den Kürzeren zu ziehen.[38] Nachdem Rupilius sich gerade über seine Virtuosität in der Verspottung als Römer erwiesen hat und sein Gegner denn auch wie ein von ‹italischem Essig› übergossener Pudel dasteht, holt dieser überraschend doch noch zum finalen Schlag aus und fordert Brutus auf, auch diesen Rex zu Tode zu bringen.

Das in unseren Ohren womöglich eher matte Wortspiel[39] mit dem Eigennamen und dem Königstitel besaß für die Zeitgenossen eine hohe politische Relevanz: Sollen doch genau solche Hinweise auf seine Familiengeschichte, die angeblich bis zu dem Brutus zurückreichte, der die Könige Ende des 6. Jahrhunderts v. Chr. aus Rom vertrieben hatte, eine wichtige Rolle dabei gespielt haben, dass sich der aktuelle Träger des Namens schließlich doch zur Mitwirkung an der Ermordung Caesars bereitgefunden hatte.[40] Wenn Persius daher seinen Kontrahenten und den Ausgang eines banalen Rechtsstreits, dessen genauen Inhalt wir noch nicht einmal erfahren, in diese Reihe stellt, so macht er sich entweder selbst lächerlich – oder aber Brutus, der als Richter ebenso wenig entschlusskräftig ist wie als Politiker und sein Urteil dann auch noch von solch an den Haaren herbeigezogenen Argumenten abhängig macht.[41]

Seneca, der Kaiser und der Kürbis

Wie die Satire 1,7 mit ihrer Verortung in Horazens Vergangenheit als Rebell aber auch zeigt, spielte für die Schilderung solcher Prozesse, auch wenn der Akzent ganz auf den virtuosen Schmähungen liegt, häufig die Behauptung eine wichtige Rolle, eine Geschichte wiederzugeben, die das Leben schrieb. Das entzieht sich für uns in

aller Regel der Überprüfbarkeit. Immerhin kann man davon ausgehen, dass reale Gerichtsverhandlungen nicht völlig anders abliefen
und daher durchaus als generelle Inspirationsquelle dienen konnten. Darüber hinaus lässt sich aber auch mit guten Gründen vermuten, dass sich die Beschreibungen untereinander beeinflussten
und dass wir hier möglicherweise eine eigene Subgattung der satirischen Literatur greifen können.[42] Die Linie erhaltener Beispiele
ließe sich dann von Lucilius über Horaz noch zu Seneca verlän-
gern – umso mehr, als dieser gar nicht den Anspruch erhebt, einen
in der Realität möglichen Prozess zu schildern.

Unter den Schriften des jüngeren Seneca (ca. 1–65 n. Chr.), den
wir vor allem als Philosophen und Tragiker kennen, befindet sich
nämlich auch ein ganz anders geartetes Werk,[43] eine hasserfüllte
Abrechnung mit dem frisch verstorbenen Kaiser Claudius, dem er
nicht zuletzt seine Verbannung nach Korsika zur Last legt. Der
Form nach handelt es sich um eine menippeische Satire, also eine
Mischung aus Prosa- und Verspartien.[44] Zum Inhalt hat sie die
letzte Reise des am 13. Oktober 54 n. Chr. unter mysteriösen Um-
ständen zu Tode gekommenen Claudius, an deren Ende er aber
nicht – wie bei guten Herrschern üblich – in einen Gott verwandelt
wird, also eine Apotheose erfährt, sondern stattdessen vom Unter-
weltsrichter mit beleidigenden Strafen verhöhnt oder – wie wir sagen würden – veräppelt wird. Einen ganz ähnlichen Vorgang, nur
mit einem anderen Obst, scheint auch Seneca vor Augen gehabt zu
haben, als er der Schrift den Titel *Verkürbissung* gab und dafür
wohl eigens ein neues Wort im Griechischen prägte: Ἀποκολοκύντωσις.[45]

In seiner *Apocolocyntosis* lässt Seneca einerseits keine Gelegenheit aus, die Schwächen des Verstorbenen in einer geradezu unangenehmen Drastik zum Gegenstand von Spott zu machen: Das
betrifft nicht nur die vermeintlichen Fehler seiner Regierung, sondern auch ganz private Eigenschaften wie sein Hinken, sein Stottern oder seine unkontrollierten Kopfbewegungen, die uns heute
bei ‹Normalsterblichen› eher zu Mitleid veranlassen würden – die
wir aber noch immer in der gleichen Weise als Angriffsfläche für

Schmähungen nutzen, wenn es sich um Politiker oder andere prominente Persönlichkeiten handelt.[46] Andererseits findet sich in diesem Text aber auch eine große Zahl von Bezügen auf andere literarische Werke, unter denen naheliegenderweise nicht zuletzt den Satiren des Lucilius eine Hauptrolle zukommt.[47]

Das gilt zum einen für den gescheiterten Versuch des verstorbenen Claudius, in den Olymp unter die Götter aufgenommen zu werden, da sich die Wiedergabe der Sitzung, in der hierüber verhandelt und der Antragsteller in den Reden der Götter nach Strich und Faden als ungeeignet dargestellt wird,[48] vermutlich eng an die Schilderung anlehnt, mit der sich Lucilius über das ähnliche Ansinnen des Lentulus Lupus lustig gemacht hat.[49] Während es sich bei der Passage auf dem Olymp aber letztlich um eine parodistisch verfremdete Senatssitzung handelt, kommen wir mit einer anderen Szene nun zurück zu Gerichtsverhandlungen im engeren Sinne, wie sie Lucilius im Falle von Albucius gegen Scaevola und Horaz im Falle von Rex gegen Persius eindrucksvoll geschildert haben. Diesmal findet der Prozess allerdings in der Unterwelt vor dem Richterstuhl des Aiakos statt.[50] Nachdem Claudius zunächst keinen Anwalt finden kann, erklärt sich ein alter Saufkumpan, der genauso stottert wie er selbst, schließlich bereit, die Verteidigung zu übernehmen, doch wird diese gar nicht zugelassen, da auch er seine Urteile gefällt habe, ohne die andere Seite zu hören.[51] Nachdem die Schuld auf diese Weise festgestellt wurde, wird über das Strafmaß beraten:[52]

erant qui dicerent, Si<syph>um diu laturam fecisse[nt], Tantalum siti periturum nisi illi succurreretur, aliquando Ixionis miseri rotam sufflaminandam. non placuit ulli ex veteribus missionem dari, ne vel Claudius umquam simile speraret. placuit novam poenam constitui debere, excogitandum illi laborem irritum et alicuius cupiditatis spe<cie>m sine effectu. tum Aeacus iubet illum alea ludere pertuso fritillo. et iam coeperat fugientes semper tesseras quaerere et nihil proficere: …
apparuit subito C. Caesar et petere illum in servitutem coepit, producere testes, qui illum viderant ab illo flagris, ferulis, colaphis vapulantem. adiudicatur C. Caesari. Caesar illum Aeaco donat. is Menandro liberto suo tradidit, ut a cognitionibus esset.

Einige meinten, dass Sisyphus lange genug seine Last getragen habe, dass Tantalus am Durst zugrunde ginge, wenn man ihm nicht zur Hilfe komme, und irgendwann auch das Rad des armen Ixion mal angehalten werden müsse. Doch konnte man sich nicht dazu durchringen, einen der alten Sünder zu begnadigen, damit Claudius nicht irgendwann auf das Gleiche hoffen könne. Man kam überein, dass eine neue Art der Strafe festgelegt werden solle und man für ihn eine völlig sinnlose Arbeit finden müsse und etwas, das zwar den Anschein einer seiner Leidenschaften habe, aber zu gar nichts führe. Da befahl Aiakos ihm mit einem Becher zu würfeln, der keinen Boden hatte. Und schon fing er an, die Würfel einzusammeln, die immer wieder entflohen, und kam nicht zu Potte: …[53]

Da erschien plötzlich Caligula und begann ihn als Sklaven zu beanspruchen und Zeugen aufzubieten, die gesehen hatten, wie er von ihm mit Peitschen, Ruten und Ohrfeigen verprügelt worden war. Er wird Caligula zugesprochen. Caligula schenkt ihn Aiakos. Der übergibt ihn seinem Freigelassenen Menander, damit er als Gerichtsbüttel Dienst tut.

Die Herabsetzung besteht zunächst einmal darin, dass einige der Fehler, die Seneca Claudius unterstellt – seine Begeisterung für das Glücksspiel und seine Bereitschaft zum Fällen unüberlegter Urteile – erneut aufgegriffen und in besonders lächerliche Unterweltsstrafen überführt werden.[54] Der Auftritt Caligulas, seines Neffen und Vorgängers, der ihn als Sklaven beanspruchen kann, weil er ihn schon immer wie einen solchen behandelt habe, zielt auf die Rolle als Sonderling und Prügelknabe ab, die Claudius vor der überraschenden Thronbesteigung in der kaiserlichen Familie gespielt zu haben scheint.[55] Am Ende macht aber vor allem die Degradierung des einstigen Souveräns des antiken Weltreichs nicht nur zu einem unfreien Menschen, sondern zum bloßen Objekt, das in rascher Folge von einem zum anderen weitergereicht werden kann, bis er letztlich ganz unten in der Hierarchie des Gerichtes und der Gesellschaft angekommen ist, den Kern der Beleidigung aus.

Abb. 7: Mosaik mit der grotesken Darstellung eines armen Fischers
mit dunkler Haut (2. Jh. n. Chr.; aus Antiochia am Orontes,
heute im Archäologischen Museum Antakya)

5. Kleine Verhältnisse, ausländische Abstammung: Herkunft als Herabsetzung

In diesem und den folgenden Kapiteln ist das Auswahlkriterium
für die Stellen, die wir uns ansehen wollen, nicht mehr die Konstellation zwischen den Akteuren und auch nicht die Arena ihrer Aus-

einandersetzung. Ausschlaggebend soll nun vielmehr der Inhalt der jeweiligen Beleidigungen sein. Damit geht eine Veränderung der Blickrichtung einher: Während wir es bisher zumeist mit Schmähungen zwischen gleichberechtigten und daher auch gleich starken Sprechern zu tun hatten, nehmen wir jetzt vermehrt die Perspektive derer ein, die aufgrund der ihnen zugeschriebenen Merkmale – mehr wissen wir in der Regel nicht über sie – über eine schwächere Position in der Gesellschaft des antiken Roms verfügt haben dürften. Damit wird es für uns aber auch deutlich schwerer, die Virtuosität der Verspottung vorbehaltlos zu genießen. Im Gegenteil drängt sich nun der Gedanke an die negativen Folgen der Herabsetzungen für die Opfer in den Vordergrund, der sich freilich auch in den vorangegangenen Kapiteln nie ganz hat ausblenden lassen.

Beginnen wollen wir mit einer Auswahl derjenigen Fälle, in denen Personen ihre Herkunft zum Vorwurf gemacht wird. Aus moderner Perspektive würde man wohl erwarten, dass dabei vor allem die Charakterisierung als Fremder, Ausländer oder Zugezogener die zentrale Rolle spielt,[1] während Vorbehalte gegen soziale Aufsteiger innerhalb der eigenen Gesellschaft zwar existieren, ihnen aber nicht die gleiche diskriminierende Kraft zukommt. Man könnte indes zugespitzt sagen, dass es sich genau umgekehrt verhält[2] und Rom in diesem Punkt an das Lübeck der Buddenbrooks erinnert: Man kann zur Not aus einer anderen Stadt kommen, aber bitte aus den richtigen Verhältnissen. Diese prinzipielle Offenheit der römischen Gesellschaft gegenüber Einwanderung spiegelt sich nicht zuletzt in ihren Gründungsmythen: Nicht nur sollen ja die Trojaner unter Aeneas selbst als Flüchtlinge nach Italien gekommen sein,[3] sondern auch Romulus habe die Gründung der Stadt mit der Einrichtung einer Asylstätte verbunden, um durch die Aufnahme der Armen, Heimatlosen und Geknechteten, wie es später auf der amerikanischen Freiheitsstatue heißen wird, der Bevölkerung rasches Wachstum zu bescheren. Autoren in späteren Zeiten nahmen diese Maßnahme ihres Gründungsvaters oft mit einer gewissen Verwunderung zur Kenntnis, allerdings weniger, weil so Fremde Aufnahme in die Bürgerschaft gefunden hatten – das war auch noch bei der Ausdehnung des *imperium Romanum* vor allem in Italien der Fall –, sondern weil auch in Rom die Zeiten, in denen aus Hirten Könige und aus hergelaufenen Habenichtsen Senatoren werden konnten, natürlich längst vorbei waren.[4]

Dennoch wollen wir mit dem Vorwurf einer tatsächlichen oder angeblichen ausländischen Abstammung beginnen und uns jeweils ein Beispiel für die unter anderem mit ethnischen Stereotypen operierende Herabsetzung eines Karthagers, eines Iberers und eines Galliers sowie die von Griechen generell ansehen. Danach werden wir uns für die häufigere Situation der Schmähungen gegen ‹Emporkömmlinge› auf einen, dafür allerdings besonders interessanten Fall beschränken. Es wird sich aber zeigen, dass die gleiche Geringschätzung, ja Verachtung sozialer Aufsteiger auch den Hintergrund für die häufigen Herabsetzungen aufgrund der erworbenen Bildung und des gelernten Berufs bildete, die dann der nachfolgende Abschnitt thematisieren wird.

Ein Karthager im Kleid

Beginnen wir mit einer weiteren Komödie, die Plautus (ca. 254–184 v. Chr.) für ein Publikum in Rom geschrieben hat. Die Handlung wirkt auf den ersten Blick möglicherweise an den Haaren herbeigezogen, entspricht aber ganz dem typischen Plot dieser Stücke: Ein Vater sucht seine beiden Töchter, die geraubt und in die Sklaverei verkauft wurden. Wie er zu Recht vermutet, befinden sie sich im Besitz eines Zuhälters, der diese nun, da sie inzwischen das entsprechende Alter erreicht haben, an seine Kunden verkaufen will. Im letzten Moment aber trifft der Vater in der richtigen Stadt ein und kann dank seines geschickten Agierens – aus dem ein Großteil des Geschehens auf der Bühne besteht – den Zuhälter letztlich überlisten und seine Töchter befreien. Ungewöhnlich ist jedoch, dass die Handlung zwar wieder in Griechenland, diesmal in Kalydon, spielt, die Hauptfigur aber ein Karthager ist: Hanno, der seine Töchter jahrelang in der ganzen Mittelmeerwelt gesucht hat und dem wohl schon allein daher die Sympathie des Publikums galt. Nach ihm heißt das Stück *Poenulus*, ‹der kleine Punier›, und bereits am Titel zeigt sich die andere Seite der Darstellung des Protagonisten:[5] Hat das Deminutiv hier doch die gleiche herabsetzende Wirkung wie die Bezeichnung der Griechen als *Graeculi* und bringt so ein Gefühl der Überlegenheit zum Ausdruck.[6]

Dessen Grundlage bildeten Roms militärische Erfolge, von denen vor allem die Siege gegen Karthago noch frisch in Erinnerung gewesen sein dürften. Angesichts des Aufführungsdatums, das sich nicht genau bestimmen, aber auf die ersten beiden Jahrzehnte des 2. Jahrhunderts v. Chr. eingrenzen lässt,[7] ist sogar davon auszugehen, dass das Publikum zu großen Teilen aus Veteranen des Krieges gegen Hannibal (218–202 v. Chr.) oder aus Personen bestand, die im Zuge dieser langjährigen und ganz überwiegend in Italien ausgetragenen Auseinandersetzung Karthager vor allem als Feinde kennengelernt hatten.[8] Vor diesem Hintergrund kann man es vielleicht schon für eine gewisse Überraschung halten, dass Hanno in diesem Stück nicht als der Bösewicht, sondern als der Held und damit auch als primäre Identifikationsfigur auftritt. Zugleich bietet seine karthagische Herkunft aber mehrfach Anlass für Spott und Herabsetzungen.[9] Besonders gehäuft kommen diese in einer Szene zum Einsatz, die aus einem komödientypischen Missverständnis entsteht: Hanno umarmt die soeben wiedergefundenen Töchter erleichtert auf der Straße, als der Soldat Antamoenides auftritt, der eine der beiden gerade kaufen will:[10]

sed quid hoc est? quid est? quid hoc est? quid ego video? quo modo?
quid hoc est conduplicationis? quae haec est congeminatio?
quis hic homo est cum tunicis longis quasi puer cauponius?
satin ego oculis cerno? estne illaec mea amica Anterastilis?
et ea est certo. iam pridem ego me sensi nihili pendier.   (1300)
non pudet puellam amplexari baiiolum in media via?
iam hercle ego illum excruciandum totum carnufici dabo.
sane genus hoc mulierosumst tunicis demissiciis.
sed adire certum est hanc amatricem Africam.

heus tu, tibi dico, mulier, ecquid te pudet?   (1305)

quid tibi negoti est autem cum istac? dic mihi.

Hanno: adulescens, salve.   *Antomoenides: nolo, nihil ad te attinet.*

quid tibi hanc digito tactio est?   *Han.: quia mihi lubet.*

Ant.: lubet?

Han.: ita dico.   *Ant.: ligula, i in malam crucem!*

tune hic amator audes esse, hallex viri,   (1310)

aut contrectare quod mares homines amant?

deglupta maena, sarrapis sementium,

manstruca, halagora, sampsa, tum autem plenior

ali ulpicique quam Romani remiges.   (1315)

Aber was ist das? Was? Was ist das? Was muss ich sehen?

 Wie kann das sein?

Was für eine Umarmung ist das? Was ist das für eine Umschlingung?

Was ist das für ein Mann in einer langen Schürze, als wäre er ein Kellner?

Kann ich meinen Augen trauen? Ist das nicht Anterastilis, meine Geliebte?

Sie ist es ganz bestimmt. Ich habe schon längst gemerkt,

 dass ich ihr nichts bedeute.   (1300)

Schämt sich das Mädchen nicht, mitten auf der Straße einen

 Laufburschen zu umarmen?

Bei Gott, den werde ich zum Henker bringen, damit der ihn richtig

 auseinandernimmt.

Sicherlich läuft dieses Volk mit seinen herabhängenden Kleidern

 herum wie Frauen.

Aber es steht doch fest, dass ich jetzt mal zu diesem Afrikaner-

 Schätzchen rübergehe.

Hey du, ja, dich meine ich, du Tunte, schämst du dich gar nicht?   (1305)

Was hat einer wie du denn mit dieser da zu schaffen? Sag es mir!

Hanno: Sei gegrüßt, junger Mann!   Antomoenides: Lieber nicht,

 bei einem wie du es bist.

Wie kommst du dazu, die hier mit deinen Fingern anzufassen?

 Han.: Weil es mir gefällt.

Ant.: Gefällt?   Han.: Genau.   Ant.: Galgenstrick,

 geh' doch zum Henker!

Du wagst es, hier den Liebhaber zu geben, du Männchen
    in Daumengröße,   (1310)
oder in deine Arme zu nehmen, in was echte Männer sich
    verliebt haben?
Du abgeschabter Hering, du persischer Mantel voller Flecken,[11]
du sardischer Schafspelz, du Fass voller Salz, du weiche Olive,
    du bist
mehr mit Lauch und Knoblauch vollgestopft als römische
    Ruderknechte.   (1315)

Dass der schon bis dato nicht sonderlich sympathisch gezeichnete Vertreter seines Berufsstandes sich dann recht schnell von dem dazukommenden Bürgersohn Agorastocles einschüchtern und zum Schweigen bringen lässt,[12] darf man wohl als Relativierung seiner Schmähungen verstehen. Jedenfalls kann er mit ihnen bei den Zuschauern innerhalb der Bühnenhandlung nicht punkten. Deutlich schwieriger ist es jedoch abzuschätzen, wie das Publikum auf den Rängen auf solche Beleidigungen reagiert haben könnte. Einerseits dürften ihnen die ethnischen Stereotype – fremde Kleidung, unmännliches Verhalten, exotische Essgewohnheiten[13] – geläufig gewesen sein und daher zu bestätigendem Lachen eingeladen haben. Andererseits ruft die effektvoll ans Ende gerückte Beschimpfung als römische Ruderknechte ihnen in Erinnerung, dass hier zwar ein Soldat auf Karthager hinabblickt, er aber zugleich Grieche ist und die Römer nicht weniger verachtet. Eine ähnliche Ambivalenz lässt sich auch an weiteren Stellen beobachten, so dass man vermuten könnte, dass nicht das Fremdsein als solches die Quelle der Komik bilden soll, sondern die übliche Art und Weise darauf zu reagieren.[14] Ob das tatsächlich der Fall war, lässt sich nur anhand des überlieferten Textes kaum entscheiden.[15] Das Stück mit dem programmatischen Titel *Poenulus* ließe sich jedenfalls ohne weiteres so inszenieren, dass man nicht über den Fremden, sondern über die fremdenfeindlichen Klischees lacht.[16]

Ein Iberer mit weißen Zähnen

In einem der Gedichte, in denen Catull – oder genau genommen
die Person, die er in seinen Texten auftreten lässt – seinem Ärger
über die Untreue der von ihm geliebten Lesbia freien Lauf lässt,
stellt er sich vor, wie er vor die versammelte Schar ihrer Liebhaber
tritt,[17] diese mit Gesten seiner überlegenen Männlichkeit ein-
schüchtert und wüst beschimpft.[18] Nachdem er sie allesamt noch
als Zwerge und Straßencasanovas bezeichnet hat,[19] nimmt er am
Ende einen Konkurrenten besonders aufs Korn und nennt sogar
seinen Namen:[20]

tu praeter omnes une de capillatis,
cuniculosae Celtiberiae fili,
Egnati. opaca quem bonum facit barba
et dens Hibera defricatus urina.

Du vor allem, einer von den Langhaarigen,
Sohn des Kaninchenlandes Keltiberien,
Egnatius, den ein dunkler Bart zu einem Edelmann macht
und ein Gebiß, geputzt mit iberischem Urin.

Dieses Kurzporträt gewinnt seine herabsetzende Wirkung vor allem
aus der Kombination der drei genannten Merkmale, aus denen wir
uns unwillkürlich das Gesicht des Geschmähten zusammensetzen,
mit den ethnischen Stereotypen, wie sie mit einer Herkunft von der
iberischen Halbinsel verbunden sind. Die betont ans Ende gesetz-
ten unappetitlichen Details der Zahnpflege sollen dabei besonders
im Gedächtnis haften bleiben und sorgen dafür, dass wir, wenn wir
zum übernächsten Gedicht weiterblättern, schon nach der ersten
Zeile – die in der Antike als Titel fungierte – die böse Pointe bereits
erahnen: *Egnatius, quod candidos habet dentes, …* («Da Egnatius
strahlend weiße Zähne hat, …»).[21] Bevor wir in den letzten Versen
noch einmal diese angeblich typisch iberische Methode der Reini-

gung geschildert bekommen,[22] nimmt der Text aber einen doppelten Umweg. Zuerst wird Egnatius unterstellt, bei allen passenden und vor allem unpassenden Gelegenheiten ein Dauerlächeln zur Schau zu tragen, um seine Zähne in Szene zu setzen.[23] Danach zählt Catull in karikierender Art und Weise eine ganze Reihe italischer Völkerschaften auf – darunter auch die Transpadaner, zu denen er sich selbst zählt –, bei denen eine solche Marotte noch eher harmlos wäre,[24] um Egnatius den gutgemeinten Rat zu geben, dass er als Iberer aber davon Abstand nehmen müsse, weil jeder in Rom von dieser landestypischen Hygienepraxis wisse und sich deswegen vor ihm ekele.

Durch die Wiederholung des plastischen Details in zwei benachbarten Texten wird eine scheinbare Evidenz für diese ethnologische Anomalie erzeugt, die jedoch durch keinerlei Parallelüberlieferung gestützt wird. Das gilt nicht nur für eine vermeintlich reale Praxis auf der iberischen Halbinsel, sondern auch für ein entsprechendes in Rom oder anderswo kursierendes Vorurteil. Es ist also eher davon auszugehen, dass diese skurrile Anschuldigung gänzlich aus der Luft gegriffen ist und gerade darin ihr komischer Effekt besteht. Dass es vielleicht gerade um die Haltlosigkeit derartiger Vorwürfe geht, könnte noch durch zwei weitere Punkte unterstrichen werden: zum einen durch den Umstand, dass der Name Egnatius für Catulls Zeitgenossen vermutlich keinen iberischen, sondern einen samnitischen Klang gehabt haben dürfte,[25] und zum anderen durch die vorgeschaltete Aufzählung anderer Ethnien und der mit ihnen verbundenen Stereotype, darunter auch die des Dichters selbst, der sich sonst geradezu als der akkulturierte Römer in Reinkultur präsentiert.

Ein Gallier von Geburt

Ein ganz besonderer Platz im kollektiven Gedächtnis der Römer kommt der Niederlage gegen die Gallier am Flüsschen Allia und der anschließenden Eroberung ihrer Stadt im frühen 4. Jahrhundert v. Chr. zu.[26] Die Demütigung, dass der gallische Heerführer Brennus und seine Scharen die Häuser und Tempel plündern durften, während die letzten Verteidiger nur vom Kapitol aus zuschauen konnten, wirkte lange nach und führte nicht zuletzt dazu, dass die Unterstellung einer gallischen Herkunft zu den Standardvorwürfen in den politischen Invektiven der Republik gehörte. So ließ Cicero nichts unversucht, um selbst Piso Caesonius, dem Konsul des Jahres 58 v. Chr., Schwiegervater Caesars und Angehörigen der alteingesessenen *gens Calpurnia*, eine solche Abstammung anzudichten.[27]

Noch überraschender ist vielleicht nur noch, dass selbst der römische Kaiser Claudius als Gallier von Geburt präsentiert werden kann, wenn auch natürlich nur nach dessen Tod, wie von Seneca in seiner Generalabrechnung unter dem schönen Titel *Apocolocyntosis*.[28] In einer der ersten Szenen dieser Satire[29] wird seine Ankunft im Olymp gemeldet und der Frischverstorbene dabei in karikierender Art und Weise beschrieben, indem unter anderem sein Hinken und Stottern hervorgehoben werden. Noch demütigender dürfte es für den noch bis vor wenigen Tagen mächtigsten Mann der Welt aber gewesen sein, dass er den Göttern völlig unbekannt ist und daher erkennungsdienstlich behandelt werden muss.[30] Zu diesem Zweck entsendet Jupiter Herkules als eine Art Polizeibüttel, da dieser für seine zwölf Taten viel herumgekommen sei und dabei doch Menschen aus allerlei Ländern kennengelernt habe:[31]

> *tum Hercules primo aspectu sane perturbatus est, ut qui etiam non omnia monstra timuerit. ut vidit novi generis faciem, insolitum incessum, vocem nullius terrestris animalis sed qualis esse marinis beluis solet, raucam et implicatam, putavit sibi tertium decimum laborem venisse. diligentius intuenti visus est quasi homo.*

Da verlor Herkules gleich beim ersten Anblick gänzlich die Fassung, als hätte er nicht schon alle Monster fürchten müssen. Als er dieses Gesicht ganz eigener Art sah, diese ungewöhnliche Fortbewegungsart, und diese Stimme hörte, wie sie kein Lebewesen auf dem Land, sondern wie sie sonst Ungeheuer im Meer haben, rau und abgehackt, glaubte er, dass ihm nun seine dreizehnte Aufgabe bevorstehe. Als er genauer hinsah, gewann er doch den Eindruck, dass es sich um eine Art Mensch handeln könnte.

Als Herkules ihn daraufhin auf Griechisch nach seinem Namen und seiner Herkunft fragt, gibt sich Claudius mit einem Homervers als Nachfahre der Trojaner zu erkennen,[32] was durchaus der offiziellen Repräsentation der kaiserlichen Familie entsprach, die ihren Stammbaum bis auf Aeneas zurückführte:[33]

> *et imposuerat Herculi minime vafro, nisi fuisset illic Febris, quae fano suo relicto sola cum illo venerat: ceteros omnes deos Romae reliquerat. ‹iste› inquit ‹mera mendacia narrat. ego tibi dico, quae cum illo tot annis vixi: Luguduni natus est, Marci municipem vides. quod tibi narro, ad sextum decimum lapidem natus est a Vienna, Gallus germanus. itaque quod Gallum facere oportebat, Romam cepit.›*

Und das hätte auf Herkules, der nicht der hellste ist, Eindruck gemacht, wenn nicht die Göttin des Fiebers da gewesen wäre, die als Einzige ihren Tempel verlassen hatte und mit ihm gekommen war: Die anderen Götter hatte er alle in Rom zurückgelassen. «Der da», sagte sie, «erzählt lauter Lügenmärchen. Ich sage dir, die ich viele Jahre mit ihm zusammengelebt habe: Er ist in Lugdunum geboren, du siehst einen Bürger des Marcus vor dir.[34] Ich sage es dir, er ist am sechzehnten Meilenstein vor Vienna geboren, ein leibhaftiger Gallier. Daher hat er auch getan, was Gallier tun müssen: Er hat Rom unterworfen.»

An dieser Stelle verbindet sich der Vorwurf einer gallischen Abstammung, der aus dem Umstand, dass Claudius tatsächlich 10 v. Chr. in Lugdunum (Lyon) geboren wurde, weil sein Vater Drusus dort als Befehlshaber stationiert war, abgeleitet wird, mit der Kritik an seinem angeblich ebenso blutrünstigen wie willkürlichen Regierungsstil, der gleich noch dadurch illustriert wird, dass Claudius der Göttin des Fiebers für ihre unverfrorene Äußerung den Kopf abschlagen lassen will, aber niemanden finden kann, der seinem Befehl Folge leistet.[35] Rückblickend wird klar, dass bereits der vorherige Vergleich mit einem Meerungeheuer nicht nur der Entmenschlichung und dem Spott über seine Handicaps diente, sondern auch dort schon Vorurteile gegenüber Galliern mitschwangen, die sich angeblich durch eine heisere und unverständliche Sprache, durch große und grobschlächtige Körper, vor allem aber durch ihre unkontrollierte Brutalität auszeichneten. Diese Stereotype erhalten hier ihr besonderes Gewicht dadurch, dass sie ausgerechnet auf den römischen

Kaiser zutreffen sollen, den man eigentlich für den *vir vere Romanus*, den ‹echten Römer› schlechthin, halten sollte.

Ein Grieche kommt überall hin

Im Laufe der Kaiserzeit verblasste zwar die Wahrnehmung von Nichtrömern als ehemaligen Gegnern auf dem Schlachtfeld, sie wurden aber gleichwohl nach wie vor und wohl sogar verstärkt als Konkurrenten bei dem Ringen um soziale Aufstiegschancen angesehen. Die damit verbundenen Ressentiments lassen sich als eine Schattenseite des Umstandes begreifen, dass wir es beim Rom des 1. und 2. Jahrhunderts n. Chr. mit einer vergleichsweise offenen Gesellschaft zu tun haben, die von der Globalisierung der antiken Welt letztlich in hohem Maße profitierte. Das Bild hingegen, das die Spötter und Satiriker in ihren Texten vom Leben in der multikulturellen Hauptstadt des Imperiums zeichnen, betont die vielen kleinen Konflikte und das Reibungspotential, das sich aus dem Zusammenleben in den engen Gassen der Millionenmetropole wohl zwangsläufig ergab. So gibt der zu Beginn des 2. Jahrhunderts n. Chr. tätige Dichter Juvenal in einer seiner bekanntesten Satiren ein Gespräch zwischen sich selbst und einem gewissen Umbricius wieder, der sich trotz seines schon vorgerückten Alters nun entschlossen hat, seine Heimatstadt Rom zu verlassen und nach Cumae auszuwandern.[36]

Um seine Entscheidung zu begründen, schildert Umbricius in den grellsten Farben die Zumutungen des Lebens in der Großstadt, aber auch generell in der Gegenwart im Vergleich zur guten alten Zeit. Dabei spielt neben einem allgemeinen Sittenverfall und der Schere zwischen Arm und Reich, die ihm zufolge immer weiter auseinandergeht, auch der in seinen Augen größer werdende Einfluss von Nichtrömern eine entscheidende Rolle:[37]

Quae nunc divitibus gens acceptissima nostris
et quos praecipue fugiam, properabo fateri,
nec pudor obstabit: non possum ferre, Quirites,   (60)

Graecam urbem. quamvis quota portio faecis Achaei?
iam pridem Syrus in Tiberim defluxit Orontes
et linguam et mores et cum tibicine chordas
obliquas nec non gentilia tympana secum
vexit et ad circum iussas prostare puellas. (65)
ite, quibus grata est picta lupa barbara mitra!
...

ingenium velox, audacia perdita, sermo
promptus et Isaeo torrentior. ede quid illum
esse putes! quemvis hominem secum attulit ad nos: (75)
grammaticus, rhetor, geometres, pictor, aliptes,
augur, schoenobates, medicus, magus, omnia novit
Graeculus esuriens: in caelum iusseris, ibit.

Welche Art von Leuten heutzutage bei den Reichen am beliebtesten ist
und vor wem ich vor allem die Flucht ergreife, will ich dir eilends
  gestehen
und die Scham soll mir nicht im Weg stehen: Ich kann nicht mehr,
  Bürger Roms, in einer (60)
griechischen Stadt leben. Doch wie viel Prozent des Abschaums sind
  echte Griechen?
Schon längst hat der Orontes seine syrischen Fluten in den Tiber
  ergossen
und seine Sprache und Sitten und mit dem Flötenspieler die schrägen
  Harfen
und nicht zuletzt die Trommeln aus ihren einheimischen Kulten mit
  hierhergebracht
und die jungen Frauen, die am Circus auf den Strich gehen müssen. (65)
Lauft hin, wenn ein Barbarenflittchen mit bunter Mütze nach eurem
  Geschmack ist!
...
Ihre Auffassung ist geschwind, ihre Dreistigkeit grenzenlos, ihr Talent
  zum Sprechen
gleich zur Hand und mitreißender als beim Redner Isaios.[38] Lass hören,
  was jener

sein soll! Jede Art Mensch hat er in einer Person zu uns geführt: (75)
Ein Lehrer, ein Rhetorikprofessor, ein Mathematiker, ein Maler,
    ein Masseur,
ein Wahrsager, ein Seiltänzer, ein Arzt, ein Magier – auf alles versteht
    sich ein
Griechlein, wenn es Hunger hat: Ist das der Befehl, wird es in den
    Himmel steigen.

Zu den großen Themen der Juvenalforschung gehört die umstrit-
tene Frage, inwieweit sich die oft ausgesprochen xenophoben, frau-
enfeindlichen oder überhaupt engstirnig reaktionären Positionen,[39]
die von der Person vertreten werden, die der Dichter in seinem Namen sprechen lässt, auf die Meinungen des realen Autors zurück-
führen lassen.[40] Hier liegt der Fall insofern anders, als der Dichter
sich selbst nur als Zuhörer präsentiert und stattdessen einen verbit-
terten älteren Mann lamentieren lässt, von dem wir den Eindruck
erhalten, dass er sich als Globalisierungsverlierer empfindet und so
wohl eine leichte Beute für jeden antiken oder modernen Populis-
ten wäre, der ihm verspricht *to make Rome great again*. Zugleich
wird die Figur des Umbricius aber in ihrer Glaubwürdigkeit unter-
graben, nicht zuletzt dadurch, dass es gerade seine Rolle als Klient,
der von Almosen vermögender Patrone lebt, ist, aus der er sich ver-
drängt fühlt.[41] Seine Klage über das Talent der Griechen, sich bei
den Superreichen seiner Zeit einzuschmeicheln, ist daher gleichzeitig eine Karikatur seines eigenen Lebensmodells als *umbra*, als
Schatten im Gefolge der Mächtigen, oder als Schmarotzer, wie wir
vielleicht sagen würden. Auch dass Umbricius, ‹der Schattenmann›,
aus der *Graeca urbs* Rom ausgerechnet nach Cumae, einer ehemals
griechischen Gründung, auswandern will, trägt nicht gerade dazu
bei, dass seine Autorität als Sprecher gestärkt wird.[42]
    Doch abgesehen von der in der Tat schwer zu entscheidenden
Frage, ob sich der Dichter von seinem Sprecher distanziert und sich
über die Sicht dieses *angry white man* auf das moderne Rom vielleicht sogar lustig machen will, ist doch auch hier auffällig, dass die
ethnische Herkunft eine untergeordnete Rolle für die Herabset-

zung spielt. Das zeigt sich unter anderem darin, dass der Sprecher letztlich gar keinen Unterschied zwischen ‹echten› Griechen aus Griechenland und den griechisch akkulturierten Bewohnern des Nahen Ostens macht.[43] Beide nimmt er primär als Konkurrenten um die Gunst der einflussreichen Kreise seiner Zeit wahr und begründet seine Ablehnung vor allem damit, dass ihnen der soziale Aufstieg so leicht und schnell gelinge.

Horaz und der Emporkömmling im Spiegel

Mit der Kritik an ‹Emporkömmlingen› sind wir nun schon bei dem anderen Thema des Kapitels angelangt. Sie kommt viel häufiger vor und richtet sich durchaus nicht nur gegen Personen, deren anfänglich untergeordnete Stellung dem Umstand geschuldet ist, dass sie als Migranten Teil der römischen Gesellschaft geworden sind. Im Gegenteil mussten sich sogar Politiker, die sich aus dem Stand eines Ritters heraus als Erste in ihrer Familie um die höchsten Ämter und die Aufnahme in den Senat bewarben, den Vorwurf gefallen lassen, *homines novi* zu sein, die einen ihnen nicht zustehenden Aufstieg anstrebten, was daher trotz der bekannten Ausnahme Ciceros recht wenigen gelang.[44] Die außerordentlich negative Bewertung sozialer Mobilität zeigt sich jedoch mit besonderer Härte am unteren Rand der Gesellschaft, und zwar vor allem dann, wenn die Freilassung aus der Sklaverei mit einem ökonomischen oder ideellen Startkapital in Form von Ausbildung, handwerklichen Fertigkeiten oder Kontakten innerhalb der Oberschicht verbunden war, das einen raschen Aufstieg in finanzieller Hinsicht ermöglichte. Umso wichtiger waren für die ‹Verlierer› im wirtschaftlichen Wettbewerb ihre rechtlichen Privilegien und die anhaltende Diskriminierung der Freigelassenen als ehemalige Sklaven und nicht als gleichberechtigte Bürger,[45] die deswegen auch ein Dauerthema in den einschlägigen Schmähungen solcher ‹Neureichen› darstellt.

Was Horaz in seiner 4. Epode schildert, müssen wir uns daher wohl als eine typische Szene auf den Straßen Roms vorstellen.[46] In diesem Fall ist es sogar die *via Sacra* selbst, wahrscheinlich auf ihrem prominentesten Teilstück, das über das *Forum Romanum* führte, auf welcher der Sprecher des Gedichtes seinem Ärger über das in seinen Augen anmaßende Verhalten einer anderen Person Luft macht, indem er diese mit folgenden Schmähungen überzieht:[47]

> lupis et agnis quanta sortito obtigit,
> > tecum mihi discordia est,
> Hibericis peruste funibus latus
> > et crura dura compede.
> licet superbus ambules pecunia,
> > fortuna non mutat genus. (5)
> videsne, sacram metiente te viam
> > cum bis trium ulnarum toga,
> ut ora vertat huc et huc euntium
> > liberrima indignatio? (10)

> Wie das Schicksal Wölfe und Lämmer zu Gegnern gemacht hat,
> > so groß ist auch der Unterschied zwischen dir und mir,
> du, der du am Rücken Brandmale von der iberischen Peitsche
> > und an den Beinen von den harten Fesseln trägst.
> Magst du auch aufgebläht von deinem Geld einherstolzieren, (5)
> > dein Glück ändert nichts an deiner Geburt.
> Siehst du nicht, dass, wenn du die Heilige Straße abschreitest
> > mit deiner zweimal drei Ellen langen Toga,
> die Blicke der hierhin und dorthin Gehenden sich auf dich richten,
> > weil die offenkundigste Empörung sie dazu bringt? (10)

Genau in der Mitte dieser überraschend wohlgegliederten ‹Wutrede› kommt es nun zu einem Wechsel der Sprechhaltung.[48] Während der Dichter sich bislang selbst in einer vermeintlich unvermittelten und spontanen Reaktion auf den provozierenden Auftritt des Neureichen gezeigt hat,[49] gibt er in der zweiten Hälfte die abschätzigen Bemerkungen anderer Passanten wieder,[50] deren feindselige Blicke er zuvor noch als Überleitung erwähnt hatte:[51]

‹sectus flagellis hic triumviralibus
   praeconis ad fastidium
arat Falerni mille fundi iugera
   et Appiam mannis terit
sedilibusque magnus in primis eques
   Othone contempto sedet.   (15)
quid attinet tot ora navium gravi
   rostrata duci pondere
contra latrones atque servilem manum
   hoc, hoc tribuno militum?›   (20)

«Der hat die Geißeln der Triumvirn zu spüren bekommen,
   bis selbst der Ausrufer nicht mehr konnte.
Jetzt nimmt er tausend Joch falernischen Bodens untern Pflug,
   und nutzt die Via Appia mit seinen Luxusponys ab,
setzt sich großspurig als Ritter in die ersten Reihen   (15)
   und schert sich nicht um Othos Gesetz.[52]
Was soll es bringen, so viele mit schwerem Erz versehene
   Schiffsschnäbel ins Feld zu führen
gegen die Seeräuber und das Sklavenheer,
   solange der da, ja der da Militärtribun ist?»   (20)

Der primäre Sprecher des Gedichts und die Passanten reiben sich allesamt am zur Schau gestellten Erfolg des vermögenden und nun mit einem wichtigen Kommando betrauten Aufsteigers und betonen vor allem den Gegensatz zu seinem vorherigen Status als öffentlich ausgepeitschter Sklave. Dabei bleibt freilich unklar, ob es sich um zugespitzte Beleidigungen handelt oder man sich in der turbulenten Bürgerkriegszeit eine solch steile Karriere tatsächlich vorstellen könnte. Die Forschung ist aber ohnehin mit guten Gründen davon abgekommen, hinter dem anonymen Opfer dieser Schmähungen überhaupt eine konkrete Person der Zeitgeschichte identifizieren zu wollen.[53]

   Als interessanter, aber auch irritierender erweist sich vielmehr ein anderer Bezug, und zwar der auf den Dichter selbst. Muss Horaz, der als Sohn eines nicht allzu vermögenden Freigelassenen aus dem süditalischen Venusia bis in die höchsten Kreise der Haupt-stadt aufstieg, doch nicht nur fraglos als ein ‹Emporkömmling› gel-ten, sondern berichtet in seinen Gedichten auch selbst mehrfach von den Diskriminierungen, die er deswegen erfahren hat.[54] Wie passt das Selbstbild als Opfer solcher Herabsetzungen zu der Rolle als Täter, die der Sprecher in der 4. Epode einnimmt, ohne dass wir Hinweise erhalten, dass wir hier einer anderen Person als dem Dichter zuhören? Natürlich kann man annehmen, dass Horaz mit diesem Gedicht gerade auf den Unterschied zwischen seinem eige-nen angemessenen, da bescheidenen Verhalten und dem unange-messenen, da überheblichen Auftritt seines Gegenübers hinaus-will.[55] Das setzt aber einerseits voraus, dass die Sympathie des Lesers bei dem Schmähenden liegt, was zumindest heute nicht zwingend der Fall sein dürfte, und andererseits, dass beide Figuren sich hin-reichend unterscheiden, damit sie nicht verwechselt werden, woran man bei einem genaueren Blick auf die genannten Details doch berechtigte Zweifel bekommen kann.[56]

Vor diesem Hintergrund erscheint es jedenfalls nicht gänzlich abwegig, dass Horaz hier zwar einen *prima vista* unterhaltsamen Wutausbruch auf der *via Sacra* in Szene gesetzt hat, der letztlich aber doch zum Nachdenken darüber anregen sollte, wie berechtigt die gängigen gesellschaftlichen Vorurteile sind, vor allem, wenn diese sich nur an Äußerlichkeiten festmachen. Ob sich daran aller-dings etwas änderte, wenn der ergriffene Beruf oder die erworbene Bildung zum Gegenstand der Schmähung wurde, werden wir im folgenden Kapitel sehen.

Abb. 8: Demokrit, der lachende Philosoph, scheint auf diesem Gemälde von
Johan Moreelse eher jemanden zu verspotten – vielleicht einen semidoctus?
(1. Hälfte des 17. Jh.s; Zentralmuseum Utrecht)

6. Fehlende Bildung, der falsche Beruf:
Broterwerb als Beleidigung

Sich sein Brot mit Arbeit zu verdienen, galt in der Oberschicht
Roms – wie in vielen anderen vormodernen Gesellschaften auch –
bereits als Vorwurf, erst recht, wenn man dafür auf die eigenen
Hände angewiesen war. Wer dazugehören wollte, musste genug
Geld haben, um andere für sich arbeiten zu lassen, so dass er sich
ganz auf die Aktivitäten konzentrieren konnte, die einem freien
Mann allein als angemessen erachtet wurden, für die später der
irreführende Begriff der *septem artes liberales* aufkommen sollte. Lag
der Akzent in der Republik noch stärker auf den voraussetzungs-

reichen, aber unentgeltlichen Tätigkeiten als Redner, Anwalt oder
Politiker, wurde im Lauf der Kaiserzeit Bildung auch an sich wichtiger und diente zunehmend der Abgrenzung der etablierten Eliten
gegenüber Aufsteigern, die zwar rasch zu Geld, aber nicht zum richtigen Umgang mit Kunst, Kultur und Literatur gelangen konnten.

Vor diesem Hintergrund könnte man also zugespitzt sagen, dass
es in Rom gar keine ‹richtigen› Berufe gab, also Tätigkeiten, mit
denen man Geld und Anerkennung erwerben konnte. Oder anders
gesagt: Nur wer schon reich genug war, konnte seinen Lebensunterhalt so bestreiten, dass er darüber gar keinen Anlass für Herabsetzungen gab. Dennoch bieten sich natürlich einige Formen der
Erwerbsarbeit mehr für Spott und Beleidigungen an als andere, wie
wir im Folgenden sehen werden. Und wenn man keinen Beruf hat,
dann werden sich doch zumindest in der Bildung genug Blößen
finden lassen, um daraus einen möglichst verletzenden Vorwurf zu
konstruieren. Dabei begibt man sich aber zugleich auf dünnes Eis,
sollte man doch tunlichst vermeiden, selbst Lücken zu offenbaren.
Noch höher wird der Einsatz dadurch, dass in Roms Bildungskultur nicht der Inhalt allein zählt, sondern auch die möglichst virtuose Art seiner Präsentation: Wer nur Wissen wiedergibt oder sich
im Aufzählen von Fakten ergeht, erweist sich selbst als *semidoctus*,
‹halbgebildet›, und zieht den Spott seiner Umwelt auf sich.[1]

Ihr wollt doch nur mein Bestes!

Beginnen wir aber dort, wo nach der Vorstellung der Zeitgenossen
nicht nur ‹unten› war, sondern wo wir es auch mit solchen Berufen
zu tun haben, die sich mit der bürgerlichen Ehre angeblich nicht
vertrugen und deswegen als infam galten.[2] Zu diesem Zweck lassen
wir uns ein letztes Mal von Plautus mitnehmen und werden Zeuge
einer Szene, die zwar laut Bühnenhandlung im griechischen Epidauros spielte, sich aber sicherlich so auch in Rom an der Wende vom 3.
zum 2. Jahrhundert v. Chr. auf der Straße hätte ereignen können.
Das Stück hat seinen Titel *Curculio*, ‹der Vielfraß›, von der Figur des

Parasiten mit diesem passenden Namen, dem es dank einer gerissenen Intrige gelingen wird, Phaedromus und die von ihm geliebte Planesium zusammenzubringen.[3] Zu diesem Zweck muss sie allerdings zuerst von ihrem Zuhälter Cappadox freigekauft werden, was mit der unfreiwilligen Hilfe des Bankiers Lyco geschieht, der als Opfer eines von Curculio eingefädelten Betruges die benötigte Summe schließlich zur Verfügung stellt, auch wenn Cappadox am Ende der Geschädigte sein wird, da sich herausstellt, dass Planesium als eine ursprünglich Freigeborene widerrechtlich versklavt wurde.

Obwohl man also beide in gewisser Weise für das Opfer der Intrige halten könnte und Cappadox in diesem Stück auch sonst als eine vergleichsweise sympathische Ausnahme gezeichnet wird,[4] bekommt Curculio im Moment seines Triumphes eine doppelte Schmährede in den Mund gelegt, in der sich so gut wie alle Vorurteile gegen die Vertreter beider Berufe wiederfinden:[5]

Curculio: *egon ab lenone quicquam*

mancupio accipiam, quibus sui nihil est nisi una lingua,   (495)

qui abiurant si quid creditumst? alienos mancupatis,

alienos manu emittitis alienisque imperatis,

nec vobis auctor ullus est nec vosmet estis ulli.

item genus est lenonium inter homines meo quidem animo

ut muscae, culices, cimices pedesque pulicesque: (500)

odio et malo et molestiae, bono usui estis nulli,

nec vobiscum quisquam in foro frugi consistere audet;

qui constitit, culpant eum, conspicitur, vituperatur,

eum rem fidemque perdere, tam etsi nil fecit, aiunt.

Lyco: edepol lenones meo animo novisti, lusce, lepide.   (505)

Curc.: eodem hercle vos pono et paro. parissimi estis hibus:

hi saltem in occultis locis prostant, vos in foro ipso;

vos faenori, hi male suadendo et lustris lacerant homines.

rogitationis plurimas propter vos populus scivit,

quas vos rogatas rumpitis: aliquam reperitis rimam;   (510)

quasi aquam ferventem frigidam esse, ita vos putatis leges.

Curculio: Soll ich dem Versprechen
eines Zuhälters vertrauen, Leute, die doch nichts als eine Zunge haben, (495)
mit der sie ihre Schulden abstreiten? Fremde verkauft ihr,
ihr lasst Fremde frei und gebt Fremden eure Befehle,
doch für euch tritt keiner als Bürge auf und ihr seid Bürge für keinen.
Das Zuhältergezücht ist für die Menschen meiner Meinung nach
nichts anderes als Fliegen, Mücken, Wanzen, Läuse und Flöhe: (500)
Zum Ärger, Übel und Verdruss, zu keinem guten Zweck seid ihr da
und kein anständiger Mann wagt, auf dem Markt bei euch stehenzubleiben;
wer stehenbleibt, kommt in Verruf, wird verdächtigt und getadelt,
und es heißt, er ruiniere Geld und Ansehen, auch wenn er gar nichts
    macht.
Lyco: Meine Güte, die Zuhälter kennst du ja aufs Hübscheste, Holzauge! (505)
Curc.: Euch stelle ich, bei Gott, auf die gleiche Stufe. Ihr seid um
    nichts besser als jene:
Die bieten ihre Dienste wenigstens im Verborgenen an, ihr mitten auf dem
    Forum;
ihr ruiniert durch Wucher, diese durch Verlockung und Freudenhäuser
    die Menschheit. (510)
Wie viele Gesetze hat das Volk schon gegen euch erlassen,
die ihr, kaum beschlossen, brecht: Irgendein Schlupfloch findet ihr immer;
als wäre kochendes Wasser kalt, so viel achtet ihr die Gesetze.

Auch wenn die Verspottung von Kupplern und Geldverleihern zu
den wiederkehrenden Elementen der antiken Komödie gehört[6] und
die damit verbundene Herabsetzung sicherlich die gesellschaftliche
Realität spiegelt,[7] handelt es sich hierbei um die längsten erhaltenen
Partien, die allein diesem Thema gewidmet sind. Dass sie Figuren
gelten, die gerade in diesem Stück gar nicht über Gebühr negativ
gezeichnet sind, legt die Vermutung nahe, dass sich auch hier die
Komik mehr aus einer virtuosen, zugleich aber merkwürdig deplat-
ziert wirkenden Aneinanderreihung von Stereotypen als aus den Beleidigungen an und für sich ergibt. Dieser Eindruck wird dadurch
noch weiter verstärkt, dass sich alle Kritikpunkte letztlich in einem
einzigen Vorwurf zusammenfassen lassen: Ihr wollt ja alle nur mein

Geld – was aus dem Munde eines Parasiten schon *per se* eine weitere Pointe beinhaltet.

Köche oder Ärzte: alles ‹Handwerker›

Es sind aber nicht nur diejenigen Berufe, die auch noch in unserer Zeit einer gewissen Geringschätzung ausgesetzt sind, die in Rom zum Gegenstand von Schmähungen gemacht werden konnten, sondern auch solche, die in unseren Augen völlig unverfänglich, ja aller Ehren wert sind. So konnte in der Mitte des 1. Jahrhunderts v. Chr. offenbar die Behauptung, dass ein Kandidat für ein hohes politisches Amt einen Koch zum Vater habe, womit er nicht der Erwartung an eine ebenso vornehme wie vermögende Herkunft entsprach, von dessen Konkurrenten im Wahlkampf zu ihrem Vorteil und seinem Schaden gestreut werden. Jedenfalls scheint das Gerücht auf diesem Wege zu Cicero gelangt zu sein, der den Bewerber zwar unterstützte, sich dabei jedoch ein Wortspiel nicht verkneifen konnte. Denn als er ihm versichern wollte: *ego quoque tibi favebo* («Auch ich werde dich unterstützen»), soll er den ersten Buchstaben in *quoque* so ausgesprochen haben, dass er wie ein *c* klang und der Satz im Ganzen nun lautete: *ego, coque, tibi favebo* («Koch, ich werde dich unterstützen»).[8] Wie so oft wissen wir leider nicht, wie der Andere reagierte, ob er Ciceros maliziöse Aussprache geflissentlich überhörte, über den Wortwitz lachte oder seinerseits mit einer schlagfertigen Beleidigung antwortete. Wir wissen aber immerhin, dass Quintilian von einer verletzenden Wirkung ausging und dass er bei aller Bewunderung für Cicero dessen Schwäche für solche Bemerkungen wiederholt kritisierte.

Etwas weniger elegant als Cicero, dafür aber deutlich ausführlicher hat ein anonymer Pompejaner seine Geringschätzung für verschiedene Formen der Erwerbstätigkeit zum Ausdruck gebracht und sie einem – für uns ebenfalls ohne Namen bleibenden – Zeitgenossen zum Vorwurf gemacht. Alles was wir sagen können, ist, dass sich das Graffito am Seiteneingang des Hauses der Julia Felix befand und heute nur noch in Abschrift vorhanden ist (Abb. 9):[9]

[cum] de[c]oxisti octies, tibi superat, ut abeas sedecies,
coponium fecisti, cretaria fecisti,
salsamentaria fecisti, pistorium fecisti,
agricola fuisti, aere minutaria fecisti,
propola fuisti, laguncularia nunc facis
si cunnu linxe[e]ris, consummaris omnia.

Wenn du achtmal Konkurs gemacht hast,
bleibt dir (genug), dass du (für) sechzehnmal hast.
Du hast eine Taverne geführt, Handelsgeschäfte in Kalkstein,
dann in Pökelfleisch gemacht, eine Bäckerei geführt,
warst Bauer, hast eine kleine Bank betrieben,
warst Händler und jetzt hast du eine Flaschenfabrik.
Wenn Du (auch mal noch) eine Möse leckst, wirst du alles vollendet haben.

Der Spott gewinnt hier dadurch noch an Schärfe, dass alle diese
Aktivitäten wirtschaftlich gescheitert sein sollen. Aber auch ohne
diese zusätzliche Ebene kann man deutlich sehen, wie viele Berufe
zum Gegenstand von Herabsetzungen werden konnten, da sie dem
Ideal eines von solchen Verpflichtungen freien Mannes ebenso
wenig entsprachen wie eine Sexualpraktik, mit der er sich in den
Augen seiner Zeitgenossen der Frau klar unterordnete.

Selbst eine Tätigkeit als Arzt, die in unserer Gesellschaft sicherlich zu den angesehensten Berufen gehört, kann vor dem Hintergrund der snobistischen Einstellung, dass jede gegen Bezahlung
ausgeübte Betätigung letztlich eine Entehrung darstellt, Anlass zu
Spott und Beleidigungen bieten.[10] Allerdings vermischen sich in
den scharfen Angriffen auf griechische Ärzte, wie sie etwa von Cato
dem Älteren in einem Brief an seinen Sohn überliefert sind, xeno-
phobe Stereotype mit der Kritik an einem bestimmten Berufs-
stand, die nachgerade Züge einer Verschwörungstheorie *avant la
lettre* annimmt:[11]

> dicam de istis Graecis suo loco, Marce fili, quid Athenis exquisitum habeam, et
> quod bonum sit illorum litteras inspicere, non perdiscere. vincam nequissimum et
> indocile esse genus illorum. et hoc puta vatem dixisse, quandoque ista gens suas

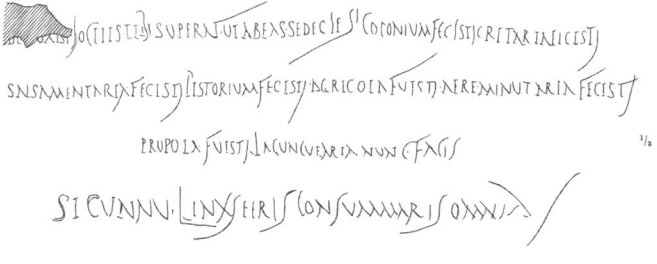

Abb. 9: CIL IV 10150

litteras dabit, omnia conrumpet, tum etiam magis, si medicos suos huc mittet.
iurarunt inter se barbaros necare omnis medicina, sed hoc ipsum mercede facient,
ut fides iis sit et facile disperdant. nos quoque dictitant barbaros et spurcius nos
quam alios Opicon appellatione foedant. interdixi tibi de medicis.

Über die Griechen, mein Sohn Marcus, werde ich bei passender Gelegenheit
das sagen, was ich in Athen herausgefunden habe, nämlich dass es eine gute
Sache ist, mal in ihre Bücher hineinzuschauen, aber nicht diese gründlich zu
studieren. Und gehe davon aus, dass das ein Prophet gesagt hat: Wenn dieses
Volk uns seine Wissenschaften gebracht hat, werden sie alles zugrunde richten, umso mehr, wenn sie ihre Ärzte hierherschicken. Sie haben sich untereinander verschworen, alle Barbaren durch Heilkunst zu töten, nehmen dafür aber auch noch Geld, damit man ihnen vertraut und sie leicht Verderben
bringen können. Uns aber nennen sie Barbaren und beleidigen uns damit
unflätiger als andere mit der Bezeichnung als Osker.[12] Umgang mit Ärzten
habe ich dir hiermit untersagt.

Dieser Einblick in die kulturellen Konflikte zwischen Römern und
Griechen kann allerdings kaum als repräsentativ für das Gesamt-
bild im 2. Jahrhundert v. Chr. angesehen werden; ja noch nicht
einmal für Cato den Älteren, zu dessen von Widersprüchen nicht
ganz freier Persönlichkeit es gehört, dass er sich selbst weitaus
intensiver mit griechischer Kultur und Literatur beschäftigt hat,
als er seinem Sohn gegenüber zu erkennen gibt.[13] Das Misstrauen,
das hier den Ärzten entgegenschlägt, lässt sich aber durchaus auch
auf andere Vertreter der lange Zeit griechisch dominierten Wissen-
schaft übertragen. Im Rom der Republik setzte sich daher nicht

nur derjenige schnell den Vorwürfen seiner Zeitgenossen aus, der zu wenig Bildung an den Tag legte, sondern genauso derjenige, der es im Übermaß tat oder dabei die Rolle eines professionellen Intellektuellen, wie wir heute sagen würden, für sich in Anspruch nahm.

Verres, der Möbelpacker und Möchtegernkenner

Auf dem Feld der Bildung gab es daher für ein Mitglied der republikanischen Oberschicht nur einen schmalen Grat, auf dem es sich bewegen konnte, ohne sich Blößen zu geben, die seine Konkurrenten gerne ausnutzten. Dass man dabei nach beiden Seiten hin das rechte Maß verfehlen konnte, erklärt auch die für uns zunächst überraschende Doppelstrategie, auf die Cicero in seinen Reden gegen Verres zurückgreift.[14] Wirklich gehalten hat er 70 v. Chr. allerdings nur die erste, während die fünf Reden der sogenannten *actio secunda* durch die Flucht des Angeklagten ins Exil überflüssig wurden. Das hat Cicero aber weder abgehalten, sie zu publizieren, noch, den Eindruck zu erwecken, dass es sich um Livemitschnitte eines echten Prozesses handele.[15] Dabei will er nicht nur zeigen, dass Verres als Statthalter von Sizilien seine Provinz nach Strich und Faden ausgeplündert hat, sondern auch, dass er überhaupt alle nur denkbaren charakterlichen Defizite aufweist und daher völlig zu Recht verurteilt wurde.

In diesem Zusammenhang spielt Bildung keine unerhebliche Rolle und Cicero will Verres daher als einfältigen Banausen und gleichzeitig als abgehobenen Bewunderer griechischer Kunst und Kultur darstellen.[16] Dabei steht zunächst der Versuch im Vordergrund, seinem Gegner jede Form von geistiger Begabung abzusprechen. Hierfür legt Cicero den Vertretern der Nobilität sogar eine gewisse Bewunderung für diesen Teil von Verres' Persönlichkeit in den Mund, um diese dann umso effektvoller widerlegen zu können:[17]

Verrem amatis! ita credo: si non virtute, non industria, non innocentia, non pudore, non pudicitia, at sermone, at litteris, at humanitate eius delectamini. nihil eorum est, contraque sunt omnia cum summo dedecore ac turpitudine tum singulari stultitia atque inhumanitate oblita.

Ihr liebt einen wie Verres! Ich kann es mir denken: Wenn ihr euch schon nicht an seiner Tüchtigkeit erfreut, an seinem Fleiß, an seiner Unschuld, an seinem Anstand, an seiner Bescheidenheit, dann doch immerhin an seiner gepflegten Sprache, an seiner Bildung, an seiner weltmännischen Art. Nichts davon trifft zu und im Gegenteil ist alles an ihm nicht nur durch die größte Schmach und Schande, sondern noch mehr durch einzigartige Dummheit und Unmenschlichkeit besudelt.

Obwohl Cicero sich hier alle erdenkliche Mühe gibt, seinem Kontrahenten jede Form der Bildung abzusprechen, zeigt die Stelle doch eher, dass Verres seine kulturellen Interessen erfolgreich zur Selbstdarstellung eingesetzt hat. Deswegen war für Cicero die zweite Strategie erfolgversprechender: Verres gerade die zu große Begeisterung und das arrogante Zurschaustellen seiner elitären Vorlieben zum Vorwurf zu machen. Auf diese Strategie greift Cicero vor allem in der vierten Rede der *actio secunda* zurück, in der es um die Kunstgegenstände geht, die Verres während seiner Statthalterschaft auf verschiedenen mehr oder weniger illegalen Wegen in seinen Besitz gebracht haben soll.[18] Dabei will er wieder und wieder zeigen, dass Verres in seiner unersättlichen Gier nach wertvollen und künstlerisch bedeutsamen Statuen, Pokalen und anderen Artefakten alle Grenzen menschlichen oder religiösen Anstandes weit hinter sich gelassen hat. Ein Teil der Vorwürfe besteht aber auch darin, dass er sich damit besser auskennt, als es sich für einen Römer schickt. Cicero erweckt im Gegensatz dazu den Eindruck, er selbst habe sich erst für den Prozess mit griechischer Kunst beschäftigt und müsse sich daher beispielsweise den Namen Polyklets, eines der berühmtesten Bildhauer, aus dem Publikum zurufen lassen.[19]

Beide scheinbar widersprüchlichen Strategien lassen sich sogar miteinander kombinieren, wie eine Stelle vom Ende der vierten Rede gut zeigt:[20]

Silanionis opus tam elegans, tam elaboratum quisquam non modo privatus sed populus potius haberet quam homo elegantissimus atque eruditissimus, Verres? nimirum contra dici nihil potest. nostrum enim unus quisque, qui tam beati quam iste est non sumus, tam delicati esse non possumus. … etiamne huius operari studia ac delicias, iudices, perferetis? qui ita natus, ita educatus est, ita factus et animo et corpore ut multo appositior ad ferenda quam ad auferenda signa esse videatur.

Ein so geschmackvolles, ein so ausgewähltes Werk des Silanion[21] sollte nicht nur eine einzelne Person, sondern eine ganze Bürgerschaft eher besitzen als Verres, dieser äußerst geschmackvolle und äußert gebildete Mensch? Da kann man ihm nicht widersprechen. Jeder Einzelne von uns hier, die wir nicht so gesegnet sind wie dieser da, können auch nicht so anspruchsvoll sein. … Wollt ihr, Richter, die Liebhabereien und Lustbarkeiten dieses Lastenträgers noch länger ertragen? Er wurde so geboren, so erzogen, so an Geist und Körper gebildet, dass er weitaus geeigneter scheint, Statuen selbst zu tragen, als sich ihren Besitz zu übertragen.

Nachdem sich die Kritik zunächst auf Verres' überzogene Selbstdarstellung als Kenner richtet, der aus seinem überlegenen Geschmack vermeintlich das Recht ableitete, Kunstwerke in seinen Privatbesitz zu überführen, bestreitet Cicero dann genau diesen Anspruch und reduziert Verres in einer Reihe von Wortspielen mit den verschiedenen Bedeutungen von *ferre*, ‹tragen›, letztlich auf die Rolle eines grobschlächtigen Möbelpackers. In die gleiche Kerbe schlägt die im Anschluss erzählte Begebenheit, dass Verres beim Abtransport dieser Statue der Dichterin Sappho den Sockel zurückgelassen habe, obwohl sich auf ihm ein berühmtes Epigramm befand. Dies soll er laut Cicero nicht gemacht haben, weil das Podest zu schwer, sondern weil er des Griechischen nicht mächtig war und ihm daher entging, dass die Verse beschrieben, was über ihnen zu sehen sein sollte, und so seinen Diebstahl offenbarten.[22] Die Pointe dürfte ihre Wirkung wohl nicht verfehlt haben, gerade weil gute Kenntnisse des Griechischen für einen Angehörigen der römischen Oberschicht in dieser Zeit eine Selbstverständlichkeit waren.

Piso, der Pseudo-Philosoph

Die gleiche Doppelstrategie beim Thema Bildung zeigt sich in Ciceros besonders aggressiver Rede gegen Piso, die er ebenfalls nicht in dieser Form und Ausführlichkeit während einer Senatssitzung des Jahres 55 v. Chr. gehalten haben kann, deren publizierte Fassung aber schnell zu einem Musterbeispiel für Invektiven wurde.[23] Gleichwohl haben sich vom Anfang nur Fragmente erhalten, von denen eines aus einer Reihe rhetorischer Fragen besteht: *quid enim illo inertius, quid sordidius, quid nequius, quid enervatius, quid stultius, quid abstrusius?* («Denn was ist schlaffer als jener, was schmutziger, was nutzloser, was kraftloser, was dümmer, was heuchlerischer?»)[24] Diese Liste lässt sich als ein repräsentativer Überblick der wesentlichen Vorwürfe lesen, die Cicero ihm in den kommenden zwei Stunden virtueller Redezeit noch in vielfachen Variationen machen wird, und dabei darf derjenige der Dummheit natürlich nicht fehlen. So beginnt auch der überlieferte Text mit einer Passage, in der Cicero zuerst Pisos körperliche und charakterliche Eigenschaften, dann aber seine geistige und sprachliche Kompetenz in den schwärzesten Farben darstellt: *pauci ista tua lutulenta vitia noramus, pauci tarditatem ingeni, stuporem debilitatemque linguae.* («Wenige von uns haben deine schmutzigen Laster erkannt, wenige die Schwerfälligkeit deines Geistes, den Stumpfsinn und die Lähmung deiner Zunge.»)[25]

Doch auch hier geht die Verspottung seines Kontrahenten als tumber Klotz, der an geistigen Dingen gänzlich uninteressiert sei, nahtlos über in die Kritik an seiner überzogenen Selbstdarstellung als ‹Intellektueller›. Dies dürfte auch den plausibleren Angriffspunkt dargestellt haben, spricht doch einiges dafür, dass es sich bei Lucius Calpurnius Piso Caesonius nicht nur um den Konsul des Jahres 58 v. Chr. und Schwiegervater Caesars handelt, sondern auch um den Besitzer der sogenannten *Villa dei papiri* in Herculaneum bei Pompeji, die für ihre umfangreiche Bücher- und Kunstsammlung bekannt ist.[26] Gerade vor diesem Hintergrund musste sich der

Vorwurf der Halbbildung, der mehr auf den Effekt als den Inhalt
aus ist, für Cicero als Leitthema anbieten.

Besonders deutlich wird das in einer längeren Szene, in der er
Piso für sein oberflächliches Verständnis der epikureischen Lehre
tadelt, die er sich von seinem griechischen ‹Hausphilosophen› nur
unvollständig habe erklären lassen:[27]

> *non apud indoctos sed, ut ego arbitror, in hominum eruditissimorum et huma-*
> *nissimorum coetu loquor. audistis profecto dici philosophos Epicureos omnis res*
> *quae sint homini expetendae voluptate metiri; rectene an secus, nihil ad nos aut,*
> *si ad nos, nihil ad hoc tempus. sed tamen lubricum genus orationis adulescenti*
> *non acriter intellegenti et saepe praeceps. itaque admissarius iste, simul atque*
> *audivit voluptatem a philosopho tanto opere laudari, nihil expiscatus est, sic suos*
> *sensus voluptarios omnis incitavit, sic ad illius hanc orationem adhinnivit, ut*
> *non magistrum virtutis sed auctorem libidinis a se illum inventum arbitraretur.*
> *Graecus primo distinguere et dividere, illa quem ad modum dicerentur; iste*
> *‹claudus›, quem ad modum aiunt, ‹pilam›, retinere quod acceperat, testificari,*
> *tabellas obsignare velle, Epicurum disertum decernere. et tamen dicit, ut opinor,*
> *se nullum bonum intellegere posse demptis corporis voluptatibus. quid multa?*
> *Graecus facilis et valde venustus nimis pugnax contra senatorem populi Romani*
> *esse noluit.*

Nicht vor Unwissenden spreche ich, sondern, wie ich annehme, vor einer
Versammlung höchst gebildeter und geistreicher Menschen. Ihr habt also bestimmt gehört, dass man den epikureischen Philosophen nachsagt, sie würden allem, wonach ein Mensch streben kann, seinen Wert nach dem Vergnügen beimessen; ob zu Recht oder nicht, betrifft uns nicht, oder wenn doch,
dann nicht im Moment. Jedenfalls kann diese Art zu reden einen jungen
Mann auf die schiefe Bahn bringen, wenn er keinen allzu scharfen Verstand
hat, und zwar oft recht schnell. So hat unser Hengst hier, sobald er hörte,
dass das Vergnügen von einem Philosophen mit so viel Aufwand gutgehei-
ßen werde, nicht länger herumgeschnüffelt, sondern seine vergnügungssüch-
tigen Sinne so sehr angestachelt, so sehr zur Rede von jenem zustimmend
gewiehert, dass klar wurde, dass er in jenem keinen Lehrer der Tugend gefunden hatte, sondern einen Vorwand zur Zügellosigkeit. Zuerst wies der Grieche auf die Unterschiede und Abgrenzungen hin, wie dieses und jenes gemeint sei; doch dieser da hielt fest, was er einmal aufgefangen hatte, wie der
Lahme den Ball nach dem Sprichwort, und war bereit zu beschwören und
mit seiner Unterschrift zu bezeugen, dass er Epikur als klugen Mann erkannt
habe. Dabei sagt er doch nur, glaube ich, dass er sich nichts Gutes vorstellen
könne, ohne dass der Körper Vergnügen empfindet. Wie auch immer: Der

Grieche, umgänglich und überaus zuvorkommend, wollte gegen einen befehlsgewohnten Senator des römischen Volkes nicht allzu viel Widerstand
leisten.

In dieser Karikatur eines Gespräches mit einem griechischen Philosophen glaubt der Römer schließlich, die Diskussion mit einem
Machtwort beenden zu können, wie er das aus der Politik oder dem
Feldlager gewohnt ist. Pisos Versuch, die philosophische Diskussion mit einem ‹basta› zu entscheiden, stellt aber nur den Abschluss
einer Reihe von Vorwürfen gegen ihn dar, die zeigen sollen, dass er
nicht nur die Spielregeln dieses Feldes, sondern auch seine Inhalte
und Anliegen nur oberflächlich verstanden hat, obwohl er mit seinen philosophischen Einsichten in der Öffentlichkeit punkten will.
Bei seinem Plan, Piso der geistigen Hochstapelei zu überführen,
verschweigt Cicero wohlweislich den Namen des Philosophen. Wir
erfahren ihn dennoch von Asconius, der im 1. Jahrhundert n. Chr.
einen Kommentar zu dieser Rede verfasst hat: Es handelt sich um
niemand Geringeren als Philodem von Gadara, einen der bekanntesten Vertreter der epikureischen Schule in Rom, der zudem als
Dichter hervorgetreten ist.[28]

Dass Piso einen so prominenten Gesprächspartner für seine
philosophischen Unterredungen gefunden hat, ist also eher dazu
angetan, ihn in ein positives Licht zu setzen. Umso wichtiger ist es
für Cicero, eine Diskrepanz zwischen Sein und Schein zu behaupten und Piso Fehler beim Umgang mit Bildung in der Öffentlichkeit nachzuweisen. Gerade die vermeintliche Entlarvung, dass es
sich bei der zur Schau gestellten Kennerschaft auf diesem oder auf
anderen Gebieten nur um eine oberflächliche Halbbildung handele, bildet generell einen der Standardvorwürfe, der gern noch mit
dem Hinweis gesteigert wird, dass ein solches Verhalten schlimmer
sei, als wenn man gar nicht erst den Anspruch auf eine besondere
Belesenheit erheben würde.

Gefährliche Halbbildung oder:
Der *semidoctus* im Buchladen

Dieser Haltung hat der Redelehrer und Philosoph Marcus Cornelius Fronto in einem Brief an seinen berühmtesten Schüler, den späteren Kaiser Marc Aurel (121–180 n. Chr.), besonders prägnant Ausdruck verliehen:[29]

> *omnium artium, ut ego arbitror, imperitum et indoctum omnino esse praestat quam semiperitum ac semidoctum. nam qui sibi conscius est artis expertem esse, minus adtemptat eoque minus praecipitat: diffidentia profecto audaciam prohibet. at ubi quis leviter quid cognitum pro conperto ostentat, falsa fiducia multifariam labitur.*
>
> Wer aller Wissenschaften unkundig und ungelehrt ist, verdient – jedenfalls nach meiner Meinung – den Vorzug vor jemandem, der halbkundig und halbgelehrt ist. Denn wer sich des Umstandes bewusst ist, von einer Wissenschaft keine Ahnung zu haben, wird weniger in Versuchung geführt und daher auch seltener scheitern: Unsicherheit schützt zuverlässig vor Tollkühnheit. Doch sobald jemand etwas Aufgeschnapptes leichthin als etwas Verstandenes zur Schau stellt, bringt die falsche Zuversicht ihn vielfach zu Fall.

Mit diesem Brief befinden wir uns bereits in der Mitte des 2. Jahrhunderts n. Chr. und damit in derjenigen Epoche, die man als die Hochzeit der Bildungskultur in der römischen Gesellschaft bezeichnen kann. Eine gewisse Portion Polemik hat freilich schon immer zur intellektuellen Auseinandersetzung gehört.[30] In einer Zeit jedoch, in der die gelungene Präsentation eigener Fertigkeiten auf diesem Feld eng mit der Steigerung oder auch dem Erhalt des sozialen Prestiges verbunden ist, kommt der schmähenden Herabsetzung naturgemäß eine größere Bedeutung zu. In diesen Kontext gehört auch der Kampfbegriff des *semidoctus* (‹der Halbgebildete›) oder ὀψιμαθής/*opsimathés* (‹der Spätlerner›), mit dem der Umfang des Wissens, mehr aber noch seine performative Darbietung bemängelt wird. Zeichnete sich der auf diese Weise kritisierte ‹Typus› nach Meinung der Zeitgenossen doch vor allem dadurch aus, dass

er seine rasch angelesenen Kenntnisse auf pedantische und besser-
wisserische, jedenfalls aber auf deplatzierte Art und Weise zum Besten gab, während der wahrhaft Gebildete immer auch wusste, in
welcher Situation und in welchem Ton sich das Reden über Themen wie Kultur, Literatur oder Philosophie schickte.[31]

In der Forschung, die sich dieser Epoche in den letzten Jahrzehnten mit großem Interesse zugewandt hat,[32] ist zu Recht festgehalten worden, dass wir hier einen Mechanismus der sozialen
Exklusion greifen können, der auf das setzt, was Pierre Bourdieu
‹die feinen Unterschiede› genannt hat,[33] und damit auf etwas, das
für gesellschaftliche Aufsteiger weitaus schwerer zu erlernen ist als
die Wissensinhalte selbst. Bezeichnenderweise versucht Aulus Gellius in seinen *Noctes Atticae* genau diese Dimension zu berücksich-
tigen. Bei diesem Werk handelt es sich um eine Sammlung von
Lesefrüchten, die er während seines Studiums in Athen niederzu-
schreiben begonnen hat, um seine Leser nicht nur exemplarisch
mit zentralen Inhalten, sondern auch mit der richtigen Art und
Weise ihrer Präsentation in verschiedenen sozialen Kontexten vertraut zu machen.[34]

Diesem didaktischen Ziel dienen nicht zuletzt die kleinen, in
sein Werk eingestreuten Szenen, in denen er missglückte Formen
des Umgangs mit Bildung eindrücklich vor Augen führt.[35] Hier begegnen wir denn auch den *semidocti* wieder, die ihr ‹gefährliches
Halbwissen› auf dem Gebiet der Philosophie oder Medizin, besonders oft aber der Literatur und Grammatik dazu bringt, sich in Gellius’ Augen zu weit aus dem Fenster zu lehnen und dann auf die
Nase zu fallen. Einige dieser Szenen spielen in Buchhandlungen,
die wir als zentrale Orte der sozialen Begegnung, aber auch des
intellektuellen Kräftemessens der Bildungskultur des 2. Jahrhunderts n. Chr. kennenlernen.[36] Lassen wir uns also von seinem Besuch eines entsprechenden Ladens berichten:[37]

laudabat venditabatque se nuper quispiam in libraria sedens homo inepte glo-
riosus, tamquam unus esset in omni caelo saturarum M. Varronis enarrator, quas
partim Cynicas, alii Menippeas appellant. et iaciebat inde quaedam non admo-
dum difficilia, ad quae conicienda adspirare posse neminem dicebat. tum forte

ego eum librum ex isdem saturis ferebam, qui Ὑδροκύων inscriptus est. propius igitur accessi et ‹nosti,› inquam, ‹magister, verbum illud scilicet e Graecia vetus, musicam, quae sit abscondita, eam esse nulli rei? oro ergo te, legas hos versus pauculos et proverbii istius quod in his versibus est, sententiam dicas mihi›. ‹lege› inquit ‹tu mihi potius, quae non intellegis, ut ea tibi ego enarrem.› ‹quonam› inquam ‹pacto legere ego possum. quae non adsequor? indistincta namque et confusa fient, quae legero, et tuam quoque impedient intentionem.› tunc aliis etiam, qui ibi aderant, compluribus idem comprobantibus desiderantibusque accipit a me librum veterem fidei spectatae luculente scriptum. accipit autem inconstantissimo vultu et maestissimo. sed quid deinde dicam? non audeo hercle postulare, ut id credatur mihi. pueri in ludo rudes, si eum librum accepissent, non hi magis in legendo deridiculi fuissent: ita et sententias intercidebat et verba corrupte pronuntiabat.

Neulich saß jemand, der auf törichte Weise Anerkennung suchte, in einem Buchladen, pries sich an und behauptete, er sei praktisch der Einzige unter dem weiten Himmel, der Varros Satiren auslegen könne, die von einigen Kynische, von anderen Menippeische genannt werden. Und er brachte einiges nicht allzu Schweres daraus vor, von dem er der Meinung war, dass sich niemand an einer Erklärung versuchen würde. Zufällig hielt ich gerade das Buch ebenjener Satiren in meinen Händen, das den Titel ‹Wasserhund› trägt. Ich trat also näher und sagte: «Ihr kennt doch sicher, guter Lehrer, jenes alte Sprichwort aus Griechenland, dass Musik, solange sie im Verborgenen bleibt, keinen Wert hat? Ich bitte dich also, lies doch diese wenigen Verse vor und erkläre mir die Redensart, die in den Versen vorkommt.» «Lies du mir lieber vor», sagte er, «was du nicht verstehst, damit ich es dir auslegen kann.» «Wie soll ich denn», sagte ich, «etwas vorlesen können, was ich nicht verstehe? Denn undeutlich und ungeordnet wird sein, was ich lese, und deiner Aufmerksamkeit dabei hinderlich sein.» Als dann viele der anderen Anwesenden ihre Zustimmung zu diesem Wunsch äußerten, nahm er das Buch von mir, eine alte Ausgabe von bewährter Zuverlässigkeit und mit gut lesbarer Schrift. Er nahm es aber mit einem äußerst unsicheren und betrübten Gesichtsausdruck entgegen. Was soll ich mehr sagen? Ich wage bei Gott gar nicht zu verlangen, dass ihr es mir glaubt. Kinder, die noch nicht in die Schule gehen, hätten sich, wenn sie das Buch in die Hand genommen hätten, beim Lesen nicht zu einem größeren Gespött machen können: So sehr verstümmelte er den Inhalt und sprach die Worte mit falscher Betonung aus.

Als der verhinderte Literaturkenner daraufhin ein Augenleiden als Ausrede anführt, liest ihm Gellius die betreffenden Verse schließlich doch noch vor, ohne freilich eine Antwort auf seine inhaltliche

Frage zu erhalten.[38] Damit ist der *semidoctus* endgültig entlarvt und das Urteil über den Konkurrenten gesprochen. Auch wenn keine groben Beleidigungen fallen, so lässt sich doch erahnen, wie verletzend die Herabsetzung für jemanden gewesen sein muss, der als Mitglied der gebildeten Oberschicht des 2. Jahrhunderts n. Chr. gelten wollte.

7. Auffällige Kleidung, ungewöhnliche Vorlieben: Verhalten als Vorwurf

Zum Abschluss wollen wir uns nach Herkunft und Bildung dem Verhalten als Gegenstand von Herabsetzungen zuwenden. Hierfür lässt sich nicht nur die größte Zahl an Beispielen finden, es handelt sich auch insofern um einen Sonderfall, als Schmähungen dieser Art sich immer zugleich als sachliche Kritik und gutgemeinte Ratschläge verstehen lassen, die auf eine Änderung der auf diese Weise gerügten Verhaltensweise abzielen. Für eine solche Sichtweise spricht zwar, dass eine entsprechende Korrektur in vielen Fällen – anders als etwa bei der Herkunft – prinzipiell möglich wäre, auch wenn sie von den betreffenden Personen wohl in der Regel gar nicht gewünscht wird. Dennoch deutet vieles darauf hin, dass wir es auch hier zumeist mit Spott und Beleidigungen zu tun haben, die sich nur den Anschein geben, der moralischen Besserung ihrer Opfer zu dienen, weil sich der Beleidigende so eine in den Augen der Zuhörer oder Leser legitime Sprecherrolle verschaffen kann.

Von den vielen Feldern, auf denen sich solche Schmähkritik beobachten lässt, wollen wir uns im Folgenden auf nur einen Bereich konzentrieren: den Vorwurf unmännlichen Verhaltens. Spielte er in Rom doch eine besonders große Rolle, weil die Ansprüche an die soziale Führungsrolle, wie sie von einem männlichen Mitglied der Oberschicht erwartet wurde, mit allen denkbaren Aspekten des

Abb. 10: Graffito von einem Grabmal vor der Porta di Nocera in Pompeji
(CIL IV 10222: Promus felator)

Körpers, der Kleidung, der Sprache, der Interaktion mit anderen und natürlich der mutmaßlichen sexuellen Präferenz verbunden wurden.[1] Im Lichte dieser binären Geschlechterlogik galten alle männlich konnotierten Merkmale als Zeichen für Stärke und Durchsetzungsfähigkeit, während alle weiblich besetzten Charakteristika für das Gegenteil und damit für Versagen vor dem Hintergrund traditioneller Rollenbilder standen. Die Sichtweise, die daraus in letzter Konsequenz resultiert, hat Cicero so auf den Punkt gebracht: *quid est autem nequius aut turpius ecfeminato viro?* («Was ist aber wertloser oder schändlicher als ein verweiblichter Mann?»)[2]

Vor dem Hintergrund dieser apodiktischen Maxime lässt sich die Mehrzahl der einschlägigen Vorwürfe leicht als fundamentale Angriffe verstehen, die weniger auf eine Korrektur von Verhalten als auf eine Dekonstruktion eines Gegners abzielen dürften.[3] Gleichwohl erweist sich das Bild bei genauerem Hinsehen als komplexer, da es durchaus Versuche gab, die Negativfigur des *vir effeminatus* oder *vir mollis* (des ‹verweichlichten Mannes›) aufzuwerten und gegen den grobschlächtigen und rückständigen *vir rusticus* (den wir umgangssprachlich als ‹Bauern› bezeichnen würden) auszuspielen.[4] Solche Ansätze führten aber letztlich ebenso wenig wie die selbstironische Übernahme des Labels zu einer wirklichen Veränderung der Sichtweise. Der Vorwurf, sich als Mann nicht als Mann zu verhalten, blieb daher eine Standardbeleidigung der römischen Antike, wie nicht zuletzt zahlreiche Graffiti aus Pompeji zeigen, in denen am besten vielleicht mit ‹Schwuchtel› übersetzbare Beleidigungen wie *cinaedus* oder *fellator* vorkommen und gelegentlich mit Karikaturen wie Abbildung 10 unterstrichen werden.

Galus ist ein *callboy*

Beginnen wir unseren Rundgang noch einmal im 2. Jahrhundert v. Chr. und damit in einer Phase der römischen Geschichte, aus der sich nur wenige längere Texte erhalten haben, so dass wir auf Fragmente angewiesen sind, bei denen es sich zumeist um Zitate späterer Autoren handelt. Ein solches Schlaglicht verdanken wir wiederum Aulus Gellius, der sich, wie wir gesehen haben,[5] in seinen *Noctes Atticae* nicht nur dafür interessiert, was man alles wissen, sondern stets auch dafür, wie man dabei auftreten und sich verhalten sollte. Daher hat er eines der knapp 400 Kapitel, aus denen sein Werk besteht, der Frage gewidmet, wie lang eigentlich die Ärmel einer Tunica sein dürfen, bevor sie das in der Regel auch von Männern getragene Unterhemd wie ein typisches Kleidungsstück für Frauen aussehen lassen.[6] Um seine Beobachtung zu belegen, dass langärmelige Tuniken früher einen Stein des Anstoßes gebildet haben, zitiert er aus verschiedenen Texten, darunter aus einer Rede des berühmten Publius Cornelius Scipio Aemilianus Africanus, besser bekannt als Scipio der Jüngere, in der er einen Zeitgenossen, bei dem es sich um einen sonst unbekannten Vertreter der *gens Sulpicia* handelt, dafür scharf tadelt:[7]

hac antiquitate indutus P. Africanus, Pauli filius, vir omnibus bonis artibus atque omni virtute praeditus, P. Sulpicio Galo, homini delicato, inter pleraque alia quae obiectabat id quoque probro dedit, quod tunicis uteretur manus totas operientibus. verba sunt haec Scipionis: ‹nam qui cotidie unguentatus adversum speculum ornetur, cuius supercilia radantur, qui barba vulsa feminibusque sub-vulsis ambulet, qui in conviviis adulescentulus cum amatore cum chirodyta tu-nica interior accubuerit, qui non modo vinosus, sed virosus quoque sit, eumne quisquam dubitet, quin idem fecerit, quod cinaedi facere solent?›

Da er die alten Sitten ganz verinnerlicht hatte, hat Publius Africanus, des Paulus' Sohn, ein Mann, der über alle guten Fertigkeiten und jede Tugend im Übermaß verfügte, dem Publius Sulpicius Galus, einem verweichlichten Menschen, neben vielem anderen auch dies zum Vorwurf gemacht, dass er Tuniken trug, welche die ganzen Hände bedeckten. Das waren Scipios Worte: «Denn wer sich täglich einsalbt und vorm Spiegel schminkt, wessen Augenbrauen rasiert sind, wer mit ausgezupftem Bart und glattgezupften Oberschenkeln umherwandelt, wer sich beim Gastmahl als Jugendlicher an seinen Liebhaber in langärmliger Tunica geschmiegt hat, wer nicht nur vom Wein, sondern auch von den Männern nicht genug bekommen kann, hat irgendjemand Zweifel, dass der auch genau das getan hat, was Kinäden für gewöhnlich tun?»

Auch wenn gerne vermutet wird, dass Scipio diese Rede im Rahmen seiner Tätigkeit als Zensor im Jahr 142 v. Chr. gehalten und er den Ausschluss des Sulpicius aus dem Ritterstand auf diese Weise begründet haben könnte,[8] so wissen wir doch genau genommen gar nichts über den Kontext, in dem diese Worte gefallen sind: Es könnte sich genauso gut um eine Konfrontation der beiden im Senat oder vor Gericht gehandelt haben. Was wir hingegen sagen können, ist, dass wir hier bereits in einer recht frühen Phase alle typischen Vorwürfe gegen einen *vir effeminatus* versammelt finden: Diese reichen von der Wahl modischer Kleidung und der übertriebenen Körperpflege über die Teilnahme an extravaganten Feierlichkeiten bis zur Unterstellung sexueller Verfügbarkeit für andere Männer. Genau darauf zielt der von Scipio betont ans Ende gestellte Vergleich mit einem Kinäden ab. Dieses Fremdwort aus dem Griechischen bezeichnete ursprünglich einen Tänzer, wurde in Rom aber vor allem als abwertender Begriff für männliche Homosexuelle verwendet.[9] Die Schmähung richtet sich oft aber nicht in erster Linie dagegen, dass es sich um eine gleichgeschlechtliche Konstellation handelt, sondern dagegen, dass der *callboy* sich dem Liebhaber klar unterordnet und für seine Dienste vielleicht noch bezahlen lässt, was beides den Erwartungen an das Verhalten eines Angehörigen der römischen Oberschicht eklatant widerspricht.

‹Lieber wollte ich Dionysia sein ...›

Während wir in diesem Fall wie so oft nicht wissen, wie Sulpicius Galus auf diesen Angriff reagiert hat (falls er die Gelegenheit dazu hatte), überliefert uns Gellius in seinen *Noctes Atticae* noch eine ganz ähnliche Szene, diesmal aber mitsamt der Antwort des Attackierten, so dass sich hier ein invektiver Schlagabtausch ergibt. Dieser fand 62 v. Chr. während des Prozesses gegen Publius Cornelius Sulla, den Neffen des früheren Diktators, statt, der von Lucius Manlius Torquatus beschuldigt wurde, im Jahr zuvor an der Verschwörung Catilinas beteiligt gewesen zu sein. Die Verteidigung wurde von Cicero, dessen Rede wir sogar noch lesen können,[10] und von Hortensius übernommen. Im 5. Kapitel seines ersten Buches hat Gellius zunächst von den Vorwürfen berichtet, die man Demosthenes, dem berühmtesten Redner Athens, wegen seiner exquisiten Kleidung und Körperpflege gemacht hatte, um dann mit einem passenden römischen Beispiel fortzufahren:[11]

ad eundem modum Q. Hortensius, omnibus ferme oratoribus aetatis suae nisi M. Tullio clarior, quod multa munditia et circumspecte compositeque indutus et amictus esset manusque eius inter agendum forent argutae admodum et gestuosae, maledictis compellationibusque probris iactatus est; multaque in eum, quasi in histrionem, in ipsis causis atque iudiciis dicta sunt. sed cum L. Torquatus, subagresti homo ingenio et infestivo, gravius acerbiusque apud consilium iudicum, cum de causa Sullae quaereretur, non iam histrionem eum esse diceret, sed gesticulariam Dionysiamque eum notissimae saltatriculae nomine appellaret, tum voce molli atque demissa Hortensius ‹Dionysia?› inquit ‹Dionysia malo equidem esse quam quod tu, Torquate, ἄμουσος ἀναφρόδιτος ἀπροσδιόνυσος.

In gleicher Weise wurde auch Quintus Hortensius, der von allen Rednern seiner Zeit – von Cicero abgesehen – so ziemlich der berühmteste war, mit Schmähungen und harten Vorwürfen überzogen, da er sich mit einigem Aufwand und sowohl umsichtig wie auch sorgfältig anzog und kleidete sowie seine Hände, wenn er seine Reden vortrug, lebhaft und allzu gestenreich bewegte; daher musste er sich einiges an Spott anhören, als wäre er ein Schauspieler, sogar in Verhandlungen und vor Gericht. Als ihn jedoch Lucius Torquatus, ein Mensch von rustikalen und rücksichtslosen Manieren, vor dem Gremium von Geschworenen, das den Prozess gegen Sulla zu entscheiden hatte, in härterer und verletzenderer Weise nicht nur als Schauspieler, sondern als Stripteasedarstellerin bezeichnete und ihn mit dem Namen der berühmtesten Tänzerin als Dionysia ansprach, da sagte Hortensius mit weicher und gedämpfter Stimme: «Dionysia? Lieber wollte ich Dionysia sein als so ein unmusischer, unlieblicher, uneleganter Kerl wie du, Torquatus.»

Mit dieser spontanen Antwort auf Griechisch, deren drei Adjektive (*ámousos, anaphróditos, aprosdiónysos*) nicht nur mit demselben Laut anfangen und sich in der Zahl ihrer Silben harmonisch steigern, sondern sich mit den Musen, Venus und Dionysos auf Gottheiten beziehen, für deren Segnungen Torquatus unempfänglich gewesen sei, trug Hortensius jedenfalls in den Augen des Gellius den Sieg davon. Ob das auch für die Jury und das Publikum des Prozesses im Jahre 62 v. Chr. galt, wissen wir nicht. Doch immerhin können wir hier gut sehen, mit welchen Argumenten der Vorwurf der Verweichlichung beantwortet werden konnte: Man kreidete umgekehrt seinen Gegnern das Fehlen von Eleganz, Bildung und verfeinerter Lebensart an, was angesichts des Ideals der *urbanitas*, der feinen städtischen Lebensweise, ein durchaus erfolgversprechender Ansatz gewesen sein dürfte.

Clodius in Frauenkleidern

Dennoch blieb Hortensius mit der Strategie, den Spieß umzudrehen, wohl eher die Ausnahme. Dieser Eindruck kann aber auch damit zusammenhängen, dass unser Bild entscheidend von Ciceros Reden bestimmt wird, der viele seiner Gegner in dieser Weise

zu verunglimpfen suchte.[12] Besonders leicht machte es ihm dabei
in gewisser Weise sein Intimfeind Clodius, indem er, wie bereits
angesprochen, Ende 62 v. Chr. in Frauenkleidern an den Myste-
rienfeiern der *Bona Dea* teilnahm, was Männern streng verboten
war.[13] Ciceros Zeugenaussage in dem nachfolgenden Prozess wegen
Religionsfrevels war sogar überhaupt erst der Grund, warum die
beiden Politiker zu unversöhnlichen Gegnern wurden und sich im
Senat, vor Gericht und bei vielen anderen Gelegenheiten erbitterte
Wortgefechte lieferten.[14] Dabei ließ es sich Cicero natürlich nicht
entgehen, Clodius wiederholt als *vir effeminatus* vorzuführen, der
nicht nur bei dieser Gelegenheit im Gewand einer Kitharaspielerin
herumgelaufen sei, sondern sich auch sonst nicht um die Erwartungen gekümmert habe, die doch für einen Mann in Rom galten.
Die Vorwürfe devianten Verhaltens reichten letztlich bis zum Inzest
mit seiner Schwester Clodia, den Cicero später dann vor allem in
der Rede *Pro Caelio* zu einem insinuierenden Leitmotiv machen
sollte.[15]

Doch bleiben wir bei den unmittelbaren Folgen von Ciceros
Aussage in dem oben erwähnten Prozess. Auch wenn Clodius letztlich freigesprochen wurde, überzogen doch offenbar sowohl er als
auch sein Verteidiger Curio den unliebsamen Zeugen Cicero danach mit Schmähungen. Darauf reagierte dieser wiederum vermutlich im Sommer 61 v. Chr. mit einer Rede *In P. Clodium et Curionem*, von der sich allerdings nur einige Fragmente erhalten haben.[16]
Doch auch diese geben uns aufschlussreiche Einblicke in Ciceros
Technik und erlauben es, den vorangegangenen Schlagabtausch der
beiden partiell zu rekonstruieren. Denn Clodius scheint Ciceros
Angriffe, mit denen dieser seine Männlichkeit anzweifelte, in ganz
ähnlicher Weise beantwortet zu haben, wie es im Jahr zuvor Hortensius gegenüber Torquatus getan hatte: Er sprach im Gegenzug
Cicero jede Form von Bildung und Geschmack ab, stellte ihn und
vermutlich auch alle anderen, die ihn für seine Kleiderwahl oder
seinen Lebensstil kritisierten, als zurückgebliebene Hinterwäldler
dar und machte sich vielleicht noch über ihre ewig gestrigen Mode-
und Moralvorstellungen lustig. Darauf reagierte nun wieder Cicero

in einer der erhaltenen Passagen aus der genannten Rede in dieser Weise:[17]

nam rusticos ei nos videri minus est mirandum, qui manicatam tunicam et mitram et purpureas fascias habere non possumus. tu vero festivus, tu elegans, tu solus urbanus, quem decet muliebris ornatus, quem incessus psaltriae, qui effeminare vultum, attenuare vocem, levare corpus potes. o singulare prodigium! o monstrum! nonne te huius templi, non urbis, non vitae, non lucis pudet?

Müssen wir uns doch nicht wundern, wenn wir ihm als Bauern erscheinen, die wir uns eine Tunica mit langen Ärmeln, eine modische Mütze oder purpurfarbene Beinbinden nicht leisten können. Doch du siehst schick aus, du hast Geschmack, du bist als Einziger ein Mann von Welt, dir steht es ausgezeichnet, Frauenkleider anzulegen, den Gang einer Kitharaspielerin zu imitieren, du kannst blicken wie eine Frau, deine Stimme verstellen und deinen Körper tänzeln lassen. Du einzigartiges Monster! Du Ungeheuer! Schämst du dich nicht in diesem Tempel, in dieser Stadt, in diesem Leben, in diesem Tageslicht?

Nachdem Cicero sich zu Beginn mit seinem Publikum zu verbrüdern versucht hat, indem er sich gemeinsam mit den Zuhörern als Opfer von Clodius' Schmähungen darstellt, geht er zum Gegenangriff über. Zunächst weist er dessen Behauptung, die Wahl der Garderobe lasse sich als der ‹letzte Schrei› einer feminin angehauchten Mode verstehen, sarkastisch zurück, um Clodius dann als ein widernatürliches Mischwesen aus Mann und Frau zu brandmarken, das sich weder in dem Tempel, in oder vor dem die Rede vermutlich gehalten wurde, noch überhaupt irgendwo auf den Straßen der Stadt und im hellen Licht des Tages blicken lassen dürfe.[18] Mit diesem – für Cicero eigentlich untypischen – religiösen Eifer lernen wir eine extreme Möglichkeit der Reaktion auf das Infragestellen der traditionellen Geschlechterrollen kennen. Auf der anderen Seite hat Hortensius' spielerischer Umgang mit dem Vorwurf, sich wie eine Stripteasetänzerin verhalten zu haben, aber auch gezeigt, dass wir es in der Mitte des 1. Jahrhunderts v. Chr. mit einer sehr vielschichtigen Debatte darüber zu tun haben, was man als richtiges oder falsches Verhalten ansehen soll.

Thallus, du Tunte: Das ist mein Mantel

Eine weitere Facette dieses weiten Feldes lernen wir kennen, wenn
wir uns nun eines der Gedichte ansehen, die nur wenig später von
Catull geschrieben wurden.[19] Im *carmen* 25 scheint sich der Dichter
auf den ersten Blick darüber zu beschweren, dass ihm ein Mantel
sowie Taschentücher und Schreibtäfelchen entwendet wurden, und
dem mutmaßlichen Dieb Strafe anzudrohen, falls er sie nicht zu-
rückerhält. Auf den zweiten Blick liegen die Dinge aber nicht so
einfach und es handelt sich bei dem Fehlverhalten wohl doch nicht
um ein banales Eigentumsdelikt. Zum einen würde das Gedicht als
solches in diesem Fall bereits eine weitaus härtere Strafe als selbst
die angekündigte Auspeitschung darstellen, da es den Übeltäter für
alle Ewigkeit brandmarkt. Zum anderen passen die prominent an
den Anfang gestellte Herabsetzung des Thallus als Kinäde und
seine anschließende detaillierte Beschreibung als *vir mollis*[20] eigentlich nicht recht zu dem danach geschilderten Vorgang:[21]

Cinaede Thalle, mollior cuniculi capillo
vel anseris medulla vel imula oricilla
vel pene languido senis situque araneoso,
idemque, Thalle, turbida rapacior procella,
cum diva mulierarios ostendit oscitantes,   (5)
remitte pallium mihi meum, quod involasti,
sudariumque Saetabum catagraphosque Thynos,
inepte, quae palam soles habere tamquam avita.
quae nunc tuis ab unguibus reglutina et remitte,
ne laneum latusculum manusque mollicellas   (10)
inusta turpiter tibi flagella conscribillent,
et insolenter aestues, velut minuta magno
deprensa navis in mari, vesaniente vento.

Schwuchtel Thallus, weicher als Kaninchenfell
oder als zartes Gänsemark oder als ein Ohrläppchen

oder als der schlaffe Schwanz eines Greises und Spinnwebenmoder,
doch auch, Thallus, raffgieriger als ein heftiger Sturmwind,
wenn die Mondgöttin weibische Männer beim Gähnen zeigt,[22] (5)
schick mir meinen Mantel zurück, den du geklaut hast,
das sätabische Taschentuch und die bithynischen Schreibtäfelchen,
die du, alberner Kerl, zur Schau zu stellen pflegst, als wären sie ererbt.
Die reiß jetzt los von deinen Klauen und schick sie zurück,
damit nicht die flaumige zarte Flanke und die weichlichen Hände (10)
schmachvoll dir die Peitsche brennt und vollkritzelt
und du maßlos hin und her schwankst wie ein winziges Schiff,
das auf dem großen Meer vom rasenden Wind gepackt wurde.

Die vielen plastischen Details legen vielmehr die Vermutung nahe,
dass sich das angebliche Fehlverhalten des Thallus noch auf andere
Bereiche erstreckt und unter anderem ein ausgeprägtes Interesse für
modische Kleidungsstücke und Accessoires umfasst, wie an dem
Taschentuch aus Saetabis, der für ihre feinen Stoffe bekannten
Stadt im heutigen Spanien, deutlich wird. Der damit verbundene
Vorwurf trifft dann aber im selben Maße auch den Dichter, in dessen Haushalt sich solche für einen ‹echten Mann› gänzlich über-
flüssige Luxusgegenstände offenbar befinden. Noch merkwürdiger
ist, dass der Dieb auch Schreibtäfelchen aus bithynischem Holz hat
mitgehen lassen,[23] die mit ihrer edlen Aufmachung doch vermutlich
nicht für profane Zwecke, sondern zum Schreiben von Gedichten
gedacht waren.[24] Aber auch das Verfassen von lyrischer oder sogar
erotischer Poesie kann natürlich kaum als angemessene Tätigkeit
für einen *vir vere Romanus* gelten. Doch je mehr wir über Thallus
erfahren, desto ähnlicher werden sich der Dieb und der Eigentümer
des Mantels. Vor diesem Hintergrund wäre es möglich, dass die
Beleidigung als Kinäde hier nicht verletzend, sondern als Frotzelei
unter Freunden gemeint ist. Dann hätten wir es mit einem Beispiel
dafür zu tun, wie ein ursprünglich herabsetzendes Etikett zum
selbstironischen Label umgedeutet werden kann.

Encolpius vs. Ascyltos

Ein ähnlich spielerischer Umgang mit stigmatisierenden Begriffen lässt sich auch in den *Satyrica* beobachten, einem satirisch-erotischen Roman aus dem 1. Jahrhundert n. Chr.,[25] der vermutlich von Petronius Arbiter geschrieben wurde, der am Hofe Neros als Ratgeber in Fragen des guten Geschmacks fungiert haben soll und im Zuge der sogenannten Pisonischen Verschwörung 66 n. Chr. Selbstmord begehen musste.[26] In den erhaltenen Teilen folgen wir drei jungen Männern auf einer Art Bildungsreise durch Italien und besuchen mit ihnen in bunter Mischung so unterschiedliche Orte und Events wie den Vortrag eines Poeten in einer Rhetorenschule, ein Bordell, ein Kunstmuseum oder das exzessive Gastmahl des Neureichen Trimalchio. Daneben lebt die Handlung von der Dreiecksgeschichte zwischen dem Icherzähler Encolpius und Ascyltos, die wir uns im Studentenalter vorstellen sollen, und dem etwas jüngeren Giton, in den beide verliebt sind. In der folgenden Szene hat sich Ascyltos heimlich aus der Rhetorenschule geschlichen, um mehr Zeit mit Giton allein verbringen zu können, was dieser dem hinzugekommenen Encolpius gleich berichtet hat:[27]

> *quibus ego auditis intentavi in oculos Ascylti manus et: ‹quid dicis› inquam ‹muliebris patientiae scortum, cuius ne spiritus purus est?› inhorrescere se finxit Ascyltos, mox sublatis fortius manibus longe maiore nisu clamavit: ‹non taces› inquit ‹gladiator obscene, quem †de ruina† harena dimisit? non taces, nocturne percussor, qui ne tum quidem, cum fortiter faceres, cum pura muliere pugnasti, cuius eadem ratione in viridario frater fui, qua nunc in deversorio puer es.*

Als ich das hörte, drohte ich Ascyltos Schläge ins Gesicht an und sagte: «Was sagst du dazu, du Stricher, der du dich wie eine Frau hingibst und noch nicht einmal im Mund sauber bleibst?» Ascyltos tat so, als wäre er eingeschüchtert, nahm aber bald die Fäuste energischer nach oben und schrie mit noch größerem Elan: «Willst du nicht ruhig sein», sagte er, «du peinlicher Gladiator, den die Arena nach Hause geschickt hat nach seinem Versagen? Willst du nicht ruhig sein, du nächtlicher Stecher, der noch nicht mal damals, als du noch Schwung hattest, mit einer anständigen Frau gerungen hast, dessen Brüderchen ich im Garten nicht anders war, als es jetzt der Junge in der Herberge ist.»

Abb. 11: Encolpius und Ascyltos streiten sich um Giton.
(Aus: Le Satiricon de Pétrone. Traduction de Laurent Tailhade.
Avec des illustrations de Georges Lepape, Paris 1941)

In dem Schmähduell *en miniature*, das sich zwei der Hauptfiguren um die dritte liefern (für eine moderne Illustration s. Abb. 11), werfen sich beide in drastischen Worten sexuelle Praktiken vor, die den gesellschaftlichen Erwartungen an männliches Verhalten nicht entsprachen und daher ein gängiger Gegenstand für Herabsetzungen waren.[28] Ja, Ascyltos geht dabei am Ende sogar so weit, sich selbst in der Rolle eines passiven Lustobjektes zu beschreiben, die er früher für Encolpius übernommen habe, nur um ihm jetzt Impotenz vorwerfen zu können. Dieser zeigt sich von der energischen Erwiderung denn auch beeindruckt und nach einem kurzen weiteren Geplänkel heißt es schließlich: *itaque ex turpissima lite in risum diffusi pacatius ad reliqua secessimus* («Und so brachen wir direkt nach dem überaus hässlichen Streit in Lachen aus und wandten uns friedlicher anderen Dingen zu»).[29] Auch wenn danach leider eine Lücke im überlieferten Text folgt, macht die schnelle Versöhnung der beiden Streithähne doch deutlich, dass wir es hier wohl nicht zuletzt mit einer Neckerei unter Freunden und daher mit einem selbstironischen Gebrauch der Beleidigungen zu tun haben.

Gaurus' beispielloses Laster

Das Fehlverhalten der Zeitgenossen aufzudecken, gehört natürlich auch zu denjenigen Anliegen, mit denen die Satiriker die Herabsetzungen der Opfer ihrer Verse begründeten. Wenn wir bei ihnen nach Beispielen für die Kritik vermeintlich unmännlichen Verhaltens Ausschau halten, so werden wir vor allem in den Epigrammen Martials[30] und in den Verssatiren Juvenals[31] fündig, die ihre Werke beide an der Wende vom 1. zum 2. Jahrhundert n. Chr. geschrieben haben. Vor allem Ersterer wird nicht müde, neben vielen anderen in seinen Augen falschen Einstellungen und Verhaltensweisen seiner Mitbürger im Rom der Kaiserzeit immer wieder Geschlechtsgenossen von ihm dafür zu tadeln und in seinen Gedichten bloßzustellen, dass sie mit der Wahl ihrer Kleidung, der Pflege ihres Körpers oder ihren erotischen Vorlieben nicht den Erwartungen der Mehrheit der Gesellschaft entsprachen.[32] Auch wenn dieser Vorwurf mit anderen verbunden wird, bildet er doch so gut wie immer den Höhepunkt der Anschuldigungen. Das ist auch im folgenden Beispiel der Fall, in dem sich die Schmähungen gegen einen gewissen Gaurus richten, wohl eine fiktive Figur,[33] die auch noch in vier anderen Epigrammen[34] in Erscheinung tritt:[35]

quod nimio gaudes noctem producere vino
    ignosco: vitium, Gaure, Catonis habes.
Carmina quod scribis Musis et Apolline nullo
    laudari debes: hoc Ciceronis habes.
quod vomis, Antoni: quod luxuriaris, Apici.   (5)
    quod fellas, vitium dic mihi cuius habes?

Dass es dir allzu viel Freude bereitet, die Nacht beim Wein in die Länge
    zu ziehen,
    sehe ich dir nach: Dieses Laster teilst du dir, Gaurus, mit Cato.
Dass du Gedichte schreibst ohne den Segen der Musen und Apollos,
    muss man loben: Das teilst du dir mit Cicero.
Dass du dich erbrichst, mit Marc Anton; dass du schlemmst,
    mit Apicius.   (5)
    Dass du bläst, sag mir, mit wem teilst du dir dieses Laster?

Für die in den ersten fünf Versen kritisierten Verhaltensweisen ge-
währt der Dichter der von ihm zur Rede gestellten Person jeweils
scheinbar Nachsicht, indem er auf berühmte ‹Vorbilder› aus der
Geschichte verweist. Dabei wird das in Rom so beliebte Argumen-
tieren mit *exempla* allerdings auf den Kopf gestellt,[36] da diese hier
ja gerade nicht zur Nachahmung empfohlen werden. Vielmehr
werden mit den Alkoholproblemen des jüngeren Cato, die Caesar
ihm in seiner Invektive postum unterstellte,[37] mit den poetischen
Eskapaden Ciceros, die von Zeitgenossen und Nachwelt vielfach
verspottet wurden,[38] mit dem Übelkeitsanfall des verkaterten Marc
Antons auf dem Forum, den wiederum Cicero in seinen Philippischen Reden verewigt hat,[39] und dem für seine Verschwendungs-
sucht berüchtigten Feinschmecker Apicius[40] vier allgemein bekannte und daher besonders abschreckende Beispiele genannt.
Noch schlimmer als dieses ganze ‹Gruselkabinett› der invektiven
Literatur ist in den Augen des Sprechers aber die Bereitschaft seines
Gegenübers zu nicht dominanten Sexualpraktiken, ein Verhalten,
für das er noch nicht mal einen Vorgänger nennen kann, das also
wahrhaft beispiellos sein soll.

Entlarvte Verstellung, zum Ersten ...

Dieser Behauptung einer Beispiellosigkeit widerspricht allerdings schon die Häufigkeit, mit der ein solches Verhalten in den anderen Gedichten Martials kritisiert und nicht selten mit vielen Details ausgemalt wird. Das Bloßstellen der ‹Übeltäter› geht dabei häufig mit dem Gestus des Herunterreißens einer Maske und dem Entlarven einer Verstellung einher. Daraus ergibt sich oft zugleich die überraschende Pointe des Epigramms, die uns zum Lachen bringen soll. Hat der Dichter mit dieser Strategie Erfolg, läuft der Leser stets Gefahr, mit der Anerkennung eines Witzes unwillkürlich zugleich seine Zustimmung zum Inhalt der Schmähung zum Ausdruck zu bringen. Dass es also nicht zuletzt auf die Reaktion des Publikums ankommt und diese vom Text entsprechend angesteuert wird, kann unser nächstes Beispiel zeigen, in dem gar nicht das Opfer, sondern Decianus als Beobachter angesprochen wird:[41]

aspicis incomptis illum, Deciane, capillis,
    cuius et ipse times triste supercilium,
qui loquitur Curios adsertoresque Camillos?
    nolito fronti credere: nupsit heri.

Siehst du jenen dort, Decianus, mit den ungekämmten Haaren,
    dessen grimmige Augenbraue sogar dir Angst macht,
der immerzu von Curius spricht oder von Camillus, den Rettern Roms?[42]
    Schenke dem Gesicht keinen Glauben: Gestern gab er die Braut.

Hier richtet sich der Dichter also nicht – wie sonst so oft – direkt an die von ihm kritisierte Person, um sie in einer vermeintlichen *Face-to-face*-Situation zur Rede zu stellen.[43] Die Schilderung der fiktiven Straßenszene dient hier vielmehr dazu, Martials Freund und Förderer Decianus[44] zum Augenzeugen des ganzen Vorgangs zu machen und damit den Lesern eine bestimmte Perspektive der Wahrnehmung und Deutung vorzugeben: Auch wir sollen von den beiden pointierten Schlussworten verblüfft über die Enthüllung des scheinheiligen Heuchlers lachen, womit wir zugleich unser Einverständnis zu den inhaltlichen Vorwürfen signalisieren sollen.

… und zum Zweiten

Die gleiche Verbindung aus der Enthüllung allgemeiner Verstellungskünste und der Entrüstung gerade über diese Art des Fehlverhaltens findet sich auch bei dem wenige Jahre später schreibenden Juvenal.[45] Das gilt nicht allein, aber in besonderer Weise für die 2. Satire,[46] deren Beginn diesen Zusammenhang bereits mit sehr deutlichen Worten zum Ausdruck bringt:[47]

> *ultra Sauromatas fugere hinc libet et glacialem*
> *Oceanum, quotiens aliquid de moribus audent*
> *qui Curios simulant et Bacchanalia vivunt.*
> *indocti primum, quamquam plena omnia gypso*
> *Chrysippi invenias; nam perfectissimus horum,*   (5)
> *si quis Aristotelen similem vel Pittacon emit*
> *et iubet archetypos pluteum servare Cleanthas.*
> *frontis nulla fides; quis enim non vicus abundat*
> *tristibus obscenis? castigas turpia, cum sis*
> *inter Socraticos notissima fossa cinaedos?*   (10)

Fliehen möchte man über das Land der Sarmaten und über das Eismeer[48] hinaus jedes Mal, wenn diejenigen sich trauen, von Anstand zu reden, die so tun, als wären sie ein Curius,[49] aber ihr Leben mit Gelagen verbringen. Vor allem sind sie ungebildet, obwohl man bei ihnen Büsten des Chrysipp[50] überall herumstehen sieht. Als der Vollkommenste gilt unter ihnen,   (5) wer einen täuschend echten Aristoteles oder einen Pittakos[51] erwirbt und seine Regale Originalbildnisse des Kleanthes[52] aufbewahren lässt. Das Gesicht verdient keinen Glauben; welche Straße ist nicht voll von streng blickenden Perversen? Geißelst du schändliches Verhalten, obwohl du unter den Sokratikerschwuchteln das bekannteste Loch bist?   (10)

Hier schildert der Sprecher des Gedichts zunächst seinen Widerwillen über die moralische Heuchelei seiner Zeitgenossen und die Diskrepanz zu ihrem tatsächlichen Lebensstil, um dann ausführlich auf das Bemühen einzugehen, Bildung allein durch den Erwerb entsprechender Accessoires unter Beweis zu stellen. Angesichts des hohen Sozialprestiges kultureller Kennerschaft in der Gesellschaft des 1. und 2. Jahrhunderts n. Chr. kann es nicht überraschen, dass wir solchen Vorwürfen in der Literatur der frühen Kaiserzeit häufiger begegnen. Seneca der Jüngere hat sie beispielsweise mit dem Schlagwort der *studiosa luxuria*, des ‹erlernten Luxus›, auf den Punkt gebracht.[53] Für die Pointe in dieser Satire muss dann aber doch wieder das in den Augen ihres Sprechers unmännliche Verhalten der Möchtegernphilosophen herhalten.

Resümee: in tam maledica civitate – damals und heute

D er Beobachtung Ciceros, *in tam maledica civitate* zu leben,[1] also in einer Gesellschaft, in der Beleidigungen und üble Nachrede eine besonders große Rolle spielen, würden vermutlich auch heute die allermeisten zustimmen und sogar behaupten, dass wir – nicht zuletzt aufgrund der beinahe unbegrenzten Möglichkeiten der digitalen Verbreitung – einen historischen Höchstwert an herabsetzender Kommunikation erreicht haben. Ob nun die Späte Republik oder unsere eigene Zeit oder eine ganz andere Epoche mit Recht für sich behaupten kann, in dieser Konkurrenz den ersten Platz einzunehmen, ließe sich aber selbst dann schwer entscheiden, wenn es objektive Kriterien gäbe, anhand derer sich gleichsam der Anteil verbaler Aggression messen ließe.

Ausschlaggebender dürfte aber ohnehin die subjektive Seite sein, also die Frage, wie man mit solchen Phänomenen umgegangen ist, wie man auf sie reagiert und wie man sie bewertet hat. Hier scheint sich in unserer Zeit ein Wandel dahingehend abzuzeichnen, dass wir Herabsetzungen jeder Art zunehmend problematisch finden, vor allem, wenn sie Personen gelten, die einer Gruppe angehören, die in der Gesellschaft über weniger Rechte oder Möglichkeiten zur Einflussnahme verfügt als derjenige, der die Schmähung verantwortet. Das steigende Bewusstsein für den häufig nicht nur persönlich verletzenden, sondern auch soziale Benachteiligung perpetuierenden

und verschärfenden Charakter von Beleidigungen in der Gegenwart
verändert dann auch unsere Wahrnehmung der gleichen Entwicklungen in anderen Epochen. Die große Bewunderung, die bis in die
jüngste Vergangenheit hinein dem beißenden Witz der antiken Satire oder den maliziösen Pointen Martials entgegengebracht wurde,
wirkt vor diesem Hintergrund inzwischen oftmals befremdlich.

Die lange zu beobachtende Weigerung, antiken Autoren andere
als lediglich hehre Motive für ihre verbalen Aggressionen zu unter-
stellen, lässt sich wohl als ferne Nachwirkung der Vorbildfunktion
der griechischen wie römischen Klassik verstehen. Mit deren
Schwinden hat ein weniger verklärender Blick sowohl auf die Antike im Allgemeinen wie auch auf ihre Spottdichtung und Schmäh-
reden im Besonderen Einzug gehalten. Sosehr die neue Sensibilität
im Umgang mit diesem vielschichtigen Thema auch zu begrüßen
ist, besteht doch umgekehrt die Gefahr, abweichende Stimmen der
Zeitgenossen hinter unseren aktuellen Erfahrungen verschwinden
zu lassen. Auch wenn sich an dem Umstand, dass Beleidigungen als
verletzend empfunden werden, zumal wenn man sich selbst von
ihnen angesprochen fühlt, nichts geändert haben dürfte, sind
neben moralischer Verurteilung sehr wohl andere Perspektiven auf
das Phänomen rauer Sprache denkbar und konnten in vergangenen
Zeiten auch eingenommen werden: Verbale Provokationen und
Tabubrüche können ein Motor sozialer Veränderungen sein oder
als Symbol künstlerischer Freiheit bewundert werden. Gerade die
in der Antike verbreitete Wahrnehmung von gelungenen Formen
der sprachlichen Gewalt als Ausdruck rhetorischer oder literarischer
Virtuosität bietet ein interessantes Korrektiv zu einer eindeutig
negativen Sichtweise auf alle Erscheinungsformen dieser Art.

Wenn die in diesem Büchlein versammelten Beispiele aus der
Literatur der Antike neben (hoffentlich) einem gewissen Informa-
tions- und Unterhaltungswert als solchem auch einen Beitrag dazu
geleistet haben, das vielschichtige Phänomen der *ars invectiva* oder
der virtuosen Niedertracht durch einen historischen Vergleich
umfassender in den Blick zu nehmen, so wäre der Verfasser nicht
beleidigt, sondern im Gegenteil hoch erfreut.

Anhang

Anmerkungen

I.
Vorwort

1 Vgl. Uvo Hölscher, Das nächste Fremde. Von Texten der griechischen Frühzeit und ihrem Reflex in der Moderne, München 1994.

2 Die starke Bezogenheit von Beleidigungen auf ihren zeitgenössischen Kontext stellt für die Übersetzung der entsprechenden Passagen ein besonderes Problem dar, das dadurch nicht kleiner wird, wenn man im Interesse einer intuitiveren Verständlichkeit versucht, Anspielungen auf antike Verhältnisse durch solche in unserer eigenen Zeit zu ersetzen. Soweit nicht anders vermerkt, stammen die folgenden Übertragungen ins Deutsche vom Verfasser und tragen bewusst experimentellen Charakter.

II.
Zwischen Verbot und Vergnügen: antike Reaktionen auf verbale Aggressionen

1 Vgl. allg. Gowers 2012, 182–214; sowie zum historischen Hintergrund ferner Dennis Pausch, Don't mention the war! Italien und der Bürgerkrieg in Horazens *iter Brundisinum*, in: Antike und Abendland 59 (2013), 32–57.

2 Hor. sat. 1,5,51b–70 (Text: Klingner [3]1959).

3 Vgl. z. B. Ernst Doblhofer, Gedanken zur Cena Cocceiana, in: Ianus 4 (1980), 52–63, v. a. 63: «Wir müssen hier Maßstäbe und Geschmacksnormen zur Kenntnis nehmen, die unbestreitbar existieren, so schwer es uns fallen mag, sie nachzuempfinden.»

4 Vgl. Lucil. frg. 117–123 mit Christes/Garbugino 2015, 51 f.

5 Für eine Einordnung in den Kontext antiker Schmähduelle im Alltag und auf der Bühne vgl. v. a. Richlin 2017, 151–184.

6 Vgl. Platon, politeia 3,7 (395d–396a) u. 10,7 (606c); für weitere Stellen z. B. Koster 1980, 10 f.

7 Vgl. Platon, nomoi 934d–935a (Übersetzung: Klaus Schöpsdau u. Hieronymus Müller, Darmstadt 1977).

8   Platon, nomoi 935d–936b; vgl. ferner 829c.

9   Vgl. Arist. NE 4,14 (1127e–1128b).

10 Vgl. Arist. Pol. 1336.

11 Vgl. Plin. nat. hist. 28,17–18 *quid? non et legum ipsarum in XII tabulis verba sunt: … ‹qui malum carmen incantassit›?* sowie ferner Cic. rep. 4,12 u. Hor. sat. 2,1,82–83; für eine Zusammenstellung aller Belege für den Inhalt der 8. Tafel und zur Diskussion der Frage, ob ursprünglich schwarze Magie oder Rufmord gemeint war, vgl. z. B. Michael Crawford, Roman Statutes, Bd. 2, London 1996, 677–694, u. Dieter Flach, Das Zwölftafelgesetz, Darmstadt 2004, 120–137 u. 210–214; zur juristischen Seite ferner Koster 1980, 31–36.

12 Zu seinen Gedichten gegen Neobule und ihren Vater Lykambes, die als ‹Urszene› der Jambik galten, vgl. Arch. frg. 172 f.; 188 f. u. 196a mit Christopher Carey, Archilochus and Lycambes, in: The Classical Quarterly 36 (1986), 60–67, u. Laura Swift, Archilochus: The poems. Introduction, Text, Translation, and Commentary, Oxford 2019, v. a. 24–28.

13 Zum Gesamtbefund vgl. jetzt Polly Lohmann, Graffiti als Interaktionsform. Geritzte Inschriften in den Wohnhäusern Pompejis, Berlin 2017; zur Interaktion mit der Literatur Kristina Milnor, Graffiti and the Literary Landscape in Roman Pompeii, Oxford 2014; für eine umfassende Auswahl mit aktueller Übersetzung Wachter 2019.

14 CIL IV 4917: *Albanus cinaedus est*!

15 CIL IV 4765: *Aephebe, ardalio es*!

16 CIL IV 1949: *Oppi, emboliari, fur, furuncule*!

17 Antonio Sogliano, Relazione degli scavi fatti nel mese di gennaio 1898, in: Notizie degli Scavi di antichità, Rom 1898, 30–32.

18 CIL IV 4008. Dieselben Verse haben sich in Pompeji sogar ein weiteres Mal erhalten (CIL IV 2360), diesmal mit anderer Schlusspointe: *ursi me comedant: et ego verpa qui lego* («Die Bären sollen mich fressen: Auch ich bin ein Schwanz, der das liest.»); zu Inhalt und sprachlichen Besonderheiten beider Graffiti vgl. Andreas Spal, Poesie-Erotik-Witz. Humorvoll-spöttische Versinschriften zu Liebe und Körperlichkeit in Pompeji und Umgebung, Berlin 2016, 167–174, u. J. N. Adams, An Anthology of Informal Latin, 200 BC–AD 900: Fifty Texts with Translations and Linguistic Commentary, Cambridge 2016, 221–226.

19 Die Schrift ist leider nicht erhalten, war aber in byzantinischer Zeit noch bekannt: vgl. Suda 581 Adler: περὶ βλασφημιῶν καὶ πόθεν ἑκάστη.

20 Vgl. v. a. Opelt 1965 und zuletzt Dubreuil 2013.

21 Vgl. Corbeill 1996, 57–98, mit guten Argumenten dafür, dass solche Spottnamen in sozialer Hinsicht zunächst ein wertvolles Alleinstellungsmerkmal der Nobilität waren.

22 Für eine Übersicht nach Themen und Schlagworten vgl. Opelt 1965, 125–180.

23 Dass zum Ideal der *urbanitas* nicht nur eine ‹weltmännische Höflich-keit›, sondern auch ein starkes kompetitives und invektives Element gehörte, zeigt etwa die von Quintilian wiedergegebene Definition des Domitius Marsus: *‹urbanitas est virtus quaedam in breve dictum coacta et apta ad delectandos movendosque homines in omnem adfectum animi, maxime idonea ad resistendum vel lacessendum, prout quaeque res ac per-sona desiderat›* («Urbanitas ist die Fähigkeit, sich mit wenigen Worten so auszudrücken, dass man die Leute unterhalten und in jede Gemütsbe-wegung versetzen kann, vor allem aber, dass man in der Lage ist, sich zu wehren oder herauszufordern, ganz wie die Sache oder die Person es verlangt.») (Quint. inst. 6,3,104; vgl. Ramage 1973; Krostenko 2001 u. Rühl 2019, 200–306).

24 Vgl. Hor. sat. 1,7,32; zu dieser Satire im Ganzen s. unten S. 107–110.

25 Zu dem vielschichtigen Zusammenhang von Invektive und Politik in der römischen Republik vgl. jetzt Jehne 2020 sowie Martin Jehne, Die Dickfelligkeit der Elite und die Dünnhäutigkeit des Volkes. Invektiv-konstellationen in römischen Volksversammlungen, in: Saeculum 70 (2020), 23–38.

26 Vgl. Tom Hawkins, Pollio's Paradox. Popular Invective and the Transi-tion to Empire, in: Lucy Grig (Hg.), Popular Culture in the Ancient World, Cambridge 2017, 129–148.

27 Für das klassische Athen vgl. jetzt Kamen 2020.

28 Cic. Cael. 38.

III.
Ars invectiva oder: Die ‹Schule der Schmähung› in der antiken Rhetorik

1 Vgl. Arist. Rhet. 1,3 (1358a–1359a) mit Rapp 2002, 249–262, u. allg. Pie-penbrink 2020.

2 Vgl. Arist. Rhet. 1,9 (1366a–1368a) mit Rapp 2002, 389–430, v. a. 1368a: ἐχομένων γὰρ τούτων τὰ ἐναντία τούτοις φανερά· ὁ γὰρ ψόγος ἐκ τῶν ἐναντίων ἐστίν. («… wenn man nämlich über diese Dinge verfügt, dann sind auch deren Gegenteile offenbar. Der Tadel wird nämlich aus den Gegenteilen gebildet.» [Übersetzung Rapp 2002]).

3 Vgl. grundlegend Manfred Fuhrmann, Untersuchungen zur Textge-schichte der pseudo-aristotelischen Alexander-Rhetorik, Mainz 1965.

4 Einschlägig sind hier vor allem das 3. Kapitel zu den Gegenständen von Lob und Tadel (1425b–1426b) sowie das 35. Kapitel zum Aufbau der ent-sprechenden Reden (1440b–1441b); vgl. ferner Koster 1980, 14 f.

5 Vgl. Rhet. ad Alex. 1441b14–29, v. a. 16–20: μᾶλλον γὰρ οἱ λόγοι τῶν σκωμμάτων καὶ τοὺς ἀκούοντας πείθουσι καὶ τοὺς κακολογουμένους

λυποῦσιν· τὰ μὲν γὰρ σκώμματα στοχάζεται τῆς ἰδέας ἢ τῆς οὐσίας· οἱ δὲ λόγοι τῶν ἠθῶν καὶ τῶν τρόπων εἰσὶν οἷον εἰκόνες.

6   Vgl. Cic. de or. 1,5. Eine Folge dieser vom Autor selbst vorgenommenen Abwertung ist die Geringschätzung durch die Forschung. Für die Argumente, warum eine Beschäftigung mit *De inventione* dennoch lohnend ist, vgl. Wilfried Stroh, Die Macht der Rede. Eine kleine Geschichte der Rhetorik im alten Griechenland und Rom, Berlin 2009, 357–363.

7   Cic. inv. 1,34.

8   Vgl. Cic. inv. 1,34–36 sowie 2,28–31 u. 2,177–178 mit Koster 1980, 17 f., der zudem auf Ciceros Behandlung des Themas in seinen *Partitiones oratoriae* verweist (§§ 70–82).

9   Für einen eingehenden Vergleich beider Schriften vgl. grundlegend Joachim Adamietz, Ciceros *de inventione* und die *Rhetorik ad Herennium*, Marburg 1960.

10   Vgl. Rhetorica ad Herennium 3,10–15.

11   Vgl. Rhetorica ad Herennium 3,15 mit z. B. Jonathan Powell, Invective and the orator. Ciceronian theory and practice, in: Booth 2007, 1–24, h. 4.

12   Dieses hat zuletzt wenig Aufmerksamkeit gefunden, lohnt aber die Wiederentdeckung, da viele Bereiche der antiken Bildung – von frühkindlicher Erziehung über die Wahl der richtigen Schulart bis zu Fragen der Aufmerksamkeitssteuerung, Konzentrationsfähigkeit und Gedächtnistechnik – anschaulich behandelt werden. Die zweisprachige Ausgabe von Helmut Rahn bietet einen unkomplizierten Zugang (2 Bde., Darmstadt [1]1988, [6]2015).

13   Vgl. Quint. inst. 3,7,1–6 u. ferner 3,4,1–16 sowie zur intensiven antiken Debatte um das γένος ἐπιδεικτικόν allg. Cristina Pepe, The Genres of Rhetorical Speeches in Greek and Roman Antiquity, Leiden 2013, 138–158.

14   Quint. inst. 2,12,5: *quia libentissime homines audiunt ea, quae dicere ipsi noluissent.*

15   So bei der richtigen Gestaltung eines Prooöms: Quint. inst. 4,1,10.

16   Vgl. Quint. inst. 12,9,8–13, v. a. 10.

17   Vgl. Quint. inst. 6,4,10.

18   Vgl. Quint. inst. 6,3,1–112 mit Giusto Monaco, Il capitolo de risu (inst. or. VI 3), Palermo 1963, u. Beard 2014, 123–127 (dt.: Beard 2016, 169–175).

19   Vgl. Quint. inst. 6,3,28: *longeque absit illud propositum, potius amicum quam dictum perdendi.*

20   Vgl. Quint. inst. 3,7,1–28, v. a. 19–22, u. ferner den Kommentar von Joachim Adamietz, M. F. Quintiliani Institutionis oratoriae liber III, München 1966, 154–169.

21   Vgl. Quint. inst. 2,4,20 (die Begründung betont vor allem ihre inhaltliche Nützlichkeit).

22 Zu den Progymnasmata vgl. grundlegend Francesco Berardi, La retorica degli esercizi preparatori. Glossario ragionato dei Progymnásmata, Hildesheim 2017.

23 Die Texte sind in englischer Übersetzung gut zugänglich bei George A. Kennedy, Progymnasmata. Greek textbooks of prose composition and rhetoric, Leiden 2003.

24 Vgl. § 9 = Rhetores Graeci II, 40–42 mit Koster 1980, 15–17, u. Kennedy 2003, 111–113; eine aktuelle Übersetzung bieten Otto und Eva Schönberger, Aphthonios von Antiochia: Progymnasmata/Vorübungen, Würzburg 2019.

25 Vgl. Novokhatko 2009, v. a. 3–18, u. Keeline 2018, 147–151.

26 S. unten S. 69–71.

27 Vgl. Quint. inst. 10,1,46–131.

28 Vgl. Christopher Craig, Audience Expectations, Invective, and Proof, in: Jonathan Powell u. Jeremy Patterson (Hgg.), Cicero the Advocate, Oxford 2004, 187–213, v. a. 192–199, u. Dennis Pausch, *Ars invectiva* und artifizielle Mündlichkeit. Schmähungen in Rom zwischen Schulbuch und scheinbarer Spontaneität, in: Albrecht Dröse, Marina Münkler, Felix Prautzsch u. Antje Sablotny (Hgg.), Invektive Gattungen. Formen und Medien der Herabsetzung (im Druck).

29 Besonders eindrücklich von Seneca dem Jüngeren, wenn er Lucilius, den Adressaten seiner *Epistulae morales*, auf eine Reihe von *exempla*, die ihn von seinen Sorgen befreien sollen, folgende Reaktion in den Mund legt: ‹decantatae› inquis ‹in omnibus scholis fabulae istae sunt; iam mihi, cum ad contemnendam mor tem ventum fuerit, Catonem narrabis.› (24,6) («Abgedroschene Geschichten sind das», wirst Du sagen, «die in allen Schulen herunter geleiert werden; gleich wirst Du mir, wenn es um die Todesverachtung geht, etwas von Cato [dem Jüngeren] erzählen.»).

30 So nutzt Cicero den Vorwurf, sein Kontrahent könne allein mit Hilfe schriftlicher Vorlagen und fertiger Schablonen sprechen, um sich in der sog. *Divinatio in Caecilium* das Recht zu sichern, die Anklage gegen Verres führen zu dürfen (v. a. §§ 47 u. 52).

31 Vgl. Plut. quaestiones convivales 2,1: Τίν' ἐστὶν ἃ Ξενοφῶν παρὰ πότον ἥδιον ἐρωτᾶσθαί φησι καὶ σκώπτεσθαι ἢ μή.

32 Plut. conv. 2,1,13 (634d–e): οὐχ ἥκιστα δὲ <δεῖ> προσέχειν καὶ φυλάττειν, ὅπως ἐκ τοῦ παρατυχόντος ἔσται τὸ σκῶμμα πρός τινας ἐρωτήσεις αὐτόθεν ἢ παιδιὰς γιγνόμενον, ἀλλὰ μὴ πόρρωθεν οἷον ἐκ παρασκευῆς ἐπεισόδιον. ὡς γὰρ ὀργὰς καὶ μάχας τὰς ἐκ τῶν συμποσίων πρᾳότερον φέρουσιν, ἐὰν δ' ἐπελθών τις ἔξωθεν λοιδορῆται καὶ ταράττῃ, τοῦτον ἐχθρὸν ἡγοῦνται καὶ μισοῦσιν, οὕτως μέτεστι συγγνώμης σκώμματι καὶ παρρησίας, ἂν ἐκ τῶν παρόντων ἔχῃ τὴν γένεσιν ἀφελῶς καὶ ἀπλάστως φυόμενον, ἂν δ'ᾖ μὴ πρὸς λόγον ἀλλ' ἔξωθεν, ἐπιβουλῇ καὶ ὕβρει προσέοικεν.

33 Vgl. Cic. de or. 2,216–290, v. a. 246: *ea, quia meditata putantur esse, minus ridentur.* Zu diesem ganzen Abschnitt und zu Ciceros Verständnis von Humor als Waffe des Redners vgl. allg. Beard 2014, 99–123 (dt.: Beard 2016, 138–169).

34 Vgl. v. a. Arist. Rhet. 3,2,4 (1404b): διὸ δεῖ λανθάνειν ποιοῦντας, καὶ μὴ δοκεῖν λέγειν πεπλασμένως ἀλλὰ πεφυκότως (τοῦτο γὰρ πιθανόν, ἐκεῖνο δὲ τοὐναντίον· ὡς γὰρ πρὸς ἐπιβουλεύοντα διαβάλλονται, καθάπερ πρὸς τοὺς οἴνους τοὺς μεμιγμένους) … («Deswegen muss man [die Rede] unmerklich komponieren und nicht den Anschein des ge-künstelten, sondern des natürlichen Redens erwecken – diese nämlich ist überzeugend, jene aber das Gegenteil, denn (die Zuhörer) lehnen es ab, wie gegenüber jemandem, der etwas im Schilde führt, wie bei den gemischten Weinen – …» [Übersetzung Rapp 2002]); mit Piepenbrink 2020, 151–156; Alkidamas, Über die Verfasser schriftlicher Reden oder über die Sophisten, 12–13; Rhetorica ad Herennium 4,10; Cicero, de or. 2,153; Ps.-Longinus, Peri Hypsous 17–18; Quint. inst. 4,1,9; 11,1,15–16; 12,9,5 sowie allg. z. B. Øivind Andersen, *Lingua suspecta* on concealing and displaying the art of rhetoric, in: Symbolae Osloenses 71 (1996), 68–86; Dietmar Till: Verbergen der Kunst (lat. *dissimulatio artis*), in: Gerd Ueding (Hg.), Historisches Wörterbuch der Rhetorik, Bd. 9: St-Z, Tübingen 2009, Sp. 1034–1042, u. Johann Schloemann, ‹I have a dream›. Die Kunst der freien Rede von Cicero bis Barack Obama, München 2019, 37–77.

35 Vgl. Ov. met. 10,253.

IV.
Blütenlese der Bosheit:
kunstvolle Beleidigungen und virtuose Schmähduelle

1 Vgl. v. a. Opelt 1965 und zuletzt Dubreuil 2013.

1. Feder oder Schwert?
Die Macht des Wortes gegen die Befehle der Mächtigen

1 Vgl. Gell. 7,8,5.

2 Das genaue Verständnis des Verses sowie seines Kontextes ist umstrit-ten: vgl. z. B. Henry D. Jocelyn, The Poet Cn. Naevius, P. Cornelius Scipio, and Q. Caecilius Metellus, in: Antichthon 3 (1969), 32–47; Erich Gruen, Studies in Greek Culture and Roman Policy, Leiden 1990, 92–106, u. Darío B. Sánchez Vendramini, Naevius' Fehde mit Q. Cae-cilius Metellus, in: Mnemosyne 62 (2009), 471–476.

3 So wird es jedenfalls von Cicero in seiner 1. Rede gegen Verres wieder-

gegeben (1,29). Ein spätantiker Kommentar zu dieser Stelle überliefert übrigens nicht nur den Wortlaut von Naevius' Vers, sondern auch die Antwort der Meteller (Ps.-Asconius ad Cic. Verr. 1,29, p. 140 ed. Orelli): *dictum facete et contumeliose in Metellos antiquum Naevii est ‹fato Metelli Romae fiunt consules›, cui tunc Metellus consul iratus versu responderat senario hypercatalecto, qui et Saturnius dicitur: ‹dabunt malum Metelli Naevio poetae›.* («Es gibt einen alten Ausspruch des Naevius gegen die Meteller, der witzig und verletzend ist: ‹Durch das Schicksal werden die Meteller in Rom zu Konsuln›. Als der Konsul Metellus daraufhin erzürnt war, antwortete er ihm mit einem hyperkatalektischen Senar, den man auch Saturnier nennt: ‹Die Meteller werden dem Naevius, dem Dichter, Böses tun›.»).

4 Das liegt nicht zuletzt daran, dass sich das Versmaß nicht eindeutig bestimmen lässt. Während die Antwort der Meteller als Saturnier gelten kann, spricht bei Naevius' Vers mehr für eine jambische Struktur, die dann am besten in ein Drama passen würde.

5 Vgl. Gell. 3,3,15 mit z. B. Koster 1980, 97–100.

6 Vgl. Hieron. Chron. 144,3 [= 201 v. Chr.].

7 Vgl. Caesius Bassus VI 266,5 f. ed. Keil.

8 Im Gegenteil scheint er selbst gerichtlich gegen Schmähkritik an ihm vorgegangen zu sein: vgl. Rhetorica ad Herennium 2,19: *C. Caelius iudex absolvit iniuriarum eum qui Lucilium poetam in scaena nominatim laeserat* mit z. B. Koster 1980, 101.

9 Die Fragmente wurden mit neuer Übersetzung und aktueller Kommentierung zuletzt präsentiert von Christes/Garbugino 2015.

10 Vgl. z. B. Karin Haß, Lucilius und der Beginn der Persönlichkeitsdichtung in Rom, Stuttgart 2007, 90–111, u. Luca Grillo, Invective, *amicitia*, and *virtus*, in: Brian W. Breed, Elizabeth E. Keitel u. Rex Wallace (Hgg.), Lucilius and Satire in 2nd-century BC Rome, Cambridge 2018, 279–291.

11 Zur Rekonstruktion des ersten Buches vgl. Christes/Garbugino 2015, 16–33.

12 Ein weiteres Argument für diese Sichtweise ergibt sich aus der parallelen Konstellation bei Senecas *Apocolocynthosis*, die er in Anlehnung an Lucilius und auf den – in diesem Fall unstrittig – kurz zuvor gestorbenen Kaiser Claudius geschrieben hat (s. unten S. 110–113).

13 Lucilius 1,29 (= Isidorus, de differentiis verborum 1,589).

14 Lucilius 1,30 (= Nonius, de compendiosa doctrina 426,33).

15 Lucilius 1,31 (= Charisius, ars grammatica 1,98,3 ed. Keil) mit Koster 1980, 102.

16 Laut Hieronymus (Chron. 1930 u. 1959) wurde Catull 87 v. Chr. geboren und verstarb 58 v. Chr. dreißigjährig. Da in seinen Gedichten aber noch Ereignisse aus dem Jahr 55 v. Chr. vorkommen, hat sich der Kirchen-

vater entweder beim Alter verrechnet oder – was häufiger vorkommt – die Konsuln von 87 mit denen von 84 v. Chr. verwechselt.

17 Vgl. v. a. Catull 29; 52; 54 u. 59 mit z. B. Koster 1980, 282–293, u. Tatum 2007.

18 So werden beispielsweise von Quintilian in seinem rhetorischen Lehrwerk die ersten beiden Verse als Paradebeispiel für jambische Dichtung zitiert: Quint. inst. 9,4,141.

19 Zur Rolle des Versmaßes in Catulls invektiven Gedichten vgl. Stephen J. Heyworth, Catullian Iambics, Catullian iambi, in: Alberto Cavazerre et al. (Hgg.), Iambic Ideas. Essays on a Poetic Tradition from Archaic Greece to the Late Roman Empire, Lanham 2001, 117–140, u. Lennartz 2010, 627–650.

20 Dieser Eindruck entsteht allerdings nicht zuletzt dadurch, dass Catull ihn noch in einer Reihe weiterer Gedichte hart attackiert: vgl. v. a. 94; 105; 114 u. 115 sowie ferner W. C. McDermott, Mamurra, *eques Formianus*, in: Rheinisches Museum 126 (1983), 292–307.

21 Catull 29,1–10 (Text: Bardon ²1973); für eine Interpretation des ganzen Gedichts Koster 1980, 284–290; Syndikus 1984, 176–181; Wray 2001, 171–177; Holzberg 2002, 105–110, u. Tatum 2007, 339–342.

22 Dieser Vers stellt ein textkritisches Problem dar, da die Handschriften nach *habebat* nur ein unverständliches *cum te* überliefern. Die hier übernommene Konjektur *ante* geht auf die Ausgabe von Achilles Statius (Venedig 1566) zurück.

23 Vgl. Williams 1999, 172–178, u. Vogt 2003, 43–56; zur Verwendung als Beleidigung s. unten S. 147–149.

24 Schon der Beginn ist an Explizitheit kaum zu überbieten: *pulchre convenit improbis cinaedis, // Mamurrae pathicoque Caesarique.* («Wunderschön passen zusammen die schamlosen Schwuchteln, // Mamurra die Tunte und Caesar die Tunte.») mit Koster 1980, 282–284; Syndikus 1984, 276–279; Tatum 2007, 342–344, u. McCarthy 2019, 128–133.

25 Suet. Caes. 73: *Valerium Catullum, a quo sibi versiculis de Mamurra perpetua stigmata imposita non dissimulaverat, satis facientem eadem die adhibuit cenae hospitioque patris eius, sicut consuerat, uti perseveravit.*

26 Zur Überlegung, ob das überhaupt eine realistische Option war, vgl. Wray 2001, 121: «At the other end of the spectrum, a vastly superior plaintiff like Julius Caesar obviously *could* have compelled an annoying young municipal equestrian to answer charges for Poem 57 and similar verses. That is, if Caesar was willing to become a laughingstock: he could never have lived down the ridiculous figure he would have cut at such a trial.»

27 Catull 93 mit Syndikus 1987, 79 f.; Tatum 2007, 344, u. Cornelius Hartz, Catulls Epigramme im Kontext hellenistischer Dichtung, Berlin 2007, 69–77. Es ist umstritten, ob die ersten beiden Worte als Warnung

Caesars oder – mit geänderter Zeichensetzung – als Teil von Catulls Aussage aufzufassen sind; im zweiten Fall wäre etwa gemeint: «Ich gebe mir nicht allzu viel Mühe …».

28 Was auch immer die genaue Bedeutung der Redewendung ist, Quintilian hält fest, dass es schon anmaßend gewesen wäre, wenn Caesar sie gegenüber Catull gebraucht hätte, dass es in seinen Augen aber Wahnsinn war, dass Catull dies tatsächlich zu Caesar gesagt hat: Quint. inst. 11,1,38: *negat se magni facere aliquis poetarum utrum Caesar ater an albus homo sit: insania; verte, ut idem Caesar de illo dixerit, adrogantia est.*

29 Vgl. Suet. Caes. 49,1: *omitto Calvi Licini notissimos versus: ‹Bithynia quicquid et pedicator Caesaris umquam habuit.›* («Ich übergehe jene sehr bekannten Verse des Licinius Calvus: ‹Alles hat Bithynien einstmals besessen und Caesars Vergewaltiger.›»).

30 Vgl. Tac. ann. 4,34,5.

31 Vgl. allg. Mary Beard, The Roman Triumph, Cambridge 2007, 247–249.

32 Suet. Caes. 51 (Text: Kaster 2016).

33 Suet. Caes. 49,4 (Text: Kaster 2016).

34 Vgl. Cassius Dio 43,20,4.

35 Für eine Übersicht vgl. Suet. Caes. 49,1–4; zur Genese des Gerüchts und den vermutlich tatsächlichen Motiven Caesars, eine persönliche Beziehung zum bithynischen Königshaus aufzubauen, Josiah Osgood, Caesar and Nicomedes, in: Classical Quarterly 58 (2008), 684–691.

36 Für eine knappe, aber illustrative Zusammenstellung vgl. Opelt 1969, 23–26.

37 Vgl. Suet. Tib. 59.

38 Vgl. Tac. ann. 14,1–13 u. Suet. Nero 34,1–4.

39 Suet. Nero 39,2 (Text: Kaster 2016).

40 Pers. 1,116–121a (Text: Kißel 2007); für eine Interpretation der ersten Satire im Ganzen vgl. z. B. Kißel 1990, 100–287; Freudenburg 2001, 151–172, u. Reckford 2009, 16–51.

41 Vgl. Schol. Pers. 1,119,5–10.

42 Zu weiteren Stellen in dieser und anderen Satiren, die sich als Kritik an Nero verstehen lassen, vgl. Severin Koster, *Ille ego qui*. Dichter zwischen Wort und Macht, Erlangen 1988, 69–81, Emily Gowers, Persius and the Decoction of Nero, in: Jas Elsner u. Jamie Masters (Hgg.), Reflections of Nero, London 1994, 131–150 [= in: Maria Plaza, Oxford Readings in Persius and Juvenal, Oxford 2009, 173–198]; Reckford 2009, 102–129, u. Matthew Roller, Politics and Invective in Persius and Juvenal, in: Braund/Osgood 2012, 283–311.

43 Zur Biographie des Persius, die entweder Valerius Probus oder Sueton zugeschrieben wird, vgl. Markus Stachon, Sueton, *De Poetis*. Kommentar zu den erhaltenen Viten und begründete Mutmaßungen zu den verlorenen Kapiteln, Bonn 2018 [unveröffentl. Habil.], 292–297.

44 Vgl. vita Persii 10: *cuius versus in Neronem cum ita se haberet:* ‹*auriculas asini Mida rex habet,*› *in eum modum a Cornuto, ipse tantummodo, est emendatus:* ‹*auriculas asini quis non habet?*› *ne hoc in se Nero dictum arbitraretur*; u. Schol. Pers. 120,3–5 (dort wird die Änderung von Cornutus oder Persius selbst vorgenommen); mit Kißel 1990, 267–271.

45 Vgl. Ov. met. 11,146–193.

46 Vgl. hierzu allg. Mary R. Lefkowitz, The Life of the Greek Poets, London 1981 ([2]2012).

47 Vgl. Macr. sat. 2,4,21.

48 Vgl. HA Hadr. 15,12–13: *et Favorinus quidem, cum verbum eius quondam ab Hadriano reprehensum esset atque ille cessisset, arguentibus amicis, quod male cederet Hadriano de verbo, quod idonei auctores usurpassent, risum iocundissimum movit; ait enim:* (13) ‹*non recte suadetis, familiares, qui non patimi ni me illum doctiorem omnibus credere, qui habet triginta legiones.* mit Anthony R. Birley, *Hadrian*: The Restless Emperor, London 1997, 193–195, u. Fündling 2006, 762–768, v. a. 765: «Die Authentizität der Anekdote ist nicht beweisbar.»

49 Zu dem facettenreichen Bild, das die *Historia Augusta* von Hadrians aktivem wie passivem Umgang mit Spott und Beleidigungen zeichnet, vgl. Pausch 2020.

50 Vgl. aber auch die vorsichtige Skepsis bei Fündling 2006, 780 f.

51 Er wird heute zumeist mit dem Verfasser von neun in der *Anthologia Latina* (238–245 Shackleton Bailey) überlieferten Gedichten und/oder mit dem Redner P. Annius Florus identifiziert: vgl. Sylvia Fein, Die Beziehungen der Kaiser Trajan und Hadrian zu den *litterati*, Berlin 1994, 99 f., u. Fündling 2006, 776 f.

52 HA Hadr. 16,3 (Text: Hohl [5]1971) mit Fündling 2006, 776–781.

53 Zu der generellen Beobachtung, dass häufig erst die Reaktion des Angesprochenen und die sich daraus ergebende Anschlusskommunikation darüber entscheidet, ob eine Aussage als Beleidigung wahrgenommen wird oder nicht, vgl. Ellerbrock et al. 2017, v. a. 10.

54 HA Hadr. 16,4. Zur Diskussion um die Ergänzung vgl. Fündling 2006, 784 f.

2. Eine Krähe hackt der anderen doch ein Auge aus: Politiker gegen Politiker

1 Vgl. Macr. sat. 7,5,2: … *tamquam cornix cornice oculos effodiat.*

2 S. hierzu ausführlicher oben S. 20–23.

3 Plin. nat. hist. 7,100: *itaque sit proprium Catonis quater et quadragiens causam dixisse, nec quemquam saepius postulatum et semper absolutum.*

4 Die Fragmente stammen aus ca. 80 Reden; für eine Edition Malcovati [4]1976, 12–97; für Übersetzungen Otto Schönberger, Cato. Vom Land-

bau & Fragmente, Düsseldorf ²2000, 210–273; für eine Besprechung aus invektiver Perspektive Koster 1980, 106–111.

5   Vgl. ORF 37,151 (= Cic. de or. 2,256: *alterum genus* [sc. *ambigui*] *est quod habet parvam verbi immutationem, quod Graeci vocant* Παρονομασίαν, *ut Nobiliorem mobiliorem Cato*).

6   Zu dem Bild, das sich spätere Zeiten von Cato gemacht haben, vgl. v. a. Gehrke 2000 u. Wulfram 2009.

7   Vgl. ORF 11–31.

8   Vgl. ORF 11,69 (= Liv. 39,42,6: *patrum memoria institutum fertur, ut censores motis senatu adscriberent notas. Catonis et aliae quidem acerbae orationes exstant in eos, quos aut senatorio loco movit aut quibus equos ademit, longe gravissima in L. Quinctium oratio, …* [«Zur Zeit unserer Väter soll die Regelung eingeführt worden sein, dass die Zensoren schriftliche Bemerkungen hinzugefügt haben, wenn sie jemanden aus dem Senat entfernt hatten. Von Cato gibt es zwar auch noch andere heftige Reden gegen diejenigen, die er aus dem Senat entfernt oder denen er ihr Ritterpferd entzogen hat, bei weitem am schwerwiegendsten ist aber die gegen L. Quinctius, …»]) u. ORF 12,78 (= Gell. 6,22,3).

9   Dementsprechend hat sich allein aus dieser Rede, die allerdings auch noch Vorwürfe wegen der Verletzung religiöser Pflichten durch Veturius enthielt, immerhin ein knappes Dutzend Fragmente erhalten: vgl. ORF 12,72–82.

10 Vgl. ORF 12,79 (= Plut. Cato Maior 9,6: τὸν δὲ ὑπέρπαχυν κακίζων ʽποῦ δʼ ἄν,ʼ ἔφη, ʽσῶμα τοιοῦτόν τῇ πόλει γένοιτο χρήσιμον, οὗ τὸ μεταξὺ λαιμοῦ καὶ βουβώνων πᾶν ὑπὸ τῆς γαστρὸς κατέχεται;ʼ).

11 Vgl. ORF 12,80 (= Serv. auct. ad Aen. 4,121).

12 Zu diesem in letzter Zeit intensiv behandelten Thema vgl. z. B. Emily Gowers, The Loaded Table. Representations of Food in Roman Literature, Oxford 1993, u. Werner Tietz, *Dilectus ciborum*. Essen im Diskurs der römischen Antike, Göttingen 2013.

13 Zu Besonderheiten der körperlichen Erscheinung als Zielscheibe für Schmähungen in Rom vgl. v. a. Corbeill 1996, 14–65, u. Jan B. Meister, Der Körper des Princeps. Zur Problematik eines monarchischen Körpers ohne Monarchie, Stuttgart 2012, sowie zu diesem Thema quer durch die Zeiten Uwe Israel u. Jürgen Müller (Hgg.), Körper-Kränkungen. Der menschliche Leib als Medium der Herabsetzung, Publikation einer Tagung des SFB 1285 «Invektivität. Konstellationen und Dynamiken der Herabsetzung» (im Druck).

14 Zu Ciceros Korrespondenz und ihrer Interaktion mit der Gesellschaft vgl. Rühl 2019.

15 Einschlägig sind hier einerseits seine Ausführungen in *De inventione* (v. a. 1,34–36) und den *Partitiones oratoriae* (70–82), andererseits seine

Überlegungen zum Witz als Waffe in *De oratore* (de or. 2,216–290 mit z. B. Beard 2014, 99–123 [dt.: Beard 2016, 138–169]).

16   S. oben S. 17–19.

17   Vgl. hierzu allg. May 1988, v. a. 1–12; Hammar 2013 u. Thurn 2018.

18   In den vier Reden *In Catilinam* aus dem November und Dezember 63 v. Chr.

19   Vor allem in der Rede *Post reditum in senatu* aus dem Jahr 57 v. Chr.

20   Ursprünglich im Rahmen der Zeugenbefragung seiner Verteidigung des Publius Sestius im Jahr 56 v. Chr., dann aber auch separat als *In P. Vatinium* veröffentlicht.

21   In den Fragmenten von *In P. Clodium et Curionem* aus dem Jahr 61 v. Chr. (zu Clodius s. unten S. 60–63).

22   Für eine konzise Besprechung der einschlägigen Stellen vgl. Koster 1980, 116–129; für eine systematische Analyse der Diffamierungstechniken jetzt allg. Thurn 2018.

23   Nicht weniger als 58 Reden sind – bis auf kleinere Lücken – vollständig überliefert, von weiteren ca. hundert haben sich Fragmente erhalten (vgl. hierzu Crawford ²1994).

24   Zu dieser vielbehandelten Frage vgl. z. B. Jules Humbert, Les plaidoyers écrits et les plaidoiries réelles de Cicéron, Paris 1925; Wilfried Stroh, Taxis und Taktik. Ciceros Gerichtsreden, Stuttgart 1975, 31–54, u. La Bua 2019, 33–42.

25   Vgl. z. B. Cic. Verr. 2,1,9; zum Spott über Verres' fehlende Bildung s. S. 138–140.

26   Von den 13 bekannten Cicero-Papyri enthalten 5 Stellen aus den Verrinen; vgl. hierzu und zur Rezeption des Redencorpus in der Antike allg. Keeline 2018, v. a. 80–83.

27   Der Papyrus wurde um 1920 in Ägypten gefunden und ist heute Teil der Sammlung der Universitätsbibliothek Gießen: vgl. Olaf Schneider, Weltliteratur als Schmierblatt. Der Cicero-Papyrus, in: uniforum. Zeitung der JLU Gießen 24 (2011), 14.

28   Vgl. Cic. Att. 1,16,8–10 mit z. B. Rühl 2019, 257–262, u. Jehne 2020, v. a. 28–31.

29   Vgl. W. Jeffrey Tatum, The patrician tribune. P. Clodius Pulcher, Chapel Hill 1999, u. Wilfried Nippel, Publius Clodius Pulcher – ‹der Achill der Straße›, in: Hölkeskamp/Stein-Hölkeskamp 2000, 279–291.

30   Vgl. v. a. Plut. Caes. 9–10 mit Henricus H. J. Brouwer, Bona Dea. The Sources and a Description of the Cult, Leiden 1989, 363–370.

31   Vgl. Philippe Moreau, *Clodiana religio*. Un procès politique en 61 av. J.-C., Paris 1982.

32   Cicero verwendet den *terminus technicus* hier sogar selbst (§ 10); für eine ausführliche Beschreibung und praktische Empfehlungen vgl. Quint. inst. 6,4,1–22.

33 Vgl. Cic. Att. 1,16,8–9.

34 Cic. Att. 1,16,10 (Text: Shackleton Bailey 1987; Übersetzung: Rühl 2019, 259).

35 Ein abschätziges Wortspiel mit dem Deminutiv von Clodius' Cognomen *Pulcher*.

36 Der mondäne Badeort am Golf von Neapel, der ebenso für seine hohen Preise wie für den eleganten Müßiggang seiner Gäste berüchtigt war.

37 Nämlich bei den Riten der *Bona Dea*, deren Teilnahme Männern untersagt war.

38 Gemeint ist C. Scribonius Curio der Ältere, der offenbar als Clodius' Anwalt fungierte.

39 Q. Marcius Rex war mit einer Schwester des Clodius verheiratet; Rex ist hier Teil des Namens, so dass die Verbindung zur Verwendung des Worts durch Clodius eher lose ist.

40 Cicero hatte das offenbar großzügige Haus auf dem Palatin 62 v. Chr. für 3,5 Millionen Sesterzen von Crassus erworben; da sich aber selbst diese Summe noch unterhalb des üblichen Preisniveaus bewegte, wurde ihm nicht nur der Erwerb des luxuriösen Anwesens zum Vorwurf gemacht, sondern auch, dass er sich von Crassus habe bestechen lassen (vgl. Ulrike Egelhaaf-Gaiser, Wohnen wie Cicero auf dem Palatin. Spätrepublikanische Stadtpaläste als Politikum, in: Der Altsprachliche Unterricht 49 (2006), 24–34).

41 Die Vorwürfe der Bestechung der Geschworenen durch Clodius scheinen also offenbar – zumindest im Senat – allgemein und recht detailliert bekannt gewesen zu sein.

42 Zu diesem Vorwurf als beliebtem Gegenstand von Beleidigungen s. unten S. 114–116.

43 Zum invektiven Verlauf und den Folgen dieser Feindschaft vgl. jetzt Jehne 2020.

44 Zu Piso und den Versuchen der Forschung, zu einem von Cicero unabhängigen Bild seiner Person zu gelangen, vgl. Yasmina Benferat, Plaidoyer pour une victime de Cicéron: Pison, in: Revue des études latines 80 (2002), 55–77, u. Henriette van der Blom, Oratory and Political Career in the Late Roman Republic, Cambridge 2016, 181–203.

45 Vgl. Koster 1980, 120–128, v. a. 120: «Bis zum Jahre 55, in dem mit der *Pisoniana* ein Höhepunkt der Angriffe erreicht ist, beschimpft Cicero die genannten Gegner unentwegt in vielen Reden, so in *Post reditum in senatu*, a. 57, *De domo*, a. 57, *Pro Sestio*, a. 56, *De haruspicum responso*, a. 56, *De provinciis consularibus*, a. 56, und schließlich mit einem kurzen Nachhall in der Rede *Pro Plancio*, § 86 f., aus dem Jahre 54.»

46 Vgl. aber auch gegen diese *communis opinio* Jonathan Powell, Invective and the orator. Ciceronian theory and practice, in: Booth 2007, 1–24, h. 7.

47 Zu dieser wichtigen sprachlichen Technik s. oben S. 30–33.

48 Für eine eingehende Besprechung der invektiven Aspekte vgl. Koster 1980, 210–281.

49 Cic. Pis. 62 (Text: Nisbet 1961).

50 Für entsprechende Empfehlungen vgl. z. B. Rhetorica ad Herennium 3,13.

51 Vgl. Cicero ad Quintum fratrem 3,1,11: *alterum est, de Calventii Marii oratione quod scribis: miror tibi placere me ad eam rescribere, praesertim cum illam nemo lecturus sit, si ego nihil rescripsero, meam in illum pueri omnes tamquam dictata perdiscant.* («Weiterhin sprichst Du von dem Pamphlet des Calventius Marius [= Spottname für Piso]. Da wundere ich mich doch über Deinen Standpunkt, ich müßte eine Replik draufsetzen, zumal doch niemand es liest, wenn ich dazu schweige, während meins auf ihn jeder Junge wie eine aufgegebene Lektion auswendig lernt.» [Übersetzung Helmut Kasten 1965]).

52 Vgl. Plut. Cic. 48,6–49,2: «Dann schlugen sie ihm, gemäß Antonius' Befehl, den Kopf und die Hände ab, mit denen er die Philippischen Reden geschrieben hatte; denn so hatte Cicero seine Reden gegen Antonius betitelt, und sie heißen noch heute so. [49] Als die abgeschnittenen Teile nach Rom gebracht wurden, war Antonius gerade dabei, Wahlen zu leiten. Als er die Kunde hörte und die Wahrzeichen sah, rief er laut, daß jetzt die Ächtungen ein Ende hätten. Kopf und Hände ließ er über den Schiffsschnäbeln auf der Rednertribüne aufstecken, ein scheußlicher Anblick für die Römer, die freilich nicht Ciceros Antlitz zu sehen glaubten, sondern ein Abbild der Seele des Antonius.» (Übersetzung K. Ziegler); zu Ciceros *exitus* als Thema der rhetorischen Ausbildung vgl. Keeline 2018, 102–146.

53 Zum historischen Kontext vgl. v. a. Gesine Manuwald, Cicero, Philippics 3–9, 2 Bde., Berlin 2007, 9–31, u. zuletzt Uwe Walter, Die Arbeit der Zuspitzung. Ciceros rhetorische Totalmobilmachung in den Philippischen Reden und das Ende der römischen Republik, in: Lore Benz u. Jochen Sauer (Hgg.), Rhetorik – Politik – Propaganda. Cicero und die Macht des Wortes, Speyer 2017, 11–38.

54 Das wird jedenfalls durch einen Brief von Brutus an Cicero nahegelegt (vgl. Cicero ad Brutum 2,3,4: *iam concedo ut vel Philippici vocentur, quod tu quadam epistula iocans scripsisti.* [«Ich gestehe dir schon zu, dass Du sie Philippische nennst, wie du scherzend in irgendeinem Brief geschrieben hast.»]); zum Corpus im Ganzen vgl. Wilfried Stroh, Ciceros Philippische Reden. Politischer Kampf und literarische Imitation, in: Martin Hose (Hg.): Meisterwerke der antiken Literatur: Von Homer bis Boethius, München 2000, 76–102; Tom Stevenson u. Marcus Wilson (Hgg.), Cicero's *Philippics*. History, Rhetoric and Ideology, Auckland 2008, u. Katharina Hedemann, Die Darstellung des Marcus Antonius in Ciceros Philippischen Reden, Hamburg 2017.

55 Wenn auch bei Demosthenes erst mit einiger Verzögerung nach dem Tod Alexanders.

56 Vgl. Frank-Thomas Ott, Die zweite Philippica als Flugschrift in der späten Republik, Berlin 2013, sowie für die Mindermeinung, dass die Rede doch in dieser Form gehalten wurde, Stephen Cerutti, Further Discussion on the Delivery and Publication of Cicero's Second Philippic, in: Classical Bulletin 70 (1994), 23–38.

57 Für eine Besprechung der besonders einschlägigen Stellen vgl. Koster 1980, 129–133.

58 Cic. Phil. 2,63 (Text: Fedeli ²1986) mit Koster 1980, 131 f., der sowohl die Beschreibung von Marc Antons grobschlächtigem Äußeren wie die Erwähnung der mit Wein vermischten Speisereste als Anspielung auf den Kyklopen versteht; zu *vinolentia* als wiederkehrendem Vorwurf in den Philippischen Reden vgl. Thurn 2018, 175–182, sowie allg. Degelmann 2019, 245–266.

59 Vgl. Rhet. 1441b14–29, v. a. 14–20; für den Zusammenhang s. oben S. 30–33.

60 Die Handschrift wurde im 15. Jahrhundert in Italien angefertigt und ist seit 1739 Teil der Sammlungen, die heute in Dresden in der Sächsischen Landesbibliothek: Staats- und Universitätsbibliothek aufbewahrt werden (Msrc. Dresd. Dc 110).

61 «*M. T. Ciceronis Philippica secunda contra Antonium qua praeter alia necem ei violentem conciliavit.*»

62 Vgl. Wolf Christian Schneider, Vom Salz Ciceros. Zum politischen Witz, Schmäh und Sprachspiel bei Cicero, in: Gymnasium 107 (2000), 497–518.

63 Zu seiner zentralen Rolle im römischen Schulsystem vgl. Keeline 2018 u. La Bua 2019.

64 Zu Ciceros Leben und Werk als Thema für Deklamationen vgl. Keeline 2018, 73–195.

65 Es handelt sich um die Reden Ps.-Sallust *In Ciceronem* und Ps.-Cicero *In Sallustium*, die beide in der sog. *Appendix Sallustiana* überliefert wurden; für Edition, Kommentar, englische Übersetzung und historische Kontextualisierung vgl. allg. Novokhatko 2009.

66 So beispielsweise von Quintilian (inst. 4,1,68 u. 9,3,89); für eine detaillierte Übersicht zur Forschungstradition vgl. Novokhatko 2009, 111–129, u. ferner Keeline 2018, 148 f.

67 Vgl. z. B. Novokhatko 2009, 3–18, u. Keeline 2018, 147–151.

68 Für eine Besprechung der entsprechenden Stellen vgl. Koster 1980, 177–189.

69 Ps. Sall. in Cic. 1,1 (Text: Novokhatko 2009).

70 Vgl. zu diesem Gedanken Koster 1980, 177 f.

71 Der Titel ist neben dem Singular allerdings auch im Plural (*Anticatones*) überliefert.

72 Vgl. grundlegend Hans Jürgen Tschiedel, Caesars ‹Anticato›. Eine Untersuchung der Testimonien und Fragmente, Darmstadt 1981, u. für einen aktuellen Forschungsüberblick Anthony Corbeill, Anticato, in: Luca Grillo u. Christopher B. Krebs (Hgg.), The Cambridge Companion to the Writings of Julius Caesar, Cambridge 2018, 215–222.

73 So jedenfalls laut der Schilderung Senecas des Jüngeren: vgl. Sen. epist. 24,6–8.

74 Vgl. z. B. Elke Stein-Hölkeskamp, Marcus Porcius Cato – der stoische Streiter für die verlorene Republik, in: Hölkeskamp/Stein-Hölkeskamp 2000, 292–306; Stephan Gäth, Die literarische Rezeption des Cato Uticensis. In Ausschnitten von der Antike bis zur Neuzeit, Frankfurt 2011, u. Fred K. Drogula, Cato the Younger. Life and Death at the End of the Roman Republic, Oxford 2019.

75 Die Schrift ist verloren, ihr Entstehungsprozess aber gut dokumentiert: vgl. v. a. Cic. Att. 12,4,2 u. 12,5,2 (zum Schreiben) sowie ad. fam. 16,22,1 (zur Vervielfältigung) mit Wilhelm Kierdorf, Ciceros Cato. Überlegungen zu einer verlorenen Schrift Ciceros, in: Rheinisches Museum für Philologie 121 (1978), 167–184.

76 Zuvor hatte mit Aulus Hirtius bereits einer seiner Anhänger eine eigene Schrift gegen Cato verfasst, die aber offenbar unfreiwillig die gegenteilige Wirkung hatte, wie Ciceros Bitte an Atticus nahelegt, sich um ihre Verbreitung zu bemühen (vgl. Cic. Att. 12,40,1).

77 So jedenfalls lässt Tacitus es Cremutius Cordus beschreiben (ann. 4,34,4): *Marci Ciceronis libro quo Catonem caelo aequavit, quid aliud dictator Caesar quam rescripta oratione velut apud iudices respondit?* («Auf Marcus Ciceros Buch, in dem er Cato unter die Götter erhoben hat, hat der Diktator Caesar darauf anders geantwortet als mit einer schriftlichen Gegenrede, die er gleichsam vor den Geschworenen gehalten hat?»).

78 Zu dieser in invektiven Texten oft auftretenden Strategie s. oben S. 30–33.

79 Vgl. Gell. 4,16,8 u. Priscian 6,36 (GL II 227,2) mit Tschiedel 1981, 105–109, 119–123.

80 Vgl. Plut. Cato Minor 11,6–8; 36,4–5; 52,5–8 mit Tschiedel 1981, 92–105, 113–119.

81 Vgl. Plin. epist. 3,12,2–3 u. Sen. de tranq. 17,9 mit Tschiedel 1981, 84–92; zu diesem in der Theorie und Praxis der Invektive beliebten Themenfeld vgl. Thurn 2018, 167–203, u. Degelmann 2019.

82 Vgl. Cic. Att. 13,50,1 u. 13,51,1 mit Tschiedel 1981, 40–48.

83 Vgl. Cic. Att. 13,46,2; Plin. nat. hist. 7,117; Plut. Caes. 3,4 u. Plut. Cic. 39,5–6.

84 So verfassten unter anderem Brutus und Munatius Rufus weitere Würdigungen, während Augustus noch gegen Ende seines Lebens eine

Gegendarstellung schrieb; zu dieser publizistischen Debatte im Ganzen vgl. Tschiedel 1981, 9–12, u. Ott 2013, 28–33.

85 Vgl. nach wie vor grundlegend Richard A. Bauman, The Crimen Maiestatis in the Roman Republic and Augustan Principate, Johannesburg 1967.

86 Vgl. v. a. Tac. ann. 4,34–35 mit z. B. Mischa Meier, Das Ende des Cremutius Cordus und die Bedingungen für Historiographie in augusteischer und tiberischer Zeit, in: Tyche 18 (2003), 91–127, u. Mary R. McHugh, Historiography and freedom of speech. The case of Cremutius Cordus, in: Ineke Sluiter u. Ralph M. Rosen (Hgg.), Free speech in classical antiquity, Leiden 2004, 391–408.

87 Vgl. z. B. Shadi Bartsch, Actors in the Audience. Theatricality and Doublespeak from Nero to Hadrian, Cambridge, Mass. 1994.

88 Vgl. HA Comm. 18,3–4 (Text: Hohl [5]1971).

89 Vgl. HA Comm. 18,5–19,9. Für eine weitergehende Interpretation dieser Szene und Einordnung in das Gesamtwerk vgl. Pausch 2020.

90 Vgl. HA Comm. 18,1–2. In der Forschung werden beide Sichtweisen vertreten, vgl. Agnès Molinier-Arbo, La Vie de Commode dans l'Histoire Auguste, Nancy 2012, 53–76, die sich selbst für den dokumentarischen Charakter der Schilderung ausspricht.

91 Vgl. HA Comm. 1,8; 2,9; 5,5; 11,10–12; 12,10–12; 15,3–6 u. 16,6 sowie ferner Cassius Dio 73,17,2 u. Herodian 1,15.

92 Zur Funktionsweise von Schmähgemeinschaften vgl. Ellerbrock et al. 2017, 12–15.

3. Der schönen Muse hässliche Sprache: Schriftsteller gegen Schriftsteller

1 Hor. carm. 3,1–2a.

2 Für eine Übersicht nach Themen und Schlagworten vgl. Opelt 1965, 217–228.

3 Zu Ciceros literarischen Werken und ihrem engen Zusammenspiel mit seinem Wirken als Anwalt und Politiker vgl. Catherine Steel, Reading Cicero. Genre and performance in Late Republican Rome, London 2005.

4 Für Edition, Übersetzung und Kommentierung seiner autobiographischen Schriften vgl. Peter Scholz/Uwe Walter, Fragmente Römischer Memoiren, Heidelberg 2013, 136–168.

5 Zur Kritik an seiner Dichtung vgl. Stephanie Kurczyk, Cicero und die Inszenierung der eigenen Vergangenheit. Autobiographisches Schreiben in der späten Römischen Republik, Köln 2006, v. a. 75–120, u. Scholz/Walter 2013, 141–146.

6 Wie wir aus Ciceros Referat von dessen Vorwürfen gegen ihn wissen (vgl. Cic. Pis. 72).

7 Wie wir wiederum aus Ciceros Zurückweisung erfahren (vgl. Cic. de domo sua 92).

8 Vgl. v. a. Cic. Pis. 72–75.

9 Vgl. Plut. Cic. 24,1–3.

10 Quint. inst. 11,1,24 (Text: Winterbottom 1970).

11 Zu der umstrittenen Frage, ob hier *linguae* oder doch das ebenfalls überlieferte *laudi* zu lesen ist, vgl. Katharina Volk u. James E. G. Zetzel, Laurel, Tongue and Glory (Cicero, de consulatu suo Fr. 6 Soubiran), in: Classical Quarterly 65 (2015), 204–223.

12 Für entsprechende Interpretationen vgl. z. B. Martin Hose, Cicero als hellenistischer Epiker, in: Hermes 123 (1995), 455–469, u. Emma Gee, Cicero's poetry, in: Steel 2013, 88–106.

13 Cic. Orator 161.

14 Cic. Tusc. 3,45.

15 Cic. Att. 7,2,1 (Text: Shackleton Bailey 1987).

16 Der Name des sonst nicht bekannten Windes leitet sich von der Hafenstadt Onchesmos (heute Saranda in Albanien) ab und karikiert die Vorliebe für gesuchte, besonders für griechische Begriffe, die tatsächlich zu den Charakteristika der zeitgenössischen Dichtung gehörte.

17 Als spondeische Verse bezeichnet man diejenigen Hexameter, bei denen das 5. Metrum nicht wie üblich von einem Daktylus (– ∨ ∨), sondern einem Spondeus (– –) gebildet wird und die als Markenzeichen der Art von Dichtung gelten können, auf die Cicero anspielt.

18 Catull 49 (Text: Bardon ²1973).

19 Da die Anrede mit dem Cognomen im Laufe des 1. Jh. v. Chr. üblich geworden war, wirkt die Verwendung der beiden anderen Namensbestandteile steif und altmodisch.

20 Vgl. z. B. Wilhelm Kroll, C. Valerius Catullus, ⁴1960, 88 f. (für die Übersendung einer Rede), oder George Goold, Catullus, London ²1989, 245 (für ein Kompliment), aber auch Ludwig Schwabe, Quaestionum Catullianarum liber I, Gießen 1862, 126 f., der vermutet, Catull bedanke sich hiermit für Ciceros Angriffe auf Clodia in seiner Rede *Pro Caelio*.

21 Vgl. z. B. Syndikus 1984, 247–250, u. Gee 2013, 101–106 (als Kritik an Ciceros autobiographischen Epen).

22 Für ein Beispiel s. oben S. 41–44 sowie zu Catull als Schmähdichter allg. Koster 1980, 282–293; Wray 2001 u. Tatum 2007.

23 Vgl. Catull 22,9–16 (… *caprimulgus aut fossor … idem infaceto est infacetior rure* …); zu diesem Gedicht im Ganzen vgl. Syndikus 1984, 154–160, u. Krostenko 2001, 268–270.

24 Zu literarischen Bezügen des Kraftausdrucks auf Kallimachos' Dichtungstheorie vgl. Lindsay C. Watson, Catullan Recycling? *Cacata Carta*, in: Mnemosyne 58 (2005), 270–277.

25 Vgl. Catull 36,1 u. 18–20 sowie zu dem Gedicht im Ganzen Syndikus 1984, 205–210, Krostenko 2001, 246–250, u. Wray 2001, 75–87.

26 Catull 16 (Text: Bardon ²1973; Übersetzung: Holzberg 2009) mit z. B. Syndikus 1984, 143–146, Krostenko 2001, 277–282, u. Holzberg 2002, 24–28.

27 Für aktuelle Überblicksdarstellungen vgl. Niklas Holzberg, Die römische Liebeselegie. Eine Einführung, Darmstadt ⁶2015, u. Thea S. Thorsen (Hg.), The Cambridge Companion to Latin Love Elegy, Cambridge 2013.

28 Vgl. Catull 11; 15; 21; 23 u. 26.

29 Das ließe sich belegen, wenn es sich bei Furius tatsächlich – wie gerne angenommen – um jenen Furius Bibaculus handelt, der laut Tacitus Schmähgedichte auf Caesar und Augustus verfasst haben soll (vgl. Tac. ann. 4,34,5, sowie ferner Quint. inst. 10,1,93).

30 Vgl. Catull 11,1.

31 Vgl. hierzu z. B. Meier 2007, 52; Jonathan Culpeper, Impoliteness. Using Language to Cause Offence, Cambridge 2011, 207–215, u. Ellerbrock et al. 2017, 16.

32 Zu den Epoden vgl. v. a. Watson 2003; Timothy S. Johnson, Horace's Iambic Criticism. Casting Blame (iambikê poiêsis), Leiden 2012, u. Philippa Bather u. Claire Stocks (Hgg.), Horace's Epodes. Context, Intertexts, and Reception, Oxford 2016.

33 Verg. Ecl. 3,90–91 (Text: Silvia Ottaviano, P. Vergilius Maro: Bucolica, Berlin 2011); es handelt sich im Übrigen um eine Aussage des Menalcas, einer der von Vergil in diesem Werk als Sprecher verwendeten Hirtenfiguren.

34 Dass hier ausgerechnet der für seinen Gestank bekannte Ziegenbock genannt wird, ist vielleicht ein Seitenhieb, der auf dieselbe angebliche Schwachstelle des Mevius zielt (vgl. ferner Hor. ep. 10,23: *libidinosus immolabitur caper*, «geopfert wird ein lüsterner Ziegenbock»).

35 Diesen Schluss hat schon Porphyrio in seinem Kommentar zu den Werken des Horaz aus dem frühen 3. Jh. n. Chr. gezogen: *Hic est Maevius inportunissimus poeta, quem et Vergilius cum simli*[a] *contumelia nominat.* («Die Rede ist von Maevius, dem überaus lästigen Dichter, den auch Vergil mit einer ähnlichen Schmähung nennt.») sowie ferner Markus Stachon, Über die Dichter Bavius und Mevius, in: Gymnasium 124 (2017), 303–319, der die These vertritt, dass die Aggression von Vergil und Horaz ausging.

36 Vgl. v. a. Hor. carm. 1,3 (vermutlich für Vergil).

37 Hor. ep. 10,1–10 (Text: Klingner ³1959) mit Eduard Fraenkel, Horace, Oxford 1957, 24–36; Willy Schetter, Zum Aufbau des Mevius-Jambus des Horaz (Epodes 10), in: Philologus 115 (1971), 249–255; Ernst A. Schmidt, Notwehrdichtung. Moderne Jambik von Chenier bis Borchardt (mit

einer Skizze zur antiken Jambik), München 1990, 139–147, u. Watson 2003, 338–357.

38 Vgl. Hor. ep. 10,11–24. Später wendet sich der Sprecher im Übrigen direkt an Mevius, als stünde er ihm gegenüber; zu dieser invektiven Technik allg. s. oben S. 30–33.

39 Der literarische Anspruch wird durch Bezüge zur sog. ersten Straßburger Epode noch gesteigert, einem als Papyrusfragment überlieferten und entweder Archilochos oder Hipponax zugeschriebenen Gedicht, das ebenfalls mit der Tradition des Propemptikons spielt; zu den Gemeinsamkeiten und Unterschieden vgl. Watson 2003, 338–341.

40 Gleichwohl lässt sich vermuten, dass der Protagonist zwischen den Zeilen weiter charakterisiert wird, vor allem indem ihm sexuelles Fehlverhalten zur Last gelegt wird: vgl. Ernst A. Schmidt, *Amica vis pastoribus*. Der Jambiker Horaz in seinem Epodenbuch, in: Gymnasium 84 (1977), 401–423, h. 406–412; Stephen J. Harrison, Two Notes on Horace, Epodes (10,16), in: Classical Quarterly 39 (1989), 271–274; Watson 2003, 355–357, u. Nicola Biffi, Mevio chi? (Nota a Hor. *epod.* 10), in: Sileno 31 (2005), 227–239.

41 Zur Tradition dieser invektiven Topik vgl. z. B. Plaut. Asin. 893–895; Hor. ep. 12,4–9; Hor. sat. 1,2,27; Catull 69; 71; 97 u. 98 mit Watson 2003, 344.

42 Vgl. Frank Wittchow, Der Dichter auf der Suche nach seiner Rolle. Zur *persona* in den Jamben des Horaz, in: Antike & Abendland 51 (2005), 69–82, u. Robin Glinatsis, Réflexions sur le genre iambique dans les Épodes d'Horace, in: Latomus 72 (2013), 152–167.

43 S. oben S. 18–19.

44 Vgl. Watson 2003, 254 Anm. 22.

45 Vgl. v. a. Sen. contr. 3 praef. 1–17; Tac. dial. 19; 26 u. Quint. inst. 10,1,116–117; zu seiner Biographie vgl. Steven H. Rutledge, Imperial Inquisitions. Prosecutors and Informants from Tiberius to Domitian, London 2001, 209–212.

46 Vgl. v. a. Tac. ann. 1,72,3 (*primus Augustus cognitionem de famosis libellis specie legis eius tractavit, commotus Cassii Severi libidine, qua viros feminasque inlustres pro cacibus scriptis diffamaverat* [«Als erster ließ Augustus eine Untersuchung über Schmähschriften unter dem Deckmantel dieses Gesetzes anstellen, verärgert durch die Frechheit des Cassius Severus, mit der dieser hochgestellte Männer und Frauen durch Spottschriften in üblen Ruf gebracht hatte.» Übersetzung Erich Heller, Tacitus: Annalen, Darmstadt 1997]) u. Suet. Calig. 16,1. Das Datum ergibt sich aus Hieronymus, der bei Cassius Severus' Tod im Jahr 32 n. Chr. angibt, er sei 25 Jahre im Exil gewesen (Chron. p. 176 Helm).

47 Vgl. Tac. ann. 4,21,3 u. Cassius Dio 56,27,1.

48 S. hierzu auch oben S. 21–22.

49 Für eine Übersicht verlorener Invektiven aus dieser Zeit vgl. Koster 1980, 145–148.

50 Cestius stammte aus Smyrna und betrieb seit spätestens 13 v. Chr. eine offenbar recht erfolgreiche Rhetorenschule in Rom: vgl. v. a. Sen. suas. 7,12 u. contr. 7 praef. 8.

51 Sen. contr. 3 praef. 16 (Text: Håkanson 1989).

52 Als fiktive Erwiderung auf die bekannte Rede Ciceros für dieselbe Person (*Pro Milone*).

53 Genau genommen nennt Cestius mit dem ‹Thraker› eine bestimmte Waffengattung, in der Fusius offenbar gerade der größte Star war; wir kennen weder ihn noch die zwei anderen genannten Personen.

54 Zur zentralen Technik der artifiziellen Mündlichkeit s. oben S. 30–33.

55 Für eine Interpretation der ersten Satire vgl. z. B. Kißel 1990, 100–287; Freudenburg, 2001, 151–172, u. Reckford 2009, 16–51.

56 Vgl. hierzu allg. Gerhard Binder, Öffentliche Autorenlesungen. Zur Kommunikation zwischen römischen Autoren und ihrem Publikum, in: ders. u. Konrad Ehrlich (Hgg.), Kommunikation zwischen Zeiten und Wort, Trier 1995, 265–332, u. Matthew Roller, Amicable and Hostile Exchange in the Culture of Recitation, in: Alice König u. Christopher Whitton (Hgg.): Roman Literature under Nerva, Trajan and Hadrian. Literary Interactions, AD 96–138, Cambridge 2018, 183–207.

57 Vgl. Iuv. 1,1–18.

58 Pers. 1,13–18 (Text: Kißel 2007) mit Kißel 1990, 128–138, u. Reckford 2009, 39–46.

59 Die Verbform *leges* ist zwar schlechter überliefert als das Partizip *legens*, ist aber aus grammatischen wie inhaltlichen Gründen zu bevorzugen: vgl. Kißel 1990, 135.

60 Pers. 1,32–35 (Text: Kißel 2007) mit Kißel 1990, 154–162.

61 Vgl. z. B. Mart. 2,90; 4,77; 5,13; 6,82; 7,46 u. 8,71.

62 Zu Martial vgl. William Fitzgerald, Martial. The World of the Epigram, Chicago 2007, Victoria Rimell, Martial's Rome. Empire and Ideology of Epigram, Cambridge 2008, u. Niklas Holzberg, Martial und das antike Epigramm. Eine Einführung, Darmstadt ²2012.

63 Zur finanziellen Seite des antiken Buchhandels vgl. z. B. Annette Dortmund, Römisches Buchwesen um die Zeitenwende. War T. Pomponius Atticus (110–32 v. Chr.) Verleger?, Wiesbaden 2001, 45–186, u. Katharina Schickert, Der Schutz literarischer Urheberschaft im Rom der klassischen Antike, Tübingen 2005.

64 Vgl. Mart. 1,29; 1,38; 1,53; 1,66; 1,72; 10,3; 10,100 u. 10,102 mit Rimell 2008, 40–50.

65 Vgl. Mart. 1,52, v. a. 8–9: *hoc si terque quaterque clamitaris // inpones plagiario pudorem* («Wenn du es drei- oder viermal laut kundtust, // wird es dem Menschendieb Schande bringen.»).

66 Vgl. z. B. Mart. 3,44.45.50; 5,63; 5,73 u. 7,3.
67 Vgl. Mart. 2,7, v. a. 7–8: *nil bene cum facias, facias tamen omnia belle.* // *vis dicam quid sis? magnus es ardalio.* («Obwohl du nichts gut machst, machst du doch alles hübsch. // Soll ich dir sagen, was du bist? Du bist ein großer Faulpelz und Wichtigtuer.»).
68 Mart. 3,9 (Text: Lindsay [13]1989).
69 Zur artifiziellen Mündlichkeit als wichtiger invektiver Technik s. oben S. 30–33.
70 Mart. 6,64,16–26 (Text: Lindsay [13]1989) mit Farouk Grewing, Martial, Buch VI. Ein Kommentar, Göttingen 1997, 404–425, u. Margot Neger, Martials Dichtergedichte, München 2012, 245–248.
71 Vermutlich ein stadtbekannter Arzt, der sich darauf verstand, Brandmale ehemaliger Sklaven zum Verschwinden zu bringen.
72 Vgl. Mart. 6,65.

4. Hackordnungen und Schmähduelle: vor Gericht,
auf der Straße, überall

1 Mart. 5,60,6–7 (Text: Lindsay [13]1989).
2 Plaut. Persa 276–287 (Text: Woytek 1982). Die Szene steht zu Beginn in trochäischen Septenaren (bis 276), um nach drei bislang metrisch noch nicht überzeugend bestimmten Versen (277–279) in jambische Senare überzugehen.
3 Vgl. Plaut. Persa 272–298a mit Woytek 1982, 262–272, u. Wallochny 1992, 71 f.
4 Das Aufführungsjahr des Stückes ist unbekannt, eine Datierung nach 196 v. Chr. ergibt sich aus der Erwähnung der *tresviri epulones*: vgl. Persa 99 f. mit Woytek 1982, 86–91.
5 Im Gegensatz zu den meisten anderen Stücken hat sich die Suche nach einer Vorlage in diesem Fall als schwierig erwiesen: vgl. Eckard Lefèvre, Plautus' *Persa* zwischen Néα und Stegreifspiel, in: Stefan Faller, Studien zu Plautus' *Persa*, Tübingen 2001, 11–94.
6 Zur Besonderheit des Protagonisten vgl. Kathleen McCarthy, Slaves, Masters, and the Art of Authority in Plautine Comedy, Princeton 2000, 122–166; Sklaven spielen aber in der römischen Komödie auch sonst eine zentrale Rolle: vgl. allg. Richlin 2017.
7 Zu den vielfältigen Bezügen auf die Lebenswirklichkeit von Sklaven in den Streitszenen vgl. Richlin 2017, 151–171, v. a. 169: «The content in verbal duels, …, takes a familiar shape: slaves accuse other slaves of having been frequently punished, or threaten that punishment lies ahead; slaves argue about who is more likely to gain manumission; slaves accuse each other of having been used for sex; …».
8 Zu den Streitszenen vgl. z. B. Michael P. Schmude, Reden – Sachstreit –

Zänkereien. Untersuchungen zu Form und Funktion verbaler Auseinandersetzungen in den Komödien des Plautus und Terenz, Wiesbaden
1988; Wallochny 1992 u. Iurescia 2019, 32–104.

9 Vgl. z. B. Lefèvre 2001, 41 f. (mit weiteren Literaturangaben).

10 Vgl. z. B. Friedrich Ritschl, Zur Charakteristik des Plautus und Teren-
tius, Opuscula Philologica II, Leipzig, 732–764, h. 749: «Es ist einfach
und gewandt, auch einige Szenen, wie die 4te des 4ten Actes und die
Schluszscene, für nicht gar zu feine Gaumen amüsant genug; der Auftritt der beiden Dienstboten aber, der ohne allen Zusammenhang mit
der Fabel bleibt, durch seine witzlose Gemeinheit nur für das gröbste
Publikum berechnet.»

11 Plaut. Persa 406–427 (Text: Woytek 1982). Die erste Silbe gehört noch
zu Vers 405; die Passage steht in jambischen Senaren; vgl. Woytek 1982,
299–308.

12 Zum kunstvollen Aufbau vgl. z. B. Richlin 2017, 157–160, u. Iurescia
2019, 83 f.

13 Das umfangreiche Vokabular, das Plautus für Beschimpfungen verwen-
det, hat viel Aufmerksamkeit in der Forschung gefunden: vgl. Opelt
1965; Saara Lilja, Terms of Abuse in Roman Comedy, Helsinki 1965;
Elenaor Dickey, Latin Forms of Address. From Plautus to Apuleius,
Oxford 2002 (²2007), 163–185, u. zuletzt Hans Spencer Bork, A Rough
Guide to Insult in Plautus, Diss. University of California 2018, der zu
Recht die Bedeutung des sozialen Kontextes für die Wahrnehmung von
Schimpfworten hervorhebt.

14 Was sich auch daran zeigt, dass die gegenseitigen Beleidigungen offenbar keine Folgen für das Verhältnis der beiden zueinander haben: vgl.
z. B. Wallochny 1992, 63.

15 Zu diesem Stück vgl. allg. Eckard Lefèvre, Plautus' *Pseudolus*, Tübingen
1997, u. David Christenson*, Plautus: Pseudolus,* Cambridge 2020, v. a.
24–66.

16 Plaut. Pseud. 351–370a (Text: Quesa 2017).

17 Zur vielfältigen Verwendung solcher Techniken in der römischen Komödie allgemein und bei Plautus im Besonderen vgl. David Christenson, Metatheatre, in: Martin T. Dinter (Hg.), The Cambridge Companion to Roman comedy, Cambridge 2019, 136–150, u. Christopher
Bungard, Metatheater and Improvisation in Plautus, in: George Fred-
ric Franko u. Dorota Dutsch (Hgg.), Companion to Plautus, Hobo-
ken 2020, 237–250.

18 Von einigen Interpreten wird vor allem der zweite Teil als rituelle Beschimpfung nach dem Muster einer traditionellen *flagitatio* aufgefasst:
vgl. Hermann Usener, Italische Volksjustiz, in: Rheinisches Museum 56
(1901), 1–28, u. Richlin 2017, 174–176.

19 Zur gezielten Verwendung griechischer Wörter in den Satiren des Luci-

lius vgl. Thomas Baier, Lucilius und die griechischen Wörter, in: Gesine Manuwald (Hg.), Der Satiriker Lucilius und seine Zeit, München 2001, 37–50, v. a. 38 f. (zu unserer Stelle).

20 Für einführende Angaben zu Leben und Werk s. oben S. 39–41.

21 Vgl. z. B. Christes/Garbugino 2015, 34–45.

22 So die überzeugende Rekonstruktion, die auf Conrad Cichorius, Untersuchungen zu Lucilius, Berlin 1908, 237–251, zurückgeht.

23 Lucil. 2,86–92 (= Cicero, de finibus 1,9) mit Christes/Garbugino 2015, 44 f.

24 Das wird von Cicero bestätigt (Brut. 131): *doctus etiam Graecis T. Albucius vel potius paene Graecus. loquor, ut opinor; sed licet ex orationibus iudicare. fuit autem Athenis adulescens, perfectus Epicureus evaserat, minime aptum ad dicendum genus* («Ein Mann von griechischer Bildung war auch Titus Albucius, ja er war eigentlich fast selbst ein Grieche. Ich sage das so, wie ich es persönlich empfinde; aber man kann ihn ja auch aufgrund seiner Reden beurteilen. Als junger Mann hielt er sich in Athen auf. Daraus war er als vollkommener Epikureer hervorgegangen, eine Richtung, die für die Rhetorik so ungeeignet ist wie nur möglich.» [Übersetzung Bernhard Kytzler, Cicero: Brutus, Düsseldorf [5]2000]).

25 Zu diesem Themenfeld bei Lucilius vgl. Eckart Ohlshausen, Lucilius und seine Zeit, in: Gesine Manuwald (Hg.), Der Satiriker Lucilius und seine Zeit, München 2001, 166–176.

26 Für eine Übersicht nach Themen und Schlagworten vgl. Opelt 1965, 198–216.

27 Horaz beschreibt ihn jedenfalls rückblickend mit einem originellen Wort als *plagosus* (‹reich an Schlägen›): vgl. Hor. epist. 2,1,69–71 u. ferner Suet. de gramm. 9,4.

28 Suet. de gramm. 9,5 (Text: Kaster 2016) mit Robert Kaster, Sueton: de grammaticis et rhetoribus, Oxford 1995, 128–137.

29 Zu seiner Rolle vgl. Cristina Rosillo López, The Role and Influence of the Audience (*corona*) in Trials in the Late Roman Republic, in: Athenaeum 105 (2017), 106–119.

30 Catull 53 (Text: Bardon [2]1973; Übersetzung: Holzberg 2009) mit z. B. Syndikus 1984, 264–267, u. Helmut Krasser, Vom *salaputium disertum* zum Bad im Amphitheater, in: Andreas Heil et al. (Hgg.), Noctes Sinenses. Festschrift für Fritz-Heiner Mutschler, Heidelberg 2011, 79–83; zum freundschaftlichen Spott bei Catull s. oben S. 81–83.

31 Vgl. Leanne Bablitz, Actors and Audience in the Roman Courtroom, London 2007, u. Sophia Papaioannou, Andreas Serafim u. Beatrice da Vela (Hgg.), The Theatre of Justice. Aspects of Performance in Greco-Roman Oratory and Rhetoric, Leiden 2017.

32 Zu dieser Satire im Ganzen vgl. Gowers 2012, 250–263 (mit weiteren Angaben).

33 Vgl. Hor. sat. 1,6,47 f.; carm. 2,7; 4,26; 3,14,37 f. u. epist. 2,2,46–54.

34 Vgl. Hor. sat. 1,7,1–3. Ähnlich scheint auch Lucilius seine Schilderung eines Prozesses (s. oben S. 39–41) angekündigt zu haben (vgl. Lucil. frg. 55 Christes/Garbugino 2015 u. zu den Bezügen der Satire auf Lucilius allg. George C. Fiske, Lucilius and Horace, Madison 1920, 324–330).

35 Vgl. Hor. sat. 1,7,4–18a.

36 Vgl. Hor. sat. 1,7,18b–20a.

37 Hor. sat. 1,7,20b–35 (Text: Klingner ³1959) mit Gowers 2012, 258–263.

38 Vgl. z. B. Plin. nat. hist. 18,249 u. Marc. Aur. ad Front. 4,6,2.

39 Vgl. die Reaktion von Niall Rudd, The Satires of Horace, Cambridge 1966, 67: «After all the fanfare and skirmishing the knock-out punch comes as an anticlimax, and having paid for a ringside seat we feel like demanding our money back», aber auch dagegen Maria Plaza, The Function of Humour in Roman Verse Satire. Laughing and Lying, Oxford 2006, 57–66.

40 Vgl. z. B. Ulrich Gotter, Marcus Iunius Brutus – oder: die Nemesis des Namens, in: Hölkeskamp/Stein-Hölkeskamp 2000, 328–339, u. Kathryn Tempest, Brutus. The noble Conspirator, New Haven 2017, 78–104.

41 Für eine primär politische Lesart vgl. John Henderson, On getting rid of kings. Horace, Satires 1,7, in: Classical Quarterly 44 (1994), 146–170 [= Fighting for Rome, Cambridge 1998, 73–107]; Emily Gowers, Blind eyes and cut throats. Amnesia and silence in Horace, *Satires* 1,7, in: Classical Philology 97 (2002), 145–161, u. John Svarlien, Horace, Satires 1.7 and the *urbanissimus iocus*, in: Sinclair W. Bell u. Lora L. Holland (Hgg.), At the Crossroads of Greco-Roman history, culture, and religion, Oxford 2018, 101–114.

42 Für eine Interpretation der Satire primär als literarische Selbstpositionierung von Horaz vgl. Catherine Schlegel, Horace, Satires 1,7. Satire as conflict irresolution, in: Arethusa 32 (1999), 337–352 [= dies., Satire and the Power of Speech, Madison 2005, 77–89].

43 Es hat daher immer wieder Versuche gegeben, Seneca die handschriftlich zwar separat, aber letztlich unter seinem Namen überlieferte Schrift abzusprechen (vgl. zuletzt Niklas Holzberg, Racheakt und ‹negativer Fürstenspiegel› oder literarische Maskerade? Neuansatz zu einer Interpretation der Apocolocyntosis, in: Gymnasium 123 (2016), 321–339).

44 Zum Spiel mit den Erwartungen der Leser in dieser Schrift vgl. v. a. Rühl 2011.

45 Obwohl der Titel den Inhalt der Schrift gut wiedergibt, so wird er doch weder im Text selbst genannt noch von den Handschriften verwendet, sondern rund 150 Jahre nach der Entstehung des Werkes vom Historiker Cassius Dio überliefert (60,35,2–3).

46 Zu den politischen Bezügen vgl. z. B. Christopher Whitton, Seneca, *Apocolocyntosis*, in Emma Buckley u. Martin T. Dinter (Hgg.), Blackwell

companion to the Neronian age, Malden 2013, 151–169, u. Christian Reitzenstein-Ronning, *certa clara affero?* Senecas Apocolocyntosis und die Zeichensprache des Principats, in: Chiron 47 (2017), 213–242.

47 Vgl. allg. Jürgen Blänsdorf, Senecas Apocolocyntosis und die Intertextualitätstheorie, in: Poetica 18 (1986), 1–26.

48 Vgl. Sen. Apol. 8,1–11,5.

49 Vgl. Kirk Freudenburg, Seneca's Apocolocyntosis. Censors in the Afterworld, in: Shadi Bartsch/Alessandro Schiesaro (Hgg.), The Cambridge Companion to Seneca, Cambridge 2015, 93–106, h. 98–150. Zu dieser nur fragmentarisch überlieferten Satire s. oben S. 39–41.

50 Zu weiteren literarischen Bezügen vgl. Michael Paschalis, The Afterlife of Emperor Claudius in Seneca's *Apocolocyntosis*, in: Numen 56 (2009), 198–216.

51 Vgl. Sen. Apol. 14,1–3.

52 Sen. Apol. 14,3–15,2 (Text: Roncali 1990) mit Lund 1994, 123–129.

53 Das nutzlose Unterfangen, mit einem solchen Becher zu würfeln, wird im Folgenden in einer Verspartie näher beschrieben, die aus acht Hexametern besteht (= Sen. Apol. 15,1).

54 Zu seiner angeblichen Spielsucht vgl. Sen. Apol. 12,3, aber auch Suet. Claud. 33.

55 Vgl. Suet. Claud. 2–9 mit Benedikt Simons, Das Bild des Kaisers Claudius bei Sueton, in: Gymnasium 126 (2019), 245–287, h. 253–258. Dabei wird von Sueton auch die Sorge thematisiert, dass seine Handicaps Anlass zu Schmähungen in der Öffentlichkeit geben würden, wovor die kaiserliche Familie ihn, aber auch sich selbst schützen will, indem sie ihn nicht die für ihre Angehörigen üblichen Funktionen und Ehrenämter übernehmen lässt.

5. Kleine Verhältnisse, ausländische Abstammung: Herkunft als Herabsetzung

1 Für eine Sammlung einschlägiger Stellen vgl. John P. V. D. Balsdon, Romans and Aliens, London 1979; zu den Lebensumständen von Zugezogenen in Rom allgemein vgl. David Noy, Foreigners at Rome. Citizens and Strangers, Swansea 2000.

2 Damit soll die Existenz ausländerfeindlicher Stigmatisierungen in Rom weder geleugnet noch schöngeredet, sondern nur die Relation zu anderen Formen der Herabsetzung angedeutet werden; für eine übergreifende Untersuchung des antiken (Proto-)Rassismus vgl. Isaac 2004.

3 Vgl. hierzu mit weitreichenden Thesen Florence Dupont, Rome, la ville sans origine. L'Énéide: un grand récit du métissage?, Paris 2011 [dt.: Rom – Stadt ohne Ursprung. Gründungsmythos und römische Identität, Darmstadt 2013].

4   Vgl. z. B. Livius 1,8,5–6 mit z. B. Merryl Robert, Die Darstellung des
    Romulus in der lateinischen Literatur von Ennius bis Ovid, Darmstadt
    2019, 179–182, sowie allg. zum Umgang mit diesem Teil des römischen
    Selbstbildes Emma Dench, Romulus' Asylum. Roman Identities from
    the Age of Alexander to the Age of Hadrian, Oxford 2005.

5   Zur vorwiegend positiven, aber gleichwohl ambivalenten Zeichnung
    des Protagonisten vgl. v. a. George Fredric Franko, The Characterization
    of Hanno in Plautus' *Poenulus*, in: American Journal of Philology 117
    (1996), 425–452.

6   Vgl. z. B. Franko 1996, 427–429. Die Wahl des Deminutivs wäre noch
    auffälliger, wenn unter Plautus' Vorlagen tatsächlich ein griechisches
    Stück mit dem Titel *Der Karthager* (καρχηδόνιος) gewesen wäre, wie
    zumeist vermutet wird (zur schwierigen Suche nach den Vorlagen vgl.
    Eckard Lefèvre, Plautus' *Poenulus* zwischen *Nea* und Stegreifspiel, in:
    Thomas Baier (Hg.), Studien zu Plautus' *Poenulus*, Tübingen 2004,
    9–59, v. a. 50–53).

7   Vgl. Erich Woytek, Zur Datierung des *Poenulus*, in: Thomas Baier
    (Hg.), Studien zu Plautus' *Poenulus*, Tübingen 2004, 113–137.

8   Dennoch legen die zeitgenössischen Zeugnisse die Vermutung nahe,
    dass der intensive Kontakt eher zu einer differenzierten Wahrnehmung
    führte, vgl. Michel Dubuisson, Das Bild des Karthagers in der latei-
    nischen Literatur, in: Werner Huss (Hg.), Karthago, Darmstadt 1992,
    227–238, u. Gerhard H. Waldherr, *Punica fides*. Das Bild der Karthager
    in Rom, in: Gymnasium 107 (2000), 193–222.

9   Vgl. v. a. Plaut. Poen. 104–113; 975–981 u. 1032–1034.

10 Plaut. Poen. 1296–1315 (Text: Lindsay 1905) mit Gregor Maurach, Plauti
    Poenulus, Heidelberg 1988, 171–173, u. Richlin 2017, 169–171.

11 Über die Bedeutung der Wendung *sarrapis sementium* kann nur speku-
    liert werden.

12 Vgl. Plaut. Poen. 1316–1321.

13 Zu den Vorurteilen gegenüber Phöniziern in der Antike vgl. allg. Isaac
    2004, 324–335.

14 Leider wissen wir auch nicht, wie die Passagen in (Pseudo-)Punisch auf
    das Publikum gewirkt haben: vgl. v. a. Plaut. Poen. 930–949 mit Stefan
    Faller, Punisches im *Poenulus*, in: Thomas Baier (Hg.), Studien zu Plau-
    tus' *Poenulus*, Tübingen 2004, 163–202.

15 Vgl. Franko 1996, v. a. 433 f.

16 Vgl. John H. Starks jr., *Nullus me est hodie Poenus Poenior*. Balanced Eth-
    nic Humor in Plautus Poenulus, in: Helios 27 (2000), 163–186, v. a. 164.

17 Zur Simulation von *Face-to-face*-Situationen als invektiver Technik s.
    oben S. 30–33.

18 Vgl. Catull 37 mit Syndikus 1984, 210–214; Wray 2001, 80–87, u. Mc-
    Carthy 2019, 122–125.

19 Vgl. Catull 37,16: *omnes pusilli et semitarii moechi* (Übersetzung: Holzberg 2009).

20 Catull 37,17–20 (Text: Bardon ²1973; Übersetzung: Holzberg 2009).

21 Catull 39,1 (Text: Bardon ²1973) u. zum ganzen Gedicht Syndikus 1984, 217–221.

22 Vgl. Catull 39,17–21; zur Lautmalerei in diesen Versen vgl. Joshua T. Katz, Egnatius' Dental Fricatives (Catullus 39.20), in: Classical Philology 95 (2000), 338–348.

23 Vgl. Catull 39,1–9.

24 Vgl. Catull 39,10–16.

25 Vgl. Syndikus 1984, 212 Anm. 17: «Der inschriftlich vielfach bezeugte, ursprünglich samnitische Name zeigt, daß Egnatius italischer Herkunft war …»

26 Vgl. demnächst Ulrike Roth, Saving libertas. Livy, the Gallic Sack of Rome, and the Shape of Roman History (im Druck).

27 Vgl. v. a. Cic. Pis. 53 u. frg. 9 mit z. B. Opelt 1965, 150; zu Ciceros Rede *In Pisonem* als Paradebeispiel einer politischen Invektive s. oben S. 63–66.

28 Zum Titel und für weitere einführende Informationen s. oben S. 110–113.

29 Vgl. Sen. Apol. 5–6 mit Heil 2006, 193–207, u. Rühl 2011, 80–83.

30 Vgl. Sen. Apol. 5,2; zur gleichen Spitze des Lucilius gegen Lupus s. oben S. 39–41.

31 Sen. Apol. 5,3 (Text: Roncali 1990) mit Lund 1994, 79 f.

32 Vgl. Sen. Apol. 5,4. Schon Herkules hatte ihn mit einem homerischen Formelvers nach seiner Identität gefragt (z. B. Hom. Od. 1,170), allerdings lässt Seneca Claudius einen Missgriff tun, da er einen Vers zitiert, in dem Odysseus spricht (9,40), der zwar gerade von Troja kommt, aber natürlich nicht von dort stammt (vgl. Ulrich Schmitzer, Falsche und richtige Philologie. Die Homer-Zitate in Seneca, Apocol. 5, in: Rheinisches Museum 143 (2000), 191–196).

33 Sen. Apol. 6,1 (Text: Roncali 1990) mit Lund 1994, 81–83.

34 Die Stelle ist textkritisch umstritten und es ist daher unklar, welche Person gemeint sein könnte; möglicherweise handelt es sich auch nicht um einen Eigennamen, sondern um ein Adjektiv: vgl. Heil 2006, 202–204 (mit Verweisen auf die Forschungsdiskussion).

35 Vgl. Sen. Apol. 6,2.

36 Vgl. Iuv. 3 mit Simona Manuela Manzella, Decimo Giunio Giovenale, Satira III. Traduzione e commento, Neapel 2011; Stefano Grazzini, Poetica e ideologia nelle terza satira di Giovenale, in: Giuseppe Dimatteo, Stefano Grazzini u. Antonio Stramaglia (Hgg.), Giovenale tra storia, poesia e ideologia, Berlin 2016, 149–168, u. Schmitz 2019, 86–94.

37 Iuv. 3,58–78 (Text: Clausen ²1992) mit Courtney 1980, 164–167, u. Braund 1996, 183–188.

38 Gemeint ist nicht der attische Logograph des 4. Jh. v. Chr., sondern der

gleichnamige, aus Assyrien stammende Star unter den zeitgenössischen ‹Konzertrednern›, von dessen Auftritt in Rom Plinius ein lebhaftes Bild gezeichnet hat (vgl. Plin. ep. 2,3).

39 Für ein weiteres Beispiel s. unten S. 162–163.

40 Einen aktuellen Überblick zur Debatte um die *Persona*-Theorie und die Folgen für das Verständnis von Juvenals Satiren bietet Schmitz 2019, 11–30.

41 Vgl. Braund 1996, 234–236, u. Angela Ganter, Was die römische Welt zusammenhält. Patron-Klient-Verhältnisse zwischen Cicero und Cyprian, Berlin 2015, 234 f.

42 Cumae ist darüber hinaus mit der Unterwelt verbunden, also für den ‹schattenhaften› Umbricius eine naheliegende, aber auch ironische Wahl: vgl. Schmitz 2019, 88–92.

43 Zu den römischen Vorurteilen gegenüber Griechen vgl. allg. Isaac 2004, 304–323.

44 Vgl. Karl-Joachim Hölkeskamp, Die Entstehung der Nobilität. Studien zur sozialen und politischen Geschichte der Römischen Republik im 4. Jh. v. Chr., Stuttgart ²2011, u. Hans Beck, Karriere und Hierarchie. Die römische Aristokratie und die Anfänge des *cursus honorum* in der mittleren Republik, Berlin 2005, sowie für die weiteren Entwicklungen Elke Hartmann, Ordnung in Unordnung. Kommunikation, Konsum und Konkurrenz in der stadtrömischen Gesellschaft der frühen Kaiserzeit, Stuttgart 2016.

45 Vgl. allg. Henrik Mouritsen, The Freedman in the Roman World, Cambridge 2011.

46 Für eine kurze Einführung zum Epodenbuch s. oben S. 83–85.

47 Hor. ep. 4,1–10 (Text: Klingner ³1959) mit Watson 2003, 145–159.

48 Vgl. z. B. Robert W. Carrubba, The Technique of the Double Structure in Horace, in: Mnemosyne 20 (1967), 68–75.

49 Zur artifiziellen Mündlichkeit als typischer Sprechhaltung s. oben S. 30–33.

50 Auch diese Technik kann in der jambischen Literatur der Antike bereits auf eine lange Tradition zurückblicken: vgl. z. B. Lutz H. Lenz, Zwei Flaneure, Anakreon 54 D. (= 388 PMG) und Horaz' 4. Epode, in: Gymnasium 101 (1994), 483–501.

51 Hor. ep. 4,11–20 (Text: Klingner ³1959) mit Watson 2003, 159–173.

52 Die ersten Sitzreihen im Theater waren durch die *lex Roscia theatralis*, die L. Roscius Otho als Volkstribun im Jahr 67 v. Chr. durchgesetzt hatte, den Rittern vorbehalten.

53 Den Anhaltspunkt hierfür bieten die in den letzten Versen erwähnten Flottenrüstungen, bei denen es sich um Vorbereitungen für Octavians Feldzug gegen Sextus Pompeius im Winter 37/36 v. Chr. handeln dürfte: vgl. Watson 2003, 169–171 (mit Literaturangaben).

54 Vgl. v. a. Hor. sat. 1,6,1–8 u. 45–55 sowie ferner sat. 2,6,47–49 u. epist. 1,20,19–22.

55 Vgl. z. B. Ulrich Schmitzer, Von Wölfen und Lämmern (Hor. epod. 4), in: Severin Koster (Hg.), Horaz-Studien, Erlangen 1994, 31–50, u. Ellen Oliensis, Horace and the Rhetoric of Authority, Cambridge 1998, 66–68.

56 Für eine ausführlichere Darstellung vgl. z. B. Dennis Pausch, *Fortuna non mutat genus* (Hor. *epod.* 4,6). Vorbehalte gegen soziale Aufsteiger bei Horaz am Beispiel von Horaz, in: Gregor Bitto u. Bardo Gauly (Hgg.), Autofiktionen in der antiken Literatur, Philologus-Supplemente (im Druck).

6. Fehlende Bildung, der falsche Beruf: Broterwerb als Beleidigung

1 Zum Begriff und seiner Bedeutung in der Bildungskultur der Kaiserzeit s. unten 144–147.

2 Vgl. hier jetzt Clément Bur, La citoyenneté dégradée. Une histoire de l'infamie à Rome (312 a. C.–96 p. C.), Rom 2018.

3 Es gibt hier weder nähere Hinweise für ein Aufführungsdatum noch für eine Vorlage in der griechischen Komödie; zu diesem Stück vgl. allg. Eckard Lefèvre, Curculio oder Der Triumph der Edazität, in: ders., Ekkehard Stärk u. Gregor Vogt-Spira (Hgg.), Plautus barbarus. Sechs Kapitel zur Originalität des Plautus, Tübingen 1991, 71–105.

4 Vgl. hierzu T. H. M. Gellar-Goad, Plautus' Curculio and the Case of the Pious Pimp, in: Stavros Frangoulidis, Stephen J. Harrison u. Gesine Manuwald (Hgg.), Roman Drama and its Contexts, Berlin 2016, 231–252.

5 Plaut. Curc. 494b–511 (Text: Lanciotti 2008) mit John Wright, Plautus' Curculio, London ²1993, 74 f.

6 Vgl. z. B. Opelt 1965, 91–101; Iurescia 2019, v. a. 80 f., u. Aurora Sepe, I lenoni nelle commedie di Plauto, in: Alberto Maffi u. Lorenzo Gagliardi (Hgg.), I diritti degli altri in Grecia e a Roma, Sankt Augustin 2011, 319–330.

7 Zum rechtlichen Status von Zuhältern in Rom vgl. Thomas A. J. McGinn, Prostitution, Sexuality, and the Law in Ancient Rome, New York 2003, v. a. 21–69.

8 Vgl. Quint. inst. 6,3,47 mit z. B. Opelt 1965, 109–111.

9 CIL IV 10150 (Übersetzung: Wachter 2019, S. 431 f.).

10 Für eine unterhaltsame Stellensammlung vgl. Karl-Wilhelm Weeber, Vorsicht Arzt! Medizin(er)kritisches aus dem alten Rom, lat.-dt., Stuttgart 2020.

11 Cato, ad Marc. filium 1,1 (= Plin. nat. hist. 29,7,14–15) mit Georg Wöhrle, Cato und die griechischen Ärzte, in: Eranos 90 (1992), 112–125.

12 Ein Volk in Süditalien, das den Römern als ungebildet und primitiv galt.

13 Zu Cato dem Älteren und dem Bild, das sich spätere Generationen von ihm gemacht haben, vgl. Gehrke 2000 u. Wulfram 2009.

14 Vgl. allg. Frazel 2009.

15 Vgl. hierzu z. B. Kathryn L. Tempest, Staging a Prosecution. Aspects of Performance in Cicero's *Verrines*, in: Christos Kremmydas et al. (Hgg.), Profession and Performance. Aspects of Oratory in the Greco-Roman World, London 2013, 41–72.

16 Vgl. hierzu ausführlicher Dennis Pausch, Zu wenig, zu viel oder die falsche. Bildung als Vorwurf in Ciceros Reden, in: Peter Kuhlmann u. Valeria Marchetti (Hgg.), Cicero im Rahmen der römischen Bildungskultur, Tübingen 2020, 61–88, v. a. 76–82.

17 Cic. Verr. 2,3,7–8 (Text: Peterson ²1917).

18 Die 4. Rede der *actio secunda* hat wegen der zahlreichen kunsthistorischen Angaben in der Forschung besonders viel Aufmerksamkeit gefunden: vgl. z. B. H. Anne Weis, Gaius Verres and the Roman Art Market. Consumption and Connoisseurship in Verrine II 4, in: Andreas Haltenhoff et al. (Hgg.), *O tempora, o mores!* Römische Werte und römische Literatur in den letzten Jahrzehnten der Republik, München 2003; Gianluigi Baldo, M. Tulli Ciceronis In C. Verrem actionis secundae liber quartus (de signis), Florenz 2004, u. Alessandra Lazzeretti, M. Tulli Ciceronis, In C. Verrem actionis secundae Liber quartus (de signis). Commento storico e archeologico, Pisa 2006.

19 Vgl. Cic. Verr. 2,4,4–5 mit z. B. Weis 2003, 359–363 u. Frazel 2009, 91–96.

20 Cic. Verr. 2,4,126–127 (Text: Peterson ²1917).

21 Athenischer Künstler des 4. Jh. v. Chr., der vor allem für Bronzestatuen bekannt ist.

22 Vgl. Cic. Verr. 4,127: *atque haec Sappho sublata quantum desiderium sui reliquerit, dici vix potest. nam cum ipsa fuit egregie facta, tum epigramma Graecum pernobile incisum est in basi, quod iste eruditus homo et Graeculus, qui haec subtiliter iudicat, qui solus intellegit, si unam litteram Graecam scisset, certe non sustulisset. nunc enim quod scriptum est inani in basi declarat quid fuerit, et id ablatum indicat.*

23 Zum Hintergrund des besonders heftigen Schlagabtauschs mit Piso s. oben S. 63–66.

24 Cic. Pis. frg. 7 Nisbet mit z. B. Koster 1980, 216.

25 Cic. Pis. 1 (Text: Nisbet 1961) mit z. B. Koster 1980, 227.

26 Vgl. Nisbet 1961, 186–188, u. Mario Capasso, Who Lived in the Villa of the Papyri at Herculaneum – A Settled Question?, in: Mantha Zarmakoupi (Hg.), The Villa of the Papyri at Herculaneum. Archaeology, Reception, and Digital Reconstruction, Berlin 2010, 89–113.

27 Cic. Pis. 68–70 (Text: Nisbet 1961) mit Koster 1980, 261 f.

28 Vgl. Asconius ad Cic. Pis. 68: *Philodemum significat qui fuit Epicureus illa aetate nobilissimus, cuius et poemata sunt lasciva*; sowie ferner Nisbet 1961, 183–186.

29 Fronto ad M. Caes. 4,3,1 (Text: van den Hout 1988) mit Michael P. J. van den Hout, A commentary on the letters of M. Cornelius Fronto, Leiden 1999, 150–163 (zum Brief im Ganzen) sowie z. B. Otta Wenskus, Rhetorik und Philosophie bei Fronto und Marc Aurel – Konflikt oder Konkurrenz?, in: Würzburger Jahrbücher 41 (2017), 75–91, h. 84 f., die auf Alexander Popes Verse verweist: «A little learning is a dangerous thing / drink deep, or taste not the Pierian spring.»

30 Für eine Übersicht vgl. z. B. Opelt 1965, 228–237.

31 Für ein eindrückliches Beispiel vgl. Gell. 11,7.

32 Vgl. Maud W. Gleason, Making Men. Sophists and Self-Presentation in Ancient Rome, Princeton 1995; Simon Swain, Hellenism and Empire. Language, Classicism and Power in the Greek World, Oxford 1996; Dennis Pausch, Biographie und Bildungskultur. Personendarstellungen bei Plinius dem Jüngeren, Gellius und Sueton, Berlin 2004; William A. Johnson, Readers and Reading Culture in the High Roman Empire. A study of Elite Communities, Oxford 2010, u. Daniel S. Richter u. William A. Johnson (Hgg.), The Oxford Handbook of the Second Sophistic, Oxford 2017.

33 Vgl. v. a. Thomas Schmitz, Bildung und Macht. Zur sozialen und politischen Funktion der zweiten Sophistik in der griechischen Welt der Kaiserzeit, München 1997, v. a. 26–31.

34 Zu Gellius vgl. v. a. Leofranc Holford-Strevens, Aulus Gellius. An Antonine Scholar and His Achievement, London ²2003; Wytse Keulen, Gellius the Satirist. Roman Cultural Authority in *Attic Nights*, Leiden 2009; Christine Heusch, Die Macht der *memoria*. Die *Noctes Atticae* des Aulus Gellius im Licht der Erinnerungskultur des 2. Jh. n. Chr., Berlin 2011; Joseph A. Howley, Aulus Gellius and Roman reading culture. Text, presence, and imperial knowledge in the Noctes Atticae, Cambridge 2018, u. Beate Beer, Aulus Gellius und die *Noctes Atticae*. Die literarische Konstruktion einer Sammlung, Berlin 2020.

35 Vgl. v. a. Gell. 1,2; 4,1; 6,17; 7,16; 8,10; 9,15; 11,7; 13,31; 16,6; 18,4 u. 19,10.

36 Vgl. v. a. Gell. 13,31; 16,6 u. 18,4 mit Peter White, Bookshops in the Literary Culture of Rome, in: William A. Johnson u. Holt N. Parker (Hgg.), Ancient Literacies. The Culture of Reading in Greece and Rome, Oxford 2011, 268–287.

37 Gell. 13,31,1–9 (Text: Holford-Strevens 2020).

38 Vgl. Gell. 13,31,10–17.

7. Auffällige Kleidung, ungewöhnliche Vorlieben:
Verhalten als Vorwurf

1 Die Erwartungen an eine dominante männliche Rolle gerade auf diesem Feld haben in der Forschung der letzten Jahrzehnte viel Aufmerksamkeit gefunden: vgl. z. B. Catherine Edwards, The Politics of Immorality in Ancient Rome, Cambridge 1993; Eckard Meyer-Zwiffelhoffer, Im Zeichen des Phallus. Die Ordnung des Geschlechtslebens im antiken Rom, Frankfurt 1995; Williams 1999; Marylin B. Skinner, Sexuality in Greek and Roman Culture, Oxford 2005, u. Thomas K. Hubbard (Hg.), A Companion to Greek and Roman Sexualities, Chichester 2014.

2 Cic. Tusc. 3,36 (Text: Max Pohlenz, M. Tulli Ciceronis Tusculanae disputationes, Leipzig 1918).

3 Entsprechende Herabsetzungen spielen daher schon rein quantitativ eine große Rolle: vgl. z. B. Richlin 1992 u. Corbeill 1996, 128–173.

4 Vgl. hierzu Jan B. Meister, Pisos Augenbrauen. Zur Lesbarkeit aristokratischer Körper in der späten römischen Republik, in: Historia 58 (2009), 71–95.

5 S. oben S. 144–147.

6 Vgl. Gell. 6,12 sowie zu dieser Frage allg. Starbatty 2010, 170–187, u. Kelly Olson, Masculinity and Dress in Roman Antiquity, New York 2017, v. a. 13–23 (zur Tunica).

7 Gell. 6,12,4–5 (Text: Holford-Strevens 2020) mit ORF 21,17.

8 Vgl. z. B. Koster 1980, 111.

9 Vgl. z. B. Williams 1999, 175–178, u. Vogt 2003.

10 Zur Rede vgl. Dominic Berry, Cicero: Pro P. Sulla Oratio, Cambridge 1996.

11 Gell. 1,5,2–3 (Text: Holford-Strevens 2020) mit ORF 92,39 u. Williams 1999, 155–157.

12 Vgl. die Übersichten bei Thurn 2018, 116–166 (Sexualität) u. 204–235 (Kleidung).

13 Zu Clodius' *cross dressing* und seinen möglichen Motiven vgl. z. B. Starbatty 2010, 205–207, u. Domitilla Campanile, The patrician, the general and the emperor in women's clothes. Examples of cross-dressing in Late Republican and Early Imperial Rome, in: dies., Filippo Carlà-Uhink, Margherita Facella (Hgg.), TransAntiquity. Cross-Dressing and Transgender Dynamics in the Ancient World, London 2017, 52–64, v. a. 53–56.

14 Zu diesem Ereignis und seinen invektiven Folgen s. auch oben S. 60–63.

15 Zu dieser hochgradig invektiven Verteidigungsrede vgl. z. B. Matthew Leigh, The *Pro Caelio* and Comedy, in: Classical Philology 99 (2004), 300–335; W. Jeffrey Tatum, Invective Identities in *Pro Caelio*, in: Chris-

topher Smith u. Ralph Covino (Hgg.), Praise and Blame in Roman Republican Rhetoric, Swansea 2007, 165–179; Andrew R. Dyck, Cicero: Pro Marco Caelio, Cambridge 2013, u. Dennis Pausch, Comic invective in Cicero's speech *pro M. Caelio*, in: Sophia Papaioannou u. Andreas Serafim (Hgg.), Comic invective in ancient Greek and Roman oratory, Berlin 2021, 127–150.

16   Für eine Rekonstruktion des Kontexts vgl. Geffcken 1973, 57–89.

17   Cic. in Clodium et Curionem frg. 21 (Text: Crawford ²1994) mit Geffcken 1973, 75–79, u. Koster 1980, 118 f.

18   Vgl. ferner frg. 23–25.

19   Für andere Gedichte Catulls und ihren Kontext s. z. B. oben S. 41–44 u. S. 81–83.

20   Zur Nachahmung von *mollitia* auch in der Sprache vgl. William Fitzgerald, Catullan Provocations. Lyric Poetry and the Drama of Position, Berkeley 1995, 100–103.

21   Catull 25 (Bardon ²1973; Übersetzung: Holzberg 2009) mit Syndikus 1984, 167–169, u. McCarthy 2019, 115–118.

22   Der Vers ist textkritisch sehr umstritten, so dass die Übersetzung hier abweicht.

23   Die Bedeutung des seltenen Fremdwortes aus dem Griechischen (*catagraphus*) ist hier nicht ganz klar, doch verwendete man für Schreibtäfelchen gerne Holz aus Bithynien, so dass die Vermutung naheliegt: vgl. Elmar Merrill, Poems of Catullus, Boston 1893, 48.

24   Dafür spricht auch die Wahl des Worts *conscribillare* («vollkritzeln») als Metapher für die Striemen, die die Peitsche auf dem Körper des Übeltäters hinterlassen wird (Vers 11).

25   Zu diesem faszinierenden, aber auch rätselhaften Werk vgl. allg. z. B. Gian B. Conte, The hidden author. An interpretation of Petronius' *Satyricon*, Berkeley 1996; Edward Courtney, A Companion to Petronius, Oxford 2001; Luigi Castagna u. Eckard Lefèvre (Hgg.), Studien zu Petron und seiner Rezeption/Studi su Petronio e sulla sua fortuna, Berlin 2007, u. Jonathan R. W. Prag (Hg.), Petronius: A Handbook, Chichester 2009.

26   Tacitus schildert jedenfalls den Suizid eines Petronius Arbiter, der in der Regel mit dem Autor des Romans identifiziert wird, vgl. Tacitus, Annales 16,18,1–19,3.

27   Petr. 9,6–9,10 (Text: Müller ⁴1995), sowie zur Szene im Ganzen Natalie Breitenstein, Petronius, Satyrica 1–15, Berlin 2009, 117–145, u. Gareth Schmeling, A commentary on the Satyrica of Petronius, Oxford 2011, 29–32.

28   Zu solchen und anderen Beleidigungen bei Petron vgl. Donald Lateiner, Gendered and Gendering Insults and Compliments in the Latin Novels, in: Eugesta 3 (2013), 303–351.

29 Petr. 10,3 (Text: Müller [4]1995) sowie zur Ambivalenz des Lachens an dieser (und anderer) Stelle Maria Plaza, Laughter and Derision in Petronius' *Satyrica*. A Literary Study, Stockholm 2000, 62–66.

30 Zu Martials Epigrammen und ihrem gesellschaftlichen Kontext s. oben S. 91–93.

31 Zu Juvenals Satiren und ihrem gesellschaftlichen Kontext s. oben S. 124–127.

32 Vgl. z. B. Martial 1,96; 2,62; 3,73; 3,95; 4,43; 6,50; 6,56; 7,62; 9,27; 9,47; 9,57; 9,63; 11,61; 12,35 u. 12,42 mit Hans Peter Obermayer, Martial und der Diskurs über männliche ‹Homosexualität› in der Literatur der frühen Kaiserzeit, Tübingen 1998, v. a. 232–254.

33 Für einzelne Versuche der Identifizierung vgl. Niklas Holzberg, Martial und das antike Epigramm. Eine Einführung, Darmstadt [2]2012, 82 f. (Quintilian), u. Christer Henriksén, A Commentary on Martial, *Epigrams* Book 9, Oxford 2012, 217–223 (Statius).

34 Vgl. Martial 4,67; 5,82; 8,27 u. 9,50 mit Rosario Moreno Soldevila, Alberto Marina Castillo u. Juan Fernández Valverde, A Prosopography to Martial's Epigrams, Berlin 2019, 256 f., sowie zum intertextuellen Zusammenhang der einzelnen Auftritte Helge Baumann, Das Epos im Blick. Intertextualität und Rollenkonstruktionen in Martials Epigrammen und Statius' Silvae, Berlin 2019, 127–134.

35 Martial 2,89 (Text: Lindsay [13]1989) mit Craig A. Williams, Martial. Epigramms Book Two, Oxford 2004, 266–269.

36 Zur Bedeutung der *exempla* vgl. Matthew B. Roller, Models from the past in Roman culture. A world of *exempla*, Cambridge 2018, u. Rebecca Langlands, Exemplary ethics in ancient Rome, Cambridge 2018.

37 Zu Caesars Anticato s. oben S. 63–66.

38 Zu den Reaktionen auf Ciceros autopanegyrische Epen s. oben S. 71–73.

39 Vgl. Cic. Phil. 2,63; s. oben S. 76–78.

40 Vgl. z. B. Plin. nat. hist. 9,66; 10,133 u. Sen. de consolatione ad Helviam 10,8–9.

41 Martial 1,24 (Text: Lindsay [13]1989) mit Mario Citroni, Epigrammaton Liber primus, Florenz 1975, 82–85, u. Peter Howell, A Commentary on book one of the Epigrams of Martial, London 1980, 158–161.

42 Gemeint sind M. Curius Dentatus, der im 3. Jh. v. Chr. unter anderem Pyrrhus besiegte, sowie M. Furius Camillus, der im 4. Jh. v. Chr. die Gallier aus Rom vertrieben haben soll.

43 Zur generellen Bedeutung artifizieller Mündlichkeit als invektiver Technik s. oben S. 30–33.

44 Vgl. Martial 1,8; 1,39; 1,61; 2,5 u. epist. 2 mit Moreno Soldevila et al. 2019, 186 f.

45 Zu Juvenals Satiren und ihrem gesellschaftlichen Kontext s. oben S. 124–127.

46	Vgl. z. B. Martin M. Winkler, The Persona in Three Satires of Juvenal, Hildesheim 1983, 90–106; Jonathan Walters, Juvenal, *Satire* 2. Putting male sexual deviants on show, in: Lin Foxhall u. John Salmon (Hgg.), Thinking men. Masculinity and its self-representation in the classical tradition, London 1998, 148–154; Thorsten Fögen, Zwei Satiren Juvenals. Anmerkungen zur Homosexualität in der römischen Antike, in: Forum Homosexualität und Literatur 36 (2000), 63–74, u. Schmitz 2019, 77–86.

47	Iuv. 2,1–10 (Text: Clausen ²1992) mit Courtney 1980, 122–125, u. Braund 1996, 121–123.

48	Die Sarmaten lebten am Asowschen Meer, gemeint sind also die Grenzen der bekannten Welt im Osten wie im Norden.

49	Gemeint ist M. Curius Dentatus (s. o. Anm. 42).

50	Chrysippos von Soloi (281/76–208/4 v. Chr.), drittes Oberhaupt der stoischen Schule.

51	Pittakos von Mytilene (7./6. Jh. v. Chr.), einer der sog. Sieben Weisen.

52	Kleanthes (ca. 331–ca. 232 v. Chr.), Nachfolger Zenons und Vorgänger Chrysipps.

53	Vgl. v. a. Sen. de tranquillitate animi 9,4–9.

V.
Resümee: in tam maledica civitate – damals und heute

1	Cic. Cael. 38.

Literaturverzeichnis

1. Textausgaben, Kommentare und Übersetzungen der behandelten Autoren

Henry Bardon, Catulli Veronensis carmina, Stuttgart ²1973.

Susanna Morton Braund, Juvenal: Satires, Book 1, Cambridge 1996.

Johannes Christes u. Giovanni Garbugino, Lucilius: Satiren. Lateinisch und deutsch, Darmstadt 2015.

W. V. Clausen, A. Persi Flacci et D. Iuni Iuvenalis saturae, Oxford ²1992.

Edward Courtney, A Commentary on the Satires of Juvenal, London 1980.

Jane Crawford, Cicero, The Fragmentary Speeches, an Edition with Commentary, Atlanta ²1994.

Paolo Fedeli, M. Tullius Cicero: in M. Antonium Orationes Philippicae, Leipzig ²1986.

Emily Gowers, Horace: Satires Book 1, Cambridge 2012.

Lennan Håkanson, L. Annaeus Seneca Maior: Oratarum et rhetorum sententiae, divisiones, colores, Leipzig 1989.

Ernst Hohl et al., *Scriptores historiae Augustae*: vol. I, Stuttgart ⁵1971.

Leofranc Holford-Strevens, Auli Gelli Noctes Atticae, 2 Bde., Oxford 2020.

Niklas Holzberg, M. Valerius Catullus: Carmina/Gedichte. Lateinisch und deutsch, Düsseldorf 2009.

Robert A. Kaster, C. Suetonii Tranquilli de vita Caesarum libri viii et de Grammaticis et Rhetoribus liber, Oxford 2016.

Walter Kißel, Aulus Persius Flaccus: Satiren, Heidelberg 1990.

Walter Kißel, A. Persius Flaccus: Saturarum liber, Berlin 2007.

Friedrich Klingner, Horatius: opera, Leipzig ³1959.

Septimius Lanciotti, Titus Maccius Plautus: Curculio, Urbino 2008.

W. M. Lindsay, M. Val. Martialis epigrammata, Oxford ¹³1989 (= ²1929).

W. M. Lindsay, T. Macci Plauti Comoediae, 2 Bde., Oxford 1904 u. 1905.

Allan A. Lund, L. Annaeus Seneca Apocolocyntosis divi Claudii, Heidelberg 1994.

Enrica Malcovati, Oratorum Romanorum Fragmenta liberae rei publicae, Turin ⁴1976 [= ORF].

Konrad Müller, Petronii Arbitri Satyricon Reliquiae, Leipzig ⁴1995.

Robert G. M. Nisbet, In L. Calpurnium Pisonem oratio. Edited with Text, Introduction and Commentary, Oxford 1961.

Anna A. Novokhatko, The Invectives of Sallust and Cicero. Critical Edition with Introduction, Translation, and Commentary, Berlin 2009.

William Peterson, M. Tulli Ciceronis orationes, vol. 3, Oxford ²1917.

Caesar Quesa, Titus Maccius Plautus: Pseudolus, Urbino 2017.

Helmut Rahn, Marcus Fabius Quintilianus: Ausbildung des Redners. Zwölf Bücher. Lateinisch und deutsch, 2 Bde., Darmstadt ⁶2015 (¹1988).

Christof Rapp, Aristoteles: Rhetorik. Übersetzt und erläutert, Berlin 2002.

Renata Roncali, L. Annaei Senecae Ἀποκολοκύντωσις, Leipzig 1990.

D. R. Shackleton Bailey, M. Tullius Cicero: epistulae ad Atticum, 2 Bde., Stuttgart 1987.

Hans P. Syndikus, Catull. Eine Interpretation, 3 Bde., Darmstadt 1984–1987.

Michael P. J. van den Hout, M. Cornelii Frontonis Epistulae, Leipzig 1988.

Rudolf Wachter, Pompejanische Wandinschriften, lat.-dt., Berlin 2019.

Lindsay C. Watson, A commentary on Horace's Epodes, Oxford 2003.

Michael Winterbottom, M. Fabi Quintiliani institutionis oratoriae libri XII, 2 Bde. Oxford 1970.

Erich Woytek, T. Maccius Plautus: Persa. Einleitung, Text und Kommentar, Wien 1982.

2. Ausgewählte Forschungsliteratur zu übergreifenden Fragestellungen

Mary Beard, Laughter in ancient Rome. On joking, tickling, and cracking up, Berkeley 2014 (dt.: Das Lachen im alten Rom: eine Kulturgeschichte, Darmstadt 2016).

Joan Booth (Hg.), Cicero on the Attack. Invective and subversion in the orations and beyond, Swansea 2007.

Susanna Braund u. Josiah Osgood (Hgg.), A companion to Persius and Juvenal, Chichester 2012.

Anthony Corbeill, Controlling Laughter. Political Humor in the Late Roman Republic, Princeton 1996.

Christopher Degelmann, Brot und Spiele … und Wein. *Vinolentia* und die Semantisierung des Alkoholkonsums in der römischen Republik und frühen Kaiserzeit, in: Eike Faber u. Timo Klär (Hgg.), Zwischen Hunger und Überfluss. Antike Diskurse über Ernährung, Stuttgart 2019, 245–266.

Philippe Dubreuil, Le marché aux injures à Rome. Injures et insultes dans la littérature latine, Paris 2013.

Dagmar Ellerbrock, Lars Koch, Sabine Müller-Mall, Marina Münkler, Joachim Scharloth, Dominik Schrage u. Gerd Schwerhoff, Invektivität – Perspektiven eines neuen Forschungsprogramms in den Kultur- und Sozialwissenschaften, in: Kulturwissenschaftliche Zeitschrift 1 (2017), 2–24.

Thomas D. Frazel, The rhetoric of Ciceros ‹In Verrem›, Göttingen 2009.

Kirk Freudenburg, Satires of Rome. Threatening Poses from Lucilius to Juvenal, Cambridge 2001.

Jörg Fündling, Kommentar zur Vita Hadriani der Historia Augusta, 2 Bde., Bonn 2006.

Katherine A. Geffcken, Comedy in the *Pro Caelio*. With an Appendix on the *In Clodium et Curionem*, Leiden 1973 (²1995).

Hans-Joachim Gehrke, Marcus Porcius Cato Censorius – ein Bild von einem Römer, in: Hölkeskamp/Stein-Hölkeskamp 2000, 147–158.

Isak Hammar, Making Enemies. The Logic of Immorality in Ciceronian Oratory, Lund 2013.

Andreas Heil, Die Herkunft des Claudius. Etymologische Wortspiele in Seneca, Apocolocyntosis 5–6, in: Museum Helveticum 63 (2006), 193–207.

Karl-Joachim Hölkeskamp u. Elke Stein-Hölkeskamp (Hgg.), Von Romulus zu Augustus. Große Gestalten der römischen Republik, München 2000.

Niklas Holzberg, Catull. Der Dichter und sein erotisches Werk, München 2002.

Benjamin Isaac, The Invention of Racism in Classical Antiquity, Princeton 2004.

Federica Iurescia, *Credo iam ut solet iurgabit*. Pragmatica della lite a Roma, Göttingen 2019.

Martin Jehne, Freud und Leid römischer Senatoren. Invektivarenen in Republik und Kaiserzeit, Göttingen 2020.

Deborah Kamen, Insults in Classical Athens, Madison 2020.

Thomas J. Keeline, The Reception of Cicero in the Early Roman Empire. The Rhetorical Schoolroom and the Creation of a Cultural Legend, Cambridge 2018.

Severin Koster, Die Invektive in der griechischen und römischen Literatur, Meisenheim am Glan 1980.

Brian A. Krostenko, Cicero, Catullus and the language of social performance, Chicago 2001.

Guiseppe La Bua, Cicero and Roman education. The reception of the speeches and ancient scholarship, Cambridge 2019.

Klaus Lennartz, *Iambos*. Philologische Untersuchungen zur Geschichte einer Gattung in der Antike, Wiesbaden 2010.

James M. May, Trials of Character. The Eloquence of Ciceronian Ethos, Chapel Hill 1988.

Kathleen McCarthy, I, the poet. First-person form in Horace, Catullus, and Propertius, Ithaca 2019.

Simon Meier, Beleidigungen. Eine Untersuchung über Ehre und Ehrverletzung in der Alltagskommunikation, Aachen 2007.

Ilona Opelt, Die lateinischen Schimpfwörter und verwandte sprachliche Erscheinungen, Heidelberg 1965.

Ilona Opelt, Vom Spott der Römer, München 1969.

Dennis Pausch, *Saevior Domitiano, impurior Nerone*. Form und Funktion von Schmähungen in der *Historia Augusta*, in: Gunther Martin u. Samuel Zinsli (Hgg.), *Historia Augusta Colloquium Turicense*, Bari 2020 (im Druck).

Karen Piepenbrink, Die *Rhetorik* des Aristoteles und ihr Verhältnis zum historischen Kontext, Stuttgart 2020.

Edwin S. Ramage, *Urbanitas*. Ancient sophistication and refinement, Oklahoma 1973.

Kenneth J. Reckford, Recognizing Persius, Princeton 2009.

Amy Richlin, The Garden of Priapus. Sexuality and Aggression in Roman Humor, New York 1992 ([1]1983).

dies., Slave Theater in the Roman Republic. Plautus and Popular Comedy, Cambridge 2017.

Ralph M. Rosen, Making Mockery. The Poetics of Ancient Satire, Oxford 2007.

Meike Rühl, Alle Angaben ohne Gewähr. Momente der Unsicherheit und des Übergangs in Senecas *Apocolocyntosis*, in: Antike und Abendland 57 (2011), 74–94.

Meike Rühl, Ciceros Korrespondenz als Medium literarischen und gesellschaftlichen Handelns, Leiden 2019.

Christine Schmitz, Juvenal, Hildesheim 2019.

Angelika Starbatty, Aussehen ist Ansichtssache. Kleidung in der Kommunikation der römischen Antike, München 2010.

Catherine Steel (Hg.), The Cambridge Companion to Cicero, Cambridge 2013.

W. Jeffrey Tatum, Social Commentary and Political Invective, in: Marilyn B. Skinner (Hg.), A Companion to Catullus, Malden, MA 2007, 333–353.

Anabelle Thurn, Rufmord in der späten römischen Republik. Charakterbezogene Diffamierungsstrategien in Ciceros Reden und Briefen, Berlin 2018.

Sabine Vogt, Die ‹Widernatürlichkeit› des Kinäden. Zur Reflexion über *sex* und *gender* in der Antike, in: Therese Fuhrer u. Samuel Zinsli (Hgg.), Gender Studies in den Altertumswissenschaften. Rollenkonstruktionen in antiken Texten, Trier 2003, 43–56.

Beatrix Wallochny, Streitszenen in der griechischen und römischen Komödie, Tübingen 1992.

Craig Williams, Roman Homosexuality. Ideologies of Masculinity in Classical Antiquity, Oxford 1999 ([2]2010).

David Wray, Catullus and the Poetics of Roman Manhood, Cambridge 2001.

Hartmut Wulfram, *Ex uno plures*. Drei Studien zum postumen Persönlichkeitsbild des alten Cato, Berlin 2009.

Verzeichnis
der abgekürzt zitierten antiken Autoren und Werke

Arch.	Archilochos	
Arist.	Aristoteles	
NE	Nikomachische Ethik	
Pol.	Politik	
Rhet.	Rhetorik	

Arch.   Archilochos

Arist.   Aristoteles
 NE   Nikomachische Ethik
 Pol.   Politik
 Rhet.   Rhetorik

Cic.   Cicero
 ad fam.   *Epistulae ad familiares* (Briefe an die Freunde)
 Att.   *Epistulae ad Atticum* (Briefe an Atticus)
 Brut.   Brutus
 de or.   *De oratore* (Über den Redner)
 Cael.   *Pro Caelio* (Für Caelius)
 inv.   *De inventione* (Über die Auffindung des Stoffes)
 Phil.   *Orationes Philippicae* (Philippische Reden)
 Pis.   *In Pisonem* (Gegen Piso)
 rep.   *De re publica* (Über den Staat)
 Tusc.   *Tusculanae disputationes* (Gespräche in Tusculum)
 Verr.   *In Verrem* (Gegen Verres)

CIL   *Corpus inscriptionum Latinarum*

Gell.   Gellius

HA   *Historia Augusta*
 Comm.   *Vita Commodi*
 Hadr.   *Vita Hadriani*

Hieron.   Hieronymus
 Chron.   Chronik

Homer
 Od.   Odyssee

Hor.   Horaz
 carm.   *Carmina* (Oden)
 ep.   *Epoden*
 epist.   *Epistulae* (Briefe)
 sat.   *saturae* (Satiren)

Iuv.	Iuvenal
Liv.	Livius
Lucil.	Lucilius
Macr.	Macrobius
sat.	Saturnalien
Mart.	Martial
ORF	*Oratorum Romanorum fragmenta*
Ov.	Ovid
met.	Metamorphosen
Pers.	Persius
Petr.	Petron
Plaut.	Plautus
Asin.	Asinaria
Curc.	Curculio
Poen.	Poenulus
Pseud.	Pseudolus
Plin.	Plinius der Ältere
nat. hist.	*naturalis historia*
Plin.	Plinius der Jüngere
ep.	*Epistulae* (Briefe)
Plut.	Plutarch
Caes.	Caesar-Vita
Cic.	Cicero-Vita
conv.	*Quaestiones convivales* (Tischgespräche)
Ps. Sall.	Pseudo-Sallust
in Cic.	*In Ciceronem* (Gegen Cicero)
Quint.	Quintilian
inst.	*Institutio oratoria* (Ausbildung des Redners)
Rhet. ad Alex.	*Rhetorica ad Alexandrum*
Sen.	Seneca der Ältere
contr.	*controversiae*
suas.	*suasoriae*
Sen.	Seneca der Jüngere
Apol.	*Apocolocyntosis*

| de tranq. | *De tranquillitate animi* (Über die Seelenruhe) |
| epist. | *epistulae morales* |

| Serv. auct. | Servius Auctus |

Suet.	Sueton
Caes.	Caesar-Vita
Calig.	Caligula-Vita
Claud.	Claudius-Vita
de gramm.	*De grammaticis et rhetoribus* (Über die Grammatiker und Redner)
Tib.	Tiberius-Vita

Tac.	Tacitus
ann.	Annalen
dial.	*Dialogus de oratoribus* (Gespräch über die Redner)

Verg.	Vergil
Aen.	*Aeneis*
Ecl.	*Eclogae*

Register

Kursive Seitenangaben verweisen auf Abbildungen oder Zitate antiker Texte, **fett**markierte Angaben verweisen auf Abschnitte, in denen das Schlagwort im Mittelpunkt steht.

Index rerum

αἰσχρολογία 18

altercatio, s. auch Schlagabtausch 28 f., 60–63

Beleidigung 17–23, 25–33, 52, 54, 57 f., 64, *65*, 68 f., 72, 94 f., 96, 98, 105, 109, 119, 132, 135 f., 149

Bildung, Bildungskultur 19, 25–33, 44, 52, 69 f., 91, 105, **131–147**, 152, 153, 157

Dichtung/Dichter 18 f., 41–44, 54, 76, 81 f., 83 f., 88–90, 91–93, 126, 129 f., 156, 159 f., 161

Epigramm, s. Spottepigramm 19, 93, 140, 159, 161

Epos 38, 40

Erwartbarkeit, s. auch Originalität 30–32

Eskalation (von Beleidigungen) 17, 61, 95–98

Exklusion, soziale 21, 83, 145

face-to-face-Konfrontation 32, 67, 161

Fiktion, fiktiv 23, 32, 64, 67 f., 73, 75, 92, 95, 161
   f. Figur 159
   f. Prozessverlauf 59, 138
   f. Rede 29, 59, 65

Gericht, Prozess
   als Theater/Bühne 105–107
   Beleidigung vor Gericht 21, 58
   ~srede, fiktive 29, 59, 65

Gesellschaft
   face to face society 27
   soziale Mobilität als Vorwurf 127–130

Graffiti 19 f., 38, 135 f., 149

Hate speech 19, 58

Ingroup-Kommunikation 21, 82 f.

Inszenierung, s. auch Fiktion 16, 102

Invektive, *oratio invectiva* 19, 21, **25–33**, 45, 58, 65 f., 67, 69 f., 72 f., 75, 80, 81, 122, 141, 160

Ironie, Selbstironie 16, 21, 26, 44, 80 f., 82, 149, 156, 159

Jambik, jambische Dichtung 18, 30, 42, 86

Kaiserzeit, s. auch Republik 19, 21 f., 29, 47–51, 52 f., 69 f., 73 f., 87, 89, 91, 124, 132, 159, 163

Komödie 18, 30, 97, 117, 134

Kritik 39, 43 f., 47–50, 52, 54, 73 f., 147, 159

Lobrede (ἔπαινος/*laus*) 26–29

Majestätsbeleidigung, s. auch
Kaiserzeit 21 f., 73 f.
Monarchie, s. Kaiserzeit
Mündlichkeit, artifizielle 32, 72

Neoteriker 79 f.

Originalität, s. auch Erwartbarkeit
20, 31, 100

peer group, s. auch Gesellschaft 21
Philosophie 19, 22, 58, 105
als Anlass zu Kritik 141–143,
145
Verbot von Spott 17 f., 25
Plagiat, Vorwurf des 91
Politik, Politiker 20–22, 39–41, 43,
54–75, 104, 110–112, 127, 131 f.,
135
Propemptikon 84 f.
Provokation 47, 50, 73, 86, 92,
94
Publikum 28, 30–32, 36, 76, 90,
91, 98, 100, 106 f., 109, 116 f.,
119, 139, 152, 154, 161 f.

Redefreiheit, s. auch Kaiserzeit 22,
47–51, 52, 54, 74
Republik, s. auch Kaiserzeit 20–22,
27 f., 37, 39, 41, 43, 47, 52, 54,
58 f., 71, 104, 122, 131 f., 137 f.
Rhetorik, Redner 19, **25–33,** 58
dissimulatio artis 32

Lehr-, Handbücher 26–28, 30,
35, 68–70, 73
progymnasmata 29
Rügedichtung 18, *43*

safe spaces 87
Satire 16, 19, 30, 39, 88 f., 111
Scherz, s. auch Witz 31
Schlagabtausch 19–21, 53 f., 64–66,
98, 103, 151, 153 f.
Schmähduell, s. auch *altercatio*
94–113, 157–159
Schmähkritik 42–44, 45 f., 57, 147
Spontaneität 31 f., 63 f., 74, 88, 98,
103, 128, 152
Spottepigramm 30
Stereotype 116, 119–121, 123, 124,
130, 133 f., 136

Tadel, s. auch Invektive 26, 28 f.

urbanitas 21, 152

Verbot von Beleidigungen etc.
15–23
Virtuosität 17, 21 f., 31, 39, 56, 59,
69, 71, 98–103, 104, 110, 115,
132, 134

Witz 21, 32, 59, 161
als rhetorische Technik 29
Wortwitz bei Beleidigungen 41,
48, 56, 110, 135, 140

Zwölftafelgesetz 18

Index nominum

Aeneas 47, *48*, 115, 123
Agorastocles 119
Albucius, T. 104, 105, 112
Aphthonios von Antiochia 29

Apollo 49, 160
Aristoteles 18, 26, 28, *162*
Archilochos 19, 86
Asconius 143, 175

Ascyltos **157–159**
Asinius Pollio, C. 52
Athen 17, 66, *92 f.*, 95, 97, 101,
 104 f., 108, *136 f.,* 145, 151
Attalus 92
Atticus, T. Pomponius 60 f., 79
Augustus 21, 30, 52, 70, 86, 87
Aurelius 81–83

Ballio 101 f.
Bavius 83 f.
Brennus 122
Bona Dea 61, 63, 153
Brutus (Decimus Iunius B. Albinus)
 74, 108–110

Caecilius Metellus, Q. (Konsul 206
 v. Chr.) 38
Caesar, C. Iulius **41–44**, **45 f.**, 47,
 52, *53*, 64, 66, **71–73**, 74, 108,
 110, 122, 141, 160
Caligula 113
Calidorus 101 f.
Cappadox 133
Calvus, C. Licinius 45, 106 f.
Cassius Dio 46
Cassius Severus **86–88**
Catilina, L. Sergius 55, 58, 61, 63,
 151
Cato der Ältere (M. Porcius Cato)
 55–57, 59, 136
Cato der Jüngere **71–73**, 74
Catull 41–44, 45, **79–81**, **81–83**,
 106, 120 f., 155
Cestius Pius, L. 87 f.
Cicero, Marcus Tullius 11, 20, 23,
 27 f., 30, 32, 38, 55, 58 f., **60–
 63**, 63–66, 66–69, **69–71**,
 71–73, 76–78, **79–81**, 82,
 104, 122, 127, 135, 138–140,
 141–143, 148, 151 f., 152–154,
 160, 165
Cicero, Quintus Tullius 65

Cinna 92
Claudius **111–113**, 122–124
Clodia 153
Clodius Pulcher, P. 60–63, 64, 77,
 152–154
Commodus **73–75**
Cornutus, L. Annaeus 50
Curculio 132–134
Curio, C. Scribonius 58, 153
Cumae 124, 126

Decianus 161
Demosthenes 66
Dionysos 152
Dordalus 98–100
Drusus 123

Egnatius 120 f.
Encolpius **157–159**
Epidauros 132

Favorinus von Arelate **52–54**
Florus **52–54**
Fronto, M. Cornelius 144
Furius Bibaculus 45

Gaurus 159 f.
Gellius, Aulus 56, 146, 149, 151 f.
Giton 157 f.

Hadrian **52–54**
Hanno 116–118
Herkules 122 f.
Horaz 11, 15, 20 f., 48, 76, 83–85,
 86 f., 106, **107–110**, 111, 112,
 127–130
Hortensius (Q. Hortensius Hor-
 talus) 151 f., 154

Jupiter *78,* 122
Juvenal 89, 124, 126, 159, 162

Karthago 38, 117

Lentulus Lupus, L. Cornelius
  (Konsul 156 v. Chr.) 40, 112
Lesbia 120
Livius 56
Lucius Veturius 57
Lucilius, C. 16, 39–41, **103–105**,
  111, 112
Lyco 133 f.

Maevius **83–85**
Makedonien 67
Macrobius 54
Maecenas 15, 84
Mamurra **41–44**
Marc Anton 60, 66–69, 160
Marc Aurel 144
Marsyas 49
Martial **91–93**, 159, 161, 166
Menander 97
Metelli **37–39**, 54

Naevius, Gn. 37–39
Nero **47–51**, 157
Nicomedes IV. von Bithynien **45 f.**
Nobilior, M. Fulvius (Konsul 189
  v. Chr.) 56

Orbilius Pupillus, L. 106, 107
Ovid 32, 50

Paegnium 95–97
Persius 48, 50, **88–90**
Phaedromus 133
Phoenicium 101
Philipp II. von Makedonien 29, 66
Planesium 133
Piso Caesonius, L. Calpurnius
  (Konsul 58 v. Chr.) **63–66**, 122,
  141–143
Philodem von Gadara 143
Platon 17 f.
Plautus 95–98, **98–103**, 116, 132
Plinius der Ältere 56

Plinius der Jüngere 89
Plutarch 31 f., 78
Pompeius 42
Pompeji 19, 22, 141, *148*, 149
Praeneste *108 f.*
Pseudolus 101 f.
Punier 117

Rupilius Rex, P. 108–110

Quintilian 28–30, 78, 135

Sagaristio 95–97
Sallust 30, 70
Scaevola, Q. Mucius 104 f., 112
Scipio der Ältere (P. Cornelius
  Scipio Africanus) 37
Scipio der Jüngere (P. Cornelius
  Scipio Aemilianus) 39, 104,
  149 f.
Seneca der Ältere 87
Seneca der Jüngere 111, 113, 122,
  163
Seriphos 86
Simo 101
Sueton 20, 44, 45, 47, 89, 106
Suffenus 81
Sulla, L. Publius Cornelius 151 f.

Tacitus 74
Tiberius 21, 74, 86
Torquatus, L. Manlius 151–153
Toxilus 96–100
Trimalchio 157
Triumvirn 52, *129*
Tucca 93

Umbricius 124–126

Vatinius, P. 58, *107*
Venusia 130
Vergil 15, 83 f.
Verona 41, 42

Verres, C. 38, **57–59**, *60*, **138–140**
via Sacra 128, 130
villa dei papiri 141

Venus 152

Xenophon 31

Index locorum

Cato maior
12,80 ORF *57*
Ad Marcum filium 1,1 *136 f.*

Catull
Carmina
16 *81 f.*
25 *155 f.*
29,1–10 *42 f.*
36,1 *81*
37,17–20 *120*
39,1 *120*
49 *80*
53 *107*
93 *44*

Cicero
De inventione
1,34 *27*

Disputationes Tusculanes
3,36 *148*

Epistulae ad Atticum
1,16,10 *62*
7,2,1 *79*

In Clodium et Curionem
frg. 21 Crawford *154*

In Pisonem
1 *141*
62 *65*
68–70 *142 f.*
frg. 7 Nisbet 141

In Verrem
2,1,9 *59*
2,3,7 f. *139*
2,4,126 f. *140*

Orationes Philippicae
2,63 *67 f.*

Pro Caelio
38 *23*

CIL
IV 1949 *19*
IV 2360 *19*
IV 4008 *19 f.*
IV 4765 *19*
IV 4917 *19*
IV 10150 *136*

Fronto
Ad Marcum Aurelium Caesarem
4,3,1 *144*

Gellius
Noctes Atticae
1,5,2–3 *151 f.*
6,12,4–5 *150*
13,31,1–9 *145 f.*

Historia Augusta
Vita Commodi
18,3–4 *74 f.*

Vita Hadriani
16,3 *53*
16,4 *53*

Horaz
Carmina
3,1,1 f. *76*

Epoden
4,1–10 *128*
4,11–20 *129*
10,1–10 *84 f.*

Sermones
1,5,51b-70 *15 f.*
1,7,20b-35 *108 f.*
1,7,32 *21*

Iuvenal
Satiren
2,1–10 *162*
3,58–78 *124–126*

Lucilius
Satiren
1,29 *40*
1,30 *41*
1,31 *41*
2,86–92 *104 f.*

Macrobius
Saturnaliae
2,4,21 *52*

Martial
Epigrammata
1,24 *161*
2,89 *160*
3,9 *92*
5,60,6–7 *94*
6,64,16–26 *92 f.*

Ovid
Metamorphosen
10,253 *32*

Persius
1,13–18 *89*
1,32–35 *90*
1,116–121a *48 f.*

Vita Persii 10 *50*

Petronius
9,6–9,10 *157*
10,3 *159*

Platon
Nomoi
934d-935a *17*

Plautus
Curculio
494b-511 *133 f.*

Persa
276–287 *96 f.*
406–427 *99 f.*

Poenulus
1296–1315 *117–119*

Pseudolus
351–370a *101 f.*

Plutarch
Quaestiones convivales
2,1,13 (634d-e) *31*

Quintilian
Institutio oratoria
6,3,47 *135*
11,1,24 *78*

Rhetorica ad Alexandrum
1441b14–20 *27, 68 f.*

[Sallust]
In Ciceronem
1,1 *70 f.*

Seneca maior
Controversiae
3 praef. 16 *88*

Seneca minor
Apocolocyntosis
5,3 *122*
6,1 *123*
14,3–15,2 *112 f.*

Sueton
De grammaticis et rhetoribus
9,5 *106*

Vita Divi Iulii
49,4 *46*
51 *45*
73 *44*

Vita Neronis
39,2 *48*

Vergil
Eclogae
3,90–91 *84*

Bildnachweis